KB206450

거미줄에 걸리지 않는

바람처럼 가라

거미줄에 걸리지 않는

바람처럼 가라

묘원

행복한숲

차 례

차 례

7장 사견과 정견

8장 행복과 불행

차 례

9장 괴로움은 영원한 것이 아니다　**10장** 인간의 무게

거미줄에 걸리지 않는 바람처럼 가라

이 책은 BBS 불교방송에서 5분명상이라는 이름으로 399일 동안 방송한 내용을 모은 것입니다. 방송이 진행될 때 12권의 소책자로 출판한 적이 있지만 이번에는 모두 모아서 한권으로 펴내게 되었습니다. 아울러 방송내용을 들을 수 있도록 부록으로 음성파일(CD)을 첨부하였습니다.

책의 내용은 붓다의 가르침에 근거한 위빠사나 수행 잠언입니다. 하지만 이는 특정한 종교의 교리가 아니고 인간이 바르게 살아가는 방법에 관한 것입니다. 이러한 기준에서 매일 하나씩 주제를 다루었습니다. 주제는 다양하지만 위대하신 스승의 가르침에서 벗어나지 않으려고 노력했습니다. 만약 스승의 가르침을 왜곡한 부분이 있다면 저의 허물이니 용서해주시기 바랍니다. 스승의 가르침을 그대로 닮으려 해도 지혜가 미치지 못한 부분이 많습니다.

한정된 시간에 방송한 내용이기 때문에 이해하기 쉽도록 충분하게 설명하지 못했습니다. 이해가 되지 않는 부분이 있으면 한 번 더 읽으시면 의미가 드러날 것입니다. 정형화 된 글이라 지루하시더라도 이해하여 주시기 바랍니다.

발칸반도를 여행하면서 찍은 사진을 수록하였습니다. 오랜 전쟁의 상처에서 벗어난 자연이라서 더 아름답게 보였습니다. 종교와 민족의 분쟁으로 많은 사람들이 참혹하게 희생되었지만 폐허 속에서도 자연은 아름답게 빛나고 있었습니다.

인류는 종교와 민족과 사상이라는 이름으로 많은 전쟁을 했습니다. 이런 어리석음은 현재도 계속되며 앞으로도 계속될 것입니다. 종교와 민족이라는 이름으로 자행되는 전쟁은 어떤 경우에도 선이 될 수 없습니다. 하지만 이러한 일들이 끊임없이 일어나고 있습니다. 이것이 어리석음이 있는 세간의 질서입니다.

하지만 선한 마음을 가진 사람은 출세간의 새로운 질서를 찾아서 어떤 전쟁도 일어나지 않도록 해야 합니다. 그러기 위해서는 먼저 자신의 몸과 마음을 알아차려서 자기 내면에서부터 전쟁이 일어나지 않도록 해야 합니다. 자신의 내면이 정화되면 가족의 마음이 정화되고 더 나아가 사회가 정화되고 인류가 정화됩니다. 자신의 내면에서 승리하지 못하면 어리석음에서 벗어나지 못해 자신도 고통을 겪고 가족도 사회도 인류도 고통을 겪습니다.

사실 종교와 민족이라는 이름으로 자행되는 전쟁은 종교와 민족을 위한 것이 아닌 개인과 집단의 어리석음과 탐욕에 근거한 것입니다. 종교는 단지 뛰어난 가르침일 뿐이지 나의 종교가 아닙니다. 민족은 하나의 구성체일 뿐이지 실체가 없습니다. 종교나 민족이라는 것은 선한 이익을 증장하기 위해서 필요한 것이지 이것 자체에 뜻이 있는 것이 아닙니다.

모든 것들은 일어났다가 사라집니다. 늦고 빠름의 차이가 있을 뿐, 일어난 것은 반드시 사라집니다. 일어났다가 사라지기 때문에 결코 머물게 할 수 없습니다. 그러므로 일어난 것은 어떤 것이든 거미줄에 걸리지 않는 바람처럼 가도록 두어야 합니다.

거미줄은 탐욕과 성냄과 어리석음이라는 번뇌입니다. 거미줄은 자기가 치고 자기가 걸립니다. 이 줄에 걸리면 번뇌의 먹이가 되어 바둥거리다가 죽고 맙니다. 그러므로 우리의 마음을 항상 거미줄에 걸리지 않는 바람처럼 가도록 해야 합니다. 무엇에도 걸리지 않는 자유로움이 있을 때 어리석음과 탐욕에서 벗어날 수 있습니다.

끝으로 방송을 하고 책을 내도록 도움을 주신 보시자의 선한 마음에 감사드립니다. 이 세상에는 누군가의 선한 마음이 있어 더 많은 사람들이 선해질 수 있습니다. 선한 마음은 다른 사람뿐만 아니라 넓은 들과 허공을 향기로운 바람으로 가득 채웁니다.

묘원 합장

1장

누가 보는가?

누가 보는가?

형상을 볼 때 내가 보는 것이 아닙니다. '눈'이라는 감각기관이 보이는 '감각대상'과 접촉할 때 '빛'이 있어서 대상을 보고 '아는 마음'이 일어납니다. 이처럼 보는 것 하나에 눈이라는 감각기관, 보이는 감각대상, 볼 수 있는 빛, 아는 마음이란 4가지 조건이 충족되어야 보는 것이 성립됩니다. 만약 4가지 조건 중에 하나라도 없으면 보고 아는 것이 성립될 수 없습니다.

이때 눈이 본다고 할 수 없고 그렇다고 감각대상이 본다고 할 수 없고 또 빛이 본다고 할 수 없고 마음이 본다고 할 수 없습니다. 보는 것에는 이러한 조건이 결합되었을 때 비로소 보는 것이 성립됩니다. 그러므로 내가 보는 것이 아니고 단지 감각기관이 보고 아는 것입니다. 감각기관이 원인과 결과의 역할을 해서 보고 알 뿐이므로 결코 자아가 있어서 보는 것이 아닙니다.

보고 아는 것에는 오직 원인과 결과만 있습니다. 눈이라는 감각기관이 원인이 되어 보이는 감각대상이란 결과가 있습니다. 다시 눈이라는 감각기관과 감각대상이 원인이 되어 밝은 빛이 있어서 보이는 결과가 있습니다. 다시 눈이라는 감각기관과 감각대상과 빛이라는 원인이 있어서 대상을 아는 결과가 있습니다. 수행자는 4가지 조건과 알아차림이란 행위가 원인이 되어 있는 그대로 보고 아는 결과가 있습니다.

보고 아는 마음은 있지만 이것이 나의 마음이 아니고 매순간 일어나고 사라지는 연속적인 마음입니다. 그러므로 조금 전의 마음과 조금 후의 마음은 다른 마음이라서 나의 마음이라고 할 수 없습니다. 이러한 마음은 단지 감각기관 중의 하나며 내가 소유하거나 내 마음대로 할 수 없습니다. 마음은 있지만 나의 마음이 아닌 것이 무아의 지혜입니다.

마찬가지로 소리를 들을 때 내가 듣는 것이 아닙니다. '귀'라는 감각기관이 '소리'라는 감각대상과 접촉할 때 소리를 막는 장애가 없어서 아는 마음이 일어납니다. 냄새를 맡을 때 내가 맡는 것이 아닙니다. '코'라는 감각기관이 '냄새'라는 감각대상과 접촉할 때 공기에 의해 아는 마음이 일어납니다. 맛을 알 때 내가 있어서 아는 것이 아닙니다. '혀'라는 감각기관이 '맛'이라는 감각대상과 접촉할 때 침에 의해 아는 마음이 일어납니다.

이러한 조건에 의해서 아는 것이 성립된다고 아는 것이 바른 견해입니다. 만약 내가 있어서 안다고 생각하면 잘못된 견해입니다. 잘못된 견해는 바른 견해를 이기지 못합니다. 내가 없다는 무아가 아니면 궁극의 깨달음을 얻을 수 없기 때문입니다. 이것은 마치 악이 선을 이기지 못하는 것과 같습니다. 악으로는 괴로움에서 벗어날 수 없고 오직 선으로써만이 괴로움에서 벗어날 수 있기 때문입니다.

1 | 만남

세상에는 좋은 사람도 있고, 좋지 않은 사람도 있고, 그저 그런 사람도 있다. 그래서 좋아하는 사람을 만나고, 싫어하는 사람을 만나고, 덤덤한 사람을 만난다. 세상이 그렇기 때문에 사람들을 만날 때마다 자신이 선택할 수 있는 여지가 없다.

자신이 원하는 사람을 만나고 싶어도 만날 수 없으며, 만나고 싶지 않아도 만날 수밖에 없다. 그래서 누구를 만나거나 모두 알아차려야 한다. 만약 상대를 알아차리지 못하면 상대의 성향에 따라 고스란히 자신의 감정으로 전이된다.

좋아하는 사람을 만나면 집착하고, 미워하는 사람을 만나면 고통스럽고, 덤덤한 사람을 만나면 무지한 상태가 된다. 이처럼 상대에 따라서 자신의 감정이 결정되는 것은 매우 어리석은 일이다. 이렇게 되면 내가 나의 인생을 사는 것이 아니고 상대의 인생을 살아주는 것이다.

수행자는 어떤 사람을 만나거나 단지 상대일 뿐이며 알아차릴 대상으로 삼아야 한다. 나와 상대를 구별하면 괴로움 없이 평온하게 살 수 있다.

2 | 윤회

어느 것이나 영원한 것은 없다. 모든 것은 일어나서 사라지며 사라진 힘으로 다시 일어나서 또 사라진다. 이렇게 반복되는 것을 윤회라고 한다. 이러한 윤회는 매순간의 윤회가 있고 한 일생을 두고 일어나는 윤회가 있다.

마음도 매순간 일어나고 사라지며, 몸도 매순간 일어나고 사라진다. 즐거움도 변하며 괴로움도 변한다. 어리석음도 일어나면 사라진다. 어리석음으로 인해 일어나는 갈애도 일어나면 사라진다. 시간이 머물지 않고 흐르듯이 이렇게 모든 것은 순간에서 순간으로 연속된다.

이러한 흐름에 변하지 않는 주체가 있어서 윤회하는 것이 아니다. 다만 그 순간의 마음과 몸이 조건에 의해 변하고 있을 뿐이지 내가 윤회하는 것이 아니다.

이러한 변화를 받아들이면 괴롭지 않다. 그러나 받아들이지 못하면 괴롭다. 이러한 흐름이 나의 것이 아니라고 알면 괴롭지 않다. 그러나 나의 것이라고 생각하면 괴롭다. 그러므로 괴로움은 자신이 선택하는 것이다.

3 | 있는 그대로

탐욕이 없기를 바라지마라. 바라지 않으려고 하는 것이 또 다른 바람이다. 탐욕이 일어났을 때는 단지 탐욕이 일어난 것을 알아차려야 한다. 잘못되었다고 해서 바꾸려하는 것은 근본적인 해결책이 아니다. 나타난 대상을 그냥 있는 그대로 알아차리는 것이 가장 지혜로운 방법이다. 이것이 위빠사나 수행의 있는 그대로 보는 것이다.

욕심을 부렸을 때는 '욕심을 부렸네'하고 알아차려야 한다. 화를 냈을 때는 '화를 냈네'하고 알아차려야 한다. 어리석은지 알았을 때도 '어리석었네'하고 알아차려야 한다. 그러면 된 것이다. 수행자는 이렇게 알아차리는 것 외에 달리 할 일이 없다. 이렇게 일어난 것을 알아차렸으면 일어난 것을 집착하지 말고 바람처럼 흘러가라.

과거의 일을 후회할 때는 '후회하고 있네'하고 알아차려야 한다. 미래의 일을 두려워할 때는 '두려워하고 있네'하고 알아차려야 한다. 지난 일을 후회하는 것이나, 오지 않은 미래의 일을 두려워하는 것은 아무런 도움이 되지 않으며 오히려 고통을 줄 뿐이다.

4 | 바라지 않는 마음

　바라지 않고 어떻게 사느냐고 말하지 마라. 지금까지 바라고 살아서 이룬 것이 과연 얼마나 되는가? 바라서 얻은 것도 있지만, 사실은 손해를 본 것이 더 많다. 이룬 것에 만족하지 못하고 계속해서 바라는 마음으로 살기 때문에 괴로움뿐인 삶을 살아야 한다.

　바라는 마음이 있으면 반드시 집착을 한다. 처음에는 사소하게 시작한 마음이 나중에는 탐욕으로 발전하여 결국에는 집착을 한다. 탐욕이 집착으로 발전하면 대상에 엉켜 붙어 떨어질 줄을 모른다. 그러므로 선하지 못한 마음은 욕망을 일으켜 나쁜 과보를 받아서 반드시 고통이 따른다.

　이제는 잘 살 수 있는 새로운 방법을 찾아야 한다. 바라고 산 사람은 바라지 않고 사는 것이 얼마나 자유롭고 행복한지 모른다. 바라지 않을 때가 가장 진실하며 더 많은 이익을 얻는다.

　바라는 마음으로 무엇이나 가득 채워야만 이익을 얻는 것이 아니다. 바라지 않고 단지 할 일이라서 해야 더 큰 이익을 얻는다. 바라지 않는 마음일 때만이 가장 고귀한 평화를 얻는다. 이것이 가장 값진 이익이다.

5 | 느낌

우리가 살면서 여러 가지의 대상과 마주칠 때 언제나 느낌이 일어난다. 감각기관이 감각대상과 만날 때마다 느낌이 일어나고 이 느낌이 감각적 욕망에 대한 갈애로 진행된다. 그리고 잘 살고 싶어 하거나 좋은 곳에 태어나고 싶은 갈애가 일어난다. 때로는 사는 것이 괴로워서 죽고 싶은 갈애가 일어나기도 한다. 이것이 감각적 욕망에 대한 갈애와, 존재에 대한 갈애와, 비존재에 대한 갈애다.

이러한 갈애는 그냥 갈애로 있지 않고 반드시 집착을 하는 마음으로 발전한다. 그리하여 행위를 하고 그 행위에 의해 일어난 힘이 어떤 사건을 만들고 결국에는 다음 생을 만든다. 태어남은 새로운 고통의 시작이다. 태어남은 새로운 생존경쟁을 의미하며 결국 죽는 길을 향해서 가야한다.

느낌이 바라는 마음을 일으키고, 바라는 마음은 단순하게 바라는 마음으로 그치지 않고 이와 같이 집착을 하여 괴로움을 일으킨다. 그러므로 수행자는 느낌이 일어났을 때는 '지금 느낌이 일어났네!'하고 알아차려야 한다. 이미 느낌에서 바라는 마음으로 진행되었으면 '지금 바라는 마음이 일어났네!'하고 알아차려야 한다. 무엇이나 일어난 순간에 일어난 것을 있는 그대로 알아차려야 한다.

6 | 분리

위빠사나 수행은 몸과 마음을 분리해서 알아차리는 수행이다. 대상을 분리해서 알아차릴 때만이 있는 그대로 볼 수 있다. 그렇지 않으면 대상을 탐욕으로 보거나, 성냄으로 보거나, 어리석음으로 본다. 대상을 있는 그대로 볼 때만이 고정관념 없이 있는 그대로의 진실을 알 수 있다. 있는 그대로의 진실은 무상이며 괴로움이며 무아다.

위빠사나 수행이 깨달음을 얻는 유일한 길이라는 것은 이 수행을 해야만 해탈의 지혜를 얻기 때문이다. 위빠사나 수행의 대상인 몸과 마음은 경험할 수 있는 실재라서 가장 진실한 것이다. 실재가 아닌 관념은 증명할 수 없으며 실답지 못해 출세간의 진실이 아니다.

위빠사나 수행은 현실에 기초하며, 초월적인 것을 대상으로 하지 않는다. 불교에서 말하는 전생과 내생은 다만 현재의 몸과 마음이 어디서 와서 어디로 가는가를 설명하기 위한 수단이지 그것 자체가 수행의 목적이 아니다.

생명이 존재하는 지옥과 천상을 말하는 것도 생명의 원인과 결과를 설명하기 위한 것이지 그것 자체를 말하기 위해서 설명한 것이 아니다. 그러므로 가장 진실한 것은 현재 여기에 있는 자신의 몸과 마음이다.

7 | 원인

수행자는 원인을 알려고 하지 말아야 한다. 단지 대상을 있는 그대로 알아차리는 것으로 그쳐야 한다. 원인을 알려고 하는 것은 생각하는 것이다. 생각을 하면 그 순간에 알아차림을 놓치고 대상을 관통하는 통찰지혜를 얻지 못한다. 단지 있는 그대로의 대상을 알아차릴 때만이 고요함이 생기고 지혜를 얻는다.

만약 원인을 알려면 대상을 알아차린 결과로 자연스럽게 알아야 한다. 그래야 무엇이 확실한 원인인지 알 수 있다. 생각으로 원인을 알려고 하면 정확하지가 않고 고정관념에 의한 판단이라서 객관적이지 못하다.

사실 무슨 일이나 원인이 너무 많아서 모두 헤아리기가 어렵다. 세상의 모든 일이 원인이 아닌 것이 없다. 그래서 가장 직접적인 원인과 근본원인을 알아야 한다. 이런 원인은 수행을 해서 지혜가 나야 알 수 있다.

수행자가 대상을 알아차리면 지혜가 생기고, 지혜가 생기면 모든 것의 근본원인이 자신의 무명과 갈애라는 것을 안다. 이런 지혜가 나야 비로소 집착을 하지 않아 괴로움에서 벗어날 수 있다.

8 | 말과 문자

말과 문자는 관념이다. 말과 문자가 가지고 있는 의미가 실재다. 사람들은 말이나 문자가 가지고 있는 진정한 의미를 알지 못한다. 그래서 오직 자기에게 어떤 이익이 있는가, 어떤 손해가 있는가, 자기를 비난하는가, 아니면 칭찬하는가, 하는 이해로만 받아들인다. 이러한 자기 이해로 보지 않아야 말이나 문자가 가지고 있는 진정한 뜻을 알 수 있다.

이렇게 판단을 하면 대상을 관념으로 받아들이는 것이다. 말이나 문자가 가지고 있는 것을 객관적으로 분리해서 알아차릴 때만이 지혜의 눈으로 볼 수 있다. 그렇지 않고 선입관을 가지고 보면 유신견으로 판단하기 때문에 관념에 빠진다.

모든 것에는 표피적인 것과 실제가 있다. 표피적인 것은 관념으로 본 것이라서 대상의 본질을 안 것이 아니다. 이러한 관념 없이 있는 그대로 보아야 대상의 진실을 알 수 있다.

그렇다고 해서 관념을 무시하고 실재만 주장해서는 안 된다. 말이 필요 없고 문자가 필요 없는 것이 아니다. 세상은 이런 관념을 통해서 의사가 전달될 수밖에 없다. 그래서 관념을 통하여 실재를 보는 통찰지혜가 필요하다.

9 │ 팔정도

부처님의 가르침은 팔정도다. 팔정도는 인간이 살아가야 할 여덟 가지 바른 길을 말한다. 팔정도의 참 뜻은 중도다. 옳은 것과 그른 것에 치우치지 않고 있는 그대로의 중도를 실천하는 방법이 위빠사나 수행이다.

위빠사나 수행은 자신의 몸과 마음을 알아차려서 느낌이 일어날 때 갈애를 일으키지 않는 것이다. 갈애가 일어나면 집착을 하게 되어 번뇌를 일으킨다. 결국 부처님의 가르침은 집착을 하지 말라는 것이다. 그것이 좋은 것이든, 나쁜 것이든, 어떤 것이든, 집착을 하지 말라는 것이다.

계율도 집착을 해서는 안 되며, 선정의 고요함도 집착을 해서는 안 되며, 지혜도 집착을 해서는 안 된다. 그러므로 바른 것들도 열반의 세계인 피안으로 건너가는 뗏목일 뿐이며 그것 자체가 목적이어서는 안 된다.

이렇게 있는 그대로 알아차릴 때만이 자신을 정화하고, 슬픔과 비탄을 극복하고, 정신적 육체적 고통이 사라져 지고의 행복을 얻을 수 있다.

10 │ 세 가지 삶

인간에게는 세 가지 삶의 선택이 있다. 첫째, 선하지 못하게 사는 것. 둘째, 선하게 살되 좋은 결과를 바라는 것. 셋째, 선하게 살되 좋은 결과를 바라지 않는 것이다.

선하게 살지 못하면 현재에도 지옥, 축생, 아귀, 아수라의 생명처럼 살고, 죽어서도 현재 경험하고 있는 마음과 똑같은 4악처에 태어난다. 사악처에서는 행복이 없고 오직 괴로움만 있으며, 수명은 자기가 지은 업의 과보만큼 살다가 다시 윤회한다.

선하게 살되 좋은 결과를 바라면 인간으로 태어나거나 욕계천상이나 색계, 무색계의 천상에 태어난다. 인간은 모든 생명 중에서 오직 혼자서만 행복과 불행을 경험한다. 욕계천상과 색계, 무색계 천상은 행복만 있다. 하지만 바람이 있는 공덕행을 행하면 고통뿐인 윤회를 해야 한다.

선하게 살되 좋은 결과를 바라지 않으면 위빠사나 수행을 하는 것으로 도과를 성취하여 윤회하는 생명의 세계로부터 벗어난다. 이 길이 팔정도며, 중도의 길이다. 바람이 없는 공덕행을 하면 고통뿐인 윤회의 세계에서 벗어날 수 있다.

11 | 지금 괴로워하고 있네

고통이 계속되는 것은 고통으로 인해 괴로워하는 마음을 알아차리지 못하기 때문이다. 고통스러울 때는 먼저 '지금 괴로워하고 있네.'하고 알아차린 뒤에 다시 괴로워하는 마음을 알아차려야 한다. 그리고 고통으로 인해 두근거리는 가슴의 느낌이나 거친 호흡을 알아차려야 한다.

고통을 아는 것은 마음이다. 고통을 아는 마음이 괴롭지 않으면 고통이 한결 감소된다. 그러므로 반드시 괴로워하는 마음을 알아차려야 한다. 고통스러울 때는 그 힘이 크기 때문에 고통에 저항해서는 안 된다. 단지 있는 그대로의 괴로움을 지켜보아야 한다. 괴로움을 없애려고 할수록 괴로움이 더 커진다.

수행자가 괴로운 마음을 알아차리고, 다시 가슴의 느낌을 알아차리지 않으면 고통의 불길에 휩싸여 자신을 태우고 만다. 먼저 고통은 올 만한 이유가 있어서 온 것이라고 이해해야 한다. 고통은 감각기관이 느끼는 것이지 나의 것이 아니며 고통은 일어난 순간에 사라지는 현상의 연속일 뿐이다. 고통이 자신을 괴롭히지만 여기에 나는 없다고 알아야 한다.

12 | 위빠사나 수행의 대상

위빠사나 수행은 먼저 대상이 있어야 하고, 그 대상을 알아차려야 한다. 그리고 대상을 지속적으로 알아차려야 한다. 위빠사나 수행의 대상은 일차적으로 자신의 몸과 마음에 있는 느낌이다. 그리고 자신의 몸과 마음을 알아차리듯이 상대의 몸과 마음도 알아차려야 한다. 이때 모양이 아닌 몸과 마음의 실재하는 느낌을 대상으로 해야 한다.

대상을 알아차릴 때는 대상과 하나가 되지 않고 분리해서 알아차려야 한다. 이렇게 알아차릴 때만이 대상을 있는 그대로 본다. 대상을 있는 그대로 본다는 것은 관념이 아닌 실재를 보는 것이다. 대상을 볼 때 선입관을 가지고 보면 대상의 실재하는 성품인 무상을 볼 수가 없어 지혜가 나지 않는다.

대상을 알아차린 뒤에는 대상을 지속적으로 알아차려야 한다. 한 번 알아차리는 것으로 그치면 고요함에 의한 집중력이 생기지 않아 지혜가 성숙되지 않는다. 위빠사나 수행은 계속해서 나무를 비벼서 불을 내는 것과 같다. 그래서 지속적으로 알아차려서 지혜라는 불을 얻어야 한다. 그리고 현악기의 줄을 조율하듯이 알맞은 노력을 해야 한다. 이렇게 할 때만이 지고의 행복을 얻는다.

13 | 바라는 마음

선하지만 바라는 마음이 있으면 완전하게 선한 마음이 아니다. 바라지 않는 마음일 때만 완전하게 선한 마음이다. 바라는 마음이 탐욕이기 때문이다. 그래서 선한 것을 바랄 때는 완전한 선이 아니고 절반만 선한 것이다. 왜냐하면 바라는 마음이 있으면 윤회를 하기 때문이다.

처음에 수행을 시작할 때는 누구나 바라는 마음으로 한다. 아직은 탐욕과 성냄과 어리석음의 지배를 받고 있기 때문이다. 이렇게 수행을 하면서 수행이 마음대로 되지 않는 것을 알아야 바란다고 모든 것이 이루어지는 것이 아니라는 것을 안다. 그리고 뒤이어서 바라는 마음이 있을 때마다 괴로움이 따른다는 것을 안다. 이러한 지혜가 성숙될 때라야 비로소 바라는 마음이 고통인 것을 안다.

바라지 않았기 때문에 나쁜 결과에도 괴로워하지 않으며, 좋은 결과에도 기뻐하지 않는다. 이렇게 되었을 때 성자가 되어 관용과 자애와 지혜로 산다. 바라는 마음으로 채우는 기쁨이 최고가 아니다. 바라지 않아서 채워지는 기쁨이 더 충만한 것이다. 이것을 알기 위해서 수행을 해서 통찰지혜를 얻어야 한다.

14 | 범부와 수행자

　범부가 가진 세간의 마음과, 수행자의 출세간의 마음은 다르다. 세간의 마음은 출세간의 마음을 받아들이지 않는다. 하지만 출세간의 마음은 세간의 마음을 받아들인다. 세간의 마음에는 알아차림이 없기 때문에 관용이 없다. 하지만 출세간의 마음에는 알아차림이 있어 관용이 있다.

　범부는 즐거울 때 감각적 욕망을 집착한다. 하지만 수행자는 즐거울 때 즐거움을 알아차려서 집착하지 않는다. 범부는 괴로울 때 화를 낸다. 하지만 수행자는 괴로울 때 괴로움을 알아차려서 화를 내지 않는다.

　범부는 덤덤할 때 무지에 빠진다. 하지만 수행자는 덤덤할 때 덤덤한 것을 알아차려서 무지에 빠지지 않는다. 범부는 지혜가 없어 고통을 만들지만, 수행자는 지혜가 있어 고통을 끊는다.

　모르는 마음은 무지라서 잘못된 것을 선택하지만 아는 마음은 지혜라서 잘못된 것을 끊어버린다. 범부는 가야할 길을 모르는 사람이고, 수행자는 가야할 길을 아는 사람이다. 가야할 길을 모르면 좋지 않은 것을 좋은 것으로 보며, 좋은 것을 좋지 않은 것으로 본다. 그러나 수행자는 좋은 것도 알아차리고 좋지 않는 것도 알아차려서 치우침이 없는 길을 간다.

15 | 선한 마음

선한 마음이 있으면 선한 행위를 하고 선한 과보를 만든다. 이와 같은 선한 과보가 있기 때문에 좋은 결과가 있다. 선하지 못한 마음이 있으면 선하지 못한 행위를 하고 선하지 못한 과보를 만든다. 이와 같은 선하지 못한 과보가 있기 때문에 나쁜 결과가 있다. 무엇이나 예외 없이 반드시 지은 대로 받는다. 세속에서는 이와 같은 원인과 결과가 모든 것을 지배한다.

이처럼 좋은 일과 나쁜 일은 각각 선업의 과보와 불선업의 과보로 생긴다. 가정이 화목하고 사회가 풍요로운 것은 선한 마음들이 모인 선업의 과보로 생긴다. 가정불화와 사회가 혼란한 것은 나쁜 마음들이 모인 불선업의 과보로 생긴다. 평화로운 시대는 평화를 사랑하는 사람들의 마음이 이룩한 것이다. 전쟁을 일으켜 살인을 하는 것은 전쟁을 사랑하는 사람들의 마음이 이룩한 것이다.

한 사람의 선한 마음이 자신의 행복과 가정과 사회의 평화와 인류의 번영을 가져온다. 그러나 한사람의 선하지 못한 마음이 자신의 불행과 가정과 사회의 불화를 조장하며 인류를 파멸에 이르게 한다. 모든 것은 한사람의 마음으로부터 출발한다.

16 | 사람의 가치

네 가지 종류의 사람이 있다. 첫째, 어리석으면서 어리석음을 향해서 가는 사람. 둘째, 어리석지만 지혜를 얻으려는 사람. 셋째, 지혜가 있지만 어리석음을 향해서 가는 사람. 넷째, 지혜가 있으면서 지혜를 향해서 가는 사람이다.

우리는 어리석었지만 이제 지혜를 얻기 위해서 살아야 한다. 이렇게 얻은 지혜를 더욱 계발시켜 더 높은 지혜를 얻기 위해서 노력해야 한다. 이것이 성자의 바른 길이다. 어리석음에서 다시 어리석음으로 가거나, 지혜를 얻고도 다시 어리석음으로 간다면 인간으로 태어난 사명을 다하는 것이 아니다.

사람의 가치는 출신이나 지위, 돈, 외모로 결정되지 않는다. 자신의 생각과 말과 행위로 자신의 가치가 결정된다. 사람은 스스로 가치를 향상시키기도 하고 스스로 가치를 떨어뜨리기도 한다.

자신이 어떤 원인을 만드는가에 따라 현재에도 행복하고 미래에도 행복하며, 현재에도 불행하고 미래에도 불행하다. 자신의 일은 오직 자신이 결정한다. 자신이 아닌 누구도 자신의 운명을 결정할 수 없다.

17 | 보니, 거기 세상이 있다

보니, 거기에 세상이 있다. 세상을 보는 순간에는 단지 보이는 대상과, 보는 마음만 있다. 세상이 없으면 보지 못하며, 보는 마음이 없으면 세상이 없다. 그러므로 이 세상에서 이 두 가지만이 가장 진실한 것이다.

이러한 세상을 보고 좋다거나 싫다고 하는 것은 공연히 시비를 거는 것이다. 세상에는 세상의 일이 있을 것이고, 세상을 보는 마음은 단지 보는 마음의 일이 있을 것이다. 세상의 일에는 내가 개입할 수 없는 질서가 있고, 나의 일에는 세상이 개입할 수 없는 질서가 있다. 그러므로 세상의 일에 이렇다 저렇다 말하지 말아야 하며, 자신의 일에도 이렇다 저렇다 말하지 마라. 단지 있는 그대로 지켜보는 것만이 세상의 일로부터 초연해 질 수 있는 길이다.

단지 거기에 있어서 볼뿐인 세상의 일들을 시비치마라. 오직 대상이 있어서 지켜보는 자신의 마음을 보라. 보이는 대상이나 보는 마음은 지속되지 않는다. 일어난 순간에 즉시 사라진다. 그러므로 보이는 대상이나 보는 마음은 영원한 것이 아니다. 그래서 하등에 집착할 것이 없다.

18 | 믿음

수행은 믿음을 가지고 시작해야 한다. 믿음이 있을 때만 노력을 할 수 있다. 노력을 해야 알아차릴 수 있고, 알아차림을 지속해야 집중을 한다. 집중을 해야 지혜가 나고, 지혜가 나야 믿음이 더욱 확고해진다.

수행자는 맹목적 믿음이 아닌 몸과 마음을 탐구해서 생긴 확신에 찬 믿음을 가져야 한다. 맹목적 믿음은 맹신에 빠지게 하여 지혜를 얻을 수 없다. 확신에 찬 믿음이 없으면 바른 노력을 할 수가 없고 알아차리지 못하며 집중을 하지 못해 지혜를 얻을 수 없다.

믿음이 없으면 노력을 하지 않아 좋은 결과가 없다. 노력을 하지 않으면 알아차리지 못해 청정하지 못하다. 알아차림이 없으면 집중이 되지 않아 번뇌가 일어난다. 집중이 되지 않으면 지혜를 얻을 수 없어 어리석게 살아야 한다.

믿음이 없으면 환자가 의사의 가르침을 따르지 않는 것처럼 범부가 현자의 가르침을 따르지 않는다. 믿음이 없으면 수행자가 정법을 따르지 않고 삿된 법에 현혹된다. 믿음이 없는 것의 특징은 들뜨고 의심이 많아 바른 길을 가지 않는 것이다.

19 | 좋은 일과 나쁜 일

무슨 일이나 마음이 있어서 한다. 좋은 일은 선한 마음이 있어서 하며, 나쁜 일은 선하지 못한 마음이 있어서 한다. 그러나 좋은 일은 선과보심이 있어서 일어나며, 나쁜 일은 불선과보심이 있어서 일어난다. 이처럼 좋은 일은 선한 마음과 선과보심이 있어서 일어나고, 나쁜 일은 선하지 못한 마음과 선하지 못한 과보심이 있어서 일어난다.

나쁜 일을 하는 것보다, 좋은 일을 하는 것이 좋다. 나쁜 일은 나쁜 과보를 받고, 좋은 일은 좋은 과보를 받기 때문이다. 그러나 사람들은 좋은 일인 줄 알면서도 하지 못한다. 나쁜 습관이 더 많기 때문이다. 이것이 선하지 못한 과보심이다.

좋은 일을 할 때는 오직 좋은 일이기 때문에 해야 한다. 좋은 일을 하면서 좋은 결과를 바라면 좋은 결과가 생기지 않는다. 바라는 것은 탐욕으로 하는 것이라서 반드시 괴로움이 따른다. 좋은 일은 바라는 마음이 없을 때라야 온전하게 좋은 일이다.

가장 좋은 일은 해탈을 목표로 하는 수행을 하는 것이다. 모든 번뇌가 사라진 가장 고귀한 것이 진정한 행복이기 때문이다.

20 | 지속

알아차린다고 해서 무조건 해결되지 않는다. 한번 알아차리고 말면 지혜가 나지 않는다. 지속적으로 알아차려서 고요해야 통찰지혜가 나서 사물의 핵심을 관통할 수 있다.

알아차린다고 해서 즉시 잘못된 견해가 제거되지 않는다. 알아차림을 지속하지 않으면 알아차리는 순간에만 청정할 뿐이고 알아차리지 못하면 다시 어리석음에 빠진다. 잘못된 견해는 바른 견해를 갖는 과정에서 점진적으로 제거된다. 잘못된 견해를 없애려고 하면 오히려 더 나쁜 결과가 생기므로 바라는 마음 없이 알아차리고 알아차림을 지속해야 한다.

더 좋은 것을 바라고 나쁜 것을 없애려고 하는 것이 탐욕이기 때문에 원하는 것을 얻을 수 없다. 만약 얻었다고 해도 그것은 완전한 것이 아니다. 그래서 바라고 없애려고 하면 오히려 분노와 무지만 커진다.

어리석음이란 완전한 깨달음에 이르러야 자연스럽게 제거된다. 지혜란 매순간의 지혜들이 모여 완성된 지혜로 성숙된다. 어느 날 홀연히 큰 깨달음이 왔다면, 단계적인 과정을 거쳐서 즉각 깨달음에 이른 것이다.

21 | 알아차림

　　그대는 지금 욕망의 늪에서 헤매고 있는가? 욕망은 달콤하지만 천박한 것이다. 이제 욕망의 포로가 된 자신을 알아차려야 한다. 욕망으로 얻은 것이 화를 부른다. 지금까지는 욕망이 당신을 키웠지만 이제 그 욕망이 당신을 고통스러운 죽음에 이르게 한다. 그러므로 탐욕이 가득한 마음을 알아차려야 한다.

　　그대는 지금 화를 내서 자신을 불태우고 있는가? 화를 내면, 화를 낸 자가 가장 큰 피해를 입는다. 그대의 탐욕과 오만한 편견이 화를 내게 한다. 그러므로 자신의 탐욕을 알아차리고, 화를 낸 자신의 마음을 알아차려야 한다.

　　그대는 지금 무지로 인해 눈이 멀었는가? 탐욕을 부리고 화를 내는 것이 어리석음이다. 이제 자신이 어리석다는 것을 알아차려야 한다. 그러면 무지에서 벗어나 지혜의 눈이 생긴다. 이제 어둠이 아닌 밝은 곳으로 나와 사물을 있는 그대로 보아야 한다.

　　그대는 아직도 허상을 붙잡고 헛된 꿈을 꾸고 있는가? 이제 오랜 꿈에서 깨어나야 한다. 지금 여기에 있는 몸과 마음을 알아차려서 오랜 망상에서 벗어나 행복을 얻어야 한다.

22 | 마음

사람에게는 사람의 마음이 있고, 축생에게는 축생의 마음이 있다. 마음이 있다는 것은 사람이나 축생이나 똑같다. 그러나 사람의 마음을 가져서 사람이고, 축생의 마음을 가져서 축생이다. 사람의 마음은 본능을 억제할 수 있지만 축생은 본능대로 산다.

축생은 사람의 마음을 가질 수 없지만 사람은 축생의 마음을 가질 수 있다. 이것은 사람만의 특권이다. 그래서 사람은 고귀한 정신을 함양시켜 행복을 얻을 수도 있고, 축생처럼 어리석고 무지한 마음을 가져 괴로움을 얻을 수도 있다.

사람이 살면서 선한 마음을 가지고 수행을 하면 그 과보로 천상에 태어나거나 인간으로 태어나서 해탈의 행복을 누린다. 그러나 사람이 살면서 선하지 못한 마음을 가지고 축생처럼 산다면 살면서도 축생이고 죽어서도 축생으로 태어난다.

살아있는 모든 생명 중에서 사람의 마음은 가장 강한 힘을 가지고 있다. 그래서 축생의 마음이나 해탈의 마음을 모두 가질 수 있다. 그러므로 사람으로 태어난 선택권을 소중하게 사용하여 더 향상된 삶을 살도록 노력해야 한다.

23 | 죽음의 마음

죽는 순간의 마음은 의식할 수 없다. 그러므로 죽을 때 살아온 생애 동안 먹은 가장 강한 마음이 나타나기 마련이다. 죽는 순간의 마지막 마음은 일어나서 사라지고 없지만 그 순간의 과보심은 사라지지 않고 다음 마음이 일어나도록 한다.

마음에는 종자가 있어서 다음 마음에 전해지는데 이것이 재생연결식이다. 그러므로 죽을 때 어떤 마음을 먹느냐에 따라 그 재생연결식이 일어나서 다음 생을 결정한다. 죽을 때 괴로운 마음을 가지고 죽으면 다음 생에 괴로운 마음이 전해져서 괴로운 생명으로 태어난다.

생명이 죽음과 재생의 순환을 옮겨 다닐 때 마음속에 축적되어있는 번뇌도 옮겨 다닌다. 현재의 마음은 현재 이전의 번뇌가 옮겨 온 것이다. 또한 미래의 마음은 현재의 번뇌가 옮겨 간다. 그러므로 현재를 알아차리면 과거의 번뇌가 사라지며, 미래의 번뇌가 일어나지 않는다.

번뇌는 쉽게 소멸되지 않지만 알아차림에 의해서만이 일시적으로 소멸된다. 그러나 알아차림이 약해지면 자리에서 비켜나 있던 번뇌가 다시 나타나서 더 큰 번뇌로 자리 잡는다. 이것이 윤회다.

24 ｜ 사랑

생각을 많이 하는 것을 한문으로 사량(思量)이라고 한다. 이와 같이 생각을 많이 하는 것이 사랑이다. 그래서 좋아하는 사람들이 서로가 대상을 잊지 않고 생각하는 것이 사랑을 하는 것이다.

이러한 사랑에는 자신만 소유하는 사랑이 있고, 모든 사람과 함께 소유하는 사랑이 있다. 자신만 갖고자 하는 사랑은 협소한 것이라서 이기적인 사랑이다. 그러나 모든 사람과 나누어 갖는 사랑은 한량없는 것이라서 이타적인 사랑이다. 수행자가 갖는 사랑은 나만 갖는 사랑이 아니고 남과 나누어 갖는 것이라서 숭고한 사랑이다. 이런 의미에서 자식이나 부부간의 사랑과 사회와 인류를 위한 사랑은 다르다.

그러므로 무조건 많이 사랑한다고 해서 다 좋은 것이 아니다. 수행자는 대상에 마음을 보내서 알아차림을 지속하는 사랑을 해야 한다. 알아차림이 있으면 좋은 사랑을 하며, 알아차림이 없으면 나쁜 사랑을 한다.

알아차리면 지혜가 생겨 바른 사랑을 하고, 알아차림이 없으면 무지하여 바르지 못한 사랑을 한다. 지혜와 무지는 한 마음에 있는 두 뿌리다.

25 | 누가 보는가?

대상을 볼 때 내가 보는 것이 아니다. 눈이라는 감각기관이 감각대상과 부딪쳤을 때 빛이 있어서 대상을 아는 마음이 일어난다. 이처럼 보는 것 하나에 눈이라는 감각기관과, 보이는 대상과, 볼 수 있는 빛과, 아는 마음이란 4가지 조건이 충족되어야 보는 것이 성립된다.

이와 같이 4가지 조건에 의해서 보고 아는 것이지 내가 아는 것이 아니다. 눈이 내가 아니며, 감각대상이 나의 것이 아니며, 빛이 나의 소유가 아니며, 아는 마음이 나의 마음이 아니다. 모든 것이 원인과 결과라는 조건이 성숙되어서 아는 것이다.

이처럼 보는 것이란 조건에 의해 보는 것이지 초월적 존재의 힘으로 보는 것이 아니며, 스승의 가피로 보는 것이 아니다. 볼 때는 단지 볼 수 있는 조건에 의해 본다. 그렇지 않고 내가 본다고 하면 대상을 있는 그대로 볼 수 없어 바른 견해를 가질 수 없다.

바른 견해로 보지 않기 때문에 탐욕을 가지고 보며, 화를 내면서 보며, 어리석은 마음으로 본다. 이렇게 보기 때문에 집착을 하여 괴로움에서 벗어날 수 없으며 결국 끝없는 윤회의 세계를 떠돌 수밖에 없다.

26 | 순간

세간의 삶에서는 하루가 있고, 한 달이 있고, 한 해가 있고, 한 생이 있다. 그러나 출세간에서는 매 순간이 하루고, 한 달이고, 한 해고, 한 생이다. 그래서 출세간의 삶은 세월이 존재하지 않고 다만 한 순간들의 연속만 실재한다.

이처럼 실재하는 것은 한 순간이지만 이것에 원인과 결과가 있어서 지속된다. 과거의 원인으로 현재의 순간이란 결과가 있고, 현재의 순간이라는 원인으로 미래의 결과가 있다. 현상계는 오직 이것만 실재한다. 그러나 현재의 원인이 없으면 미래의 결과가 없다.

사람의 생명은 호흡과 호흡 사이에 있다. 호흡은 매 순간 일어나고 사라진다. 조금 전에 일어난 호흡은 새로 일어난 호흡과 같은 호흡이 아니며. 모든 것은 일어나면 사라진다.

생명이 한 순간의 호흡 사이에 있다면 매 순간이 생일이다. 호흡과 함께 있는 마음도 매 순간 일어나고 사라진다. 조금 전의 마음과 현재의 마음이 같은 마음이 아니며, 현재의 마음과 바로 뒤의 마음이 같은 마음이 아니다. 그래서 몸과 마음이 있지만 매 순간 변하기 때문에 나의 소유가 아니고 내가 아니다.

27 | 법

법은 알아차릴 대상이며, 그것 자체가 진리다. 대상의 법은 정신과 물질이며, 진리의 법은 무상, 고, 무아다. 이러한 바른 법은 오직 몸과 마음에서만 찾을 수 있다. 먼저 자신의 몸과 마음을 통해서 본 법의 지혜로 상대의 몸과 마음까지 볼 때 비로소 나와 남을 바르게 보는 진리의 법을 얻는다.

대상의 법을 보아야 진리의 법을 볼 수 있다. 바른 법이 있어도 아는 자에게만 법이다. 지혜가 있어야 법이지 무지하면 법이 아니다. 그렇기 때문에 모르면 법을 주어도 얻으려고 하지 않는다. 모르면 오히려 선법보다 불선법을 얻으려 한다.

아무리 좋은 법이라도 자신의 원했을 때만 법이다. 이렇게 법을 보았을 때만이 비로소 나를 안다. 나를 보았을 때만 비로소 법을 안다. 그래서 내 마음대로 되지 않는 것을 알아야 궁극의 진리인 무아의 법을 볼 수 있다.

법은 있는 그대로 보는 것이다. 이와 같이 법을 법으로 보면 사물의 이치에 순응하여 스스로를 보호한다. 그래서 괴로움에 빠지지 않는다. 이러한 지혜가 나면 자신뿐만 아니라 남을 도울 수 있다.

28 | 괴로움

괴로울 때는 괴로움을 없애려고 하지 말고, 괴로움을 알아차리는 마음으로 바꾸어야 한다. 괴로움을 다른 것으로 대체하는 유일한 길은 괴로움을 대상으로 삼아서 있는 그대로 알아차리는 것이다. 이것이 괴로움을 해결하는 가장 근본적인 방법이다.

괴로움은 올만해서 생긴 결과이다. 그러므로 괴로움은 구조적으로 불가피한 것이다. 먼저 이것을 인정해야 다음 단계의 행동을 할 수 있다. 괴로움을 없앨 수 있는 유일한 방법은 괴로움을 만든 원인을 제거하는 길밖에 없다. 이것이 괴로움을 있는 그대로 알아차리는 것이다.

괴로움을 알아차리면 그 순간에 알아차리는 마음만 있기 때문에 괴로움이 소멸한다. 이러한 소멸의 연속적인 과정에 의해서만 괴로움이란 번뇌가 녹아버린다. 괴로움은 이미 생긴 것이라서 소멸하지 않지만 괴로움의 원인을 제거하는 지혜가 생기면 자연스럽게 힘이 약화된다.

괴로움으로부터 도피하면 영원히 괴로움의 지배를 받는다. 괴롭다고 감각적 쾌락을 추구하지 마라. 감각적 쾌락은 일시적인 최면효과다. 괴로움은 나의 것이 아니고 한 순간의 느낌일 뿐이다.

29 | 마음 알아차리기

즐거울 때는 즐거워하는 마음을 알아차려라. 그리고 즐거움으로 인해 일어난 가슴의 느낌을 알아차리거나 조용히 호흡을 지켜보아야 한다. 즐거움이 지나치면 탐욕이 일어난다. 탐욕이 있어서 성냄을 일으키고 이러한 탐욕과 성냄을 가진 것이 바로 무지다.

괴로울 때는 괴로워하는 마음을 알아차려라. 그리고 괴로움으로 인해 일어난 가슴의 느낌을 알아차리거나 조용히 호흡을 지켜보아야 한다. 괴로움이 지나치면 슬픔과 비탄과 절망에 빠진다. 괴로움은 불만족으로 자신이 일으킨 과보일 뿐이다.

덤덤할 때는 덤덤한 마음을 알아차려라. 그리고 덤덤한 것으로 인해 일어난 가슴의 느낌을 알아차리거나 조용히 호흡을 지켜보아야 한다. 덤덤한 것이 지나치면 무지가 커진다. 수행자는 어느 때나 일하는 마음을 알아차린 뒤에 몸에 있는 대상을 있는 그대로 알아차려야 한다.

무엇이나 선행하는 마음이 있어서 행위를 한다. 그러므로 항상 앞서서 이끄는 마음을 알아차려야 한다. 마음을 알아차리면 일하는 마음이 그 순간 선한 마음으로 바뀐다.

30 | 병

생각하고, 말하고, 먹고, 행동하는 것이 모두 병을 일으키는 원인이다. 그러므로 선하게 생각하고, 선하게 말하고, 선하게 먹고, 선하게 행동해야 한다. 선하다는 것은 계율을 지키는 것이다. 그러므로 계율로 생각하고, 계율로 말하고, 계율로 먹고, 계율로 행동해야 병이 걸리지 않는다.

대상을 있는 그대로 알아차리는 것이 선하고, 계율을 지키는 것이다. 이와 같이 선한 마음으로 계율을 지키는 것이 수행을 하는 것이다. 그러므로 수행을 위해 특별한 행동을 할 필요가 없이 나타난 대상을 있는 그대로 알아차리면 된다.

병에는 마음의 병과, 몸의 병이 있다. 마음의 병이 몸의 병을 일으키고, 몸의 병이 마음의 병을 일으킨다. 그러므로 마음이 아플 때 몸이 아프지 말아야 하며, 몸이 아플 때 마음이 아프지 말아야 한다.

서로가 영향을 받지 않기 위해서는 마음과 몸을 분리해서 알아차려야 한다. 마음과 몸을 분리해서 알아차리면 병의 힘이 약화되어 치유의 길이 있다. 마음을 알아차릴 때는 단지 마음을 알아차려야 하며, 몸을 알아차릴 때는 단지 몸을 알아차려야 한다.

31 | 생사

누구나 태어나면 반드시 죽어야 한다. 그렇기 때문에 태어남이란 죽기 위한 것이다. 이처럼 누구에게나 오는 죽음을 두려워하거나 피하려고 하지 말아야 한다. 죽음을 두려워하면 두려워할수록 더욱 괴로움에 빠진다. 그러나 죽음을 두려워하지 않고 있는 그대로 보면 가장 위대한 죽음을 맞이한다. 이것이 바로 깨달음이고 다시 태어나지 않는 죽음이다.

죽음은 자연스러운 일이므로 언제나 맞이할 준비를 해야 한다. 훌륭한 죽음은 몸과 마음에 대한 집착이 없는 것이다. 몸과 마음을 집착하면 과보가 생겨 다시 태어나는 고통을 겪는다. 집착하지 않으면 과보가 없어 다시 태어나는 고통을 겪지 않는다.

다시 태어나지 않는 것이 죽지 않는 것이다. 나와, 내 가족을 집착하면 윤회계를 벗어나지 못한다. 내 몸과 마음은 나의 것이 아니고 단지 조건에 의해서 생긴 것이다. 내 가족도 나의 것이 아니고 조건에 의해 모여서 살다가 헤어지는 생명들이다. 저마다 이렇게 찾아 온 것은 그냥 가도록 내버려 두어야 한다. 혼자 태어나서 혼자 가는 길을 그냥 지켜보면 더 이상 집착할 것이 없어 영원한 자유를 얻는다.

32 | 부귀영화

세상의 부귀영화는 나의 것이 아니다. 그것들은 일어날만한 조건에 의해 일어난 것이며, 일어난 순간에 사라진다. 부귀영화는 자신의 마음이 느끼는 것이고 이 느낌은 한순간에 일어나서 일어난 순간에 사라진다.

누구도 부귀영화를 영원히 소유할 수 없다. 그러므로 부질없는 꿈을 꾸지 마라. 세상의 부귀영화란 얻지 못해서 괴로운 것이며, 얻으려고 잘못을 저질러서 괴로운 것이고, 얻으면 달아날까봐 괴로운 것이고, 얻어도 더 많이 얻고 싶어서 괴로운 것이다.

자신에게 주어진 것이면 좋은 것이나 나쁜 것이나 모두 알아차려서 있는 그대로 지켜보아야 한다. 설령 그것이 고통이라고 해도 알아차려야 하며, 즐거움이라고 해도 알아차려야 한다. 올 것이 왔다면 피하지 말고 지켜보아야 한다.

부귀영화가 잘못된 것이 아니다. 다만 이것을 얻기 위해 탐욕을 일으키고, 화를 내고, 어리석은 행동을 하는 것이 잘못이다. 선한 일을 해서 얻는 부귀영화는 당연히 누려야할 복덕이다. 가장 큰 부귀영화는 마음을 청정하게 하는 수행을 해서 지혜를 얻는 것이다.

33 | 좋은 일

좋은 일을 했다고 해서 모두 칭찬받는 것은 아니다. 좋은 일도 자기가 하기 나름이다. 잘못하면 좋은 일을 하고도 오히려 욕을 먹는다. 그러므로 좋은 일을 할 때 자신을 과시 하거나, 남을 업신여기면서 하면 비난을 받는다.

좋은 일이라고 해서 자신의 욕망대로 하면 남에게 고통을 준다. 좋은 일도 나만 좋으면 안 되고, 나도 좋고 남도 좋아야 한다. 그러므로 시작할 때도 좋아야 하고, 중간에도 좋아야 하며, 끝도 좋아야 한다. 자신의 욕망을 충족시키기 위해서 하는 좋은 일은 시작은 좋지만 중간과 끝이 좋지 않다.

마음가짐이 바르지 못한 사람은 남이 하는 선행을 좋아하지 않는다. 그러므로 남이 잘못되기를 바라는 마음이 있으면 좋은 일도 잘못이라고 비난을 한다. 그래서 아무리 좋은 일을 한다고 해도 남의 비난으로부터 자유로울 수 없다. 자신이 할 일이라서 하면 남이 비난을 하더라도 겸허하게 받아들일 수 있다.

가장 좋은 일은 자신이 선행을 해서 얻은 과보조차도 남을 위해서 아낌없이 내놓는 것이다. 이것을 회향이라고 한다.

2장

지고의 행복

지고의 행복

지고(至高)의 행복은 가장 높은 행복을 말합니다. 탐욕, 성냄, 어리석음이라는 번뇌가 불타버린 것을 열반이라고 하고 이것을 다른 말로 지고의 행복이라고 합니다. 세속의 행복은 가져도 만족할 수 없지만 출세간의 행복은 가졌거나 갖지 못했거나 상관없이 있는 그대로 보기 때문에 불만족이 없습니다.

열반을 성취하여 지고의 행복을 얻으면 모든 형태의 갈애가 소멸되고 재생하는 업력이 함께 소멸합니다. 그래서 원인과 결과가 사라져 삶과 죽음이 연속되는 윤회에서 벗어납니다. 탐욕, 성냄, 어리석음이란 번뇌가 불타버렸기 때문에 태어남, 늙음, 죽음, 괴로움, 비탄, 슬픔, 절망도 함께 불타버립니다. 이것이 지고의 행복입니다.

출세간의 궁극의 목표는 오직 열반입니다. 붓다께서 45년간 설법하신 것은 오직 열반을 위해서입니다. 붓다께서는 오직 열반을 위해서 수행하라고 하셨습니다. 그리고 이 길은 자신이 경험한 것이니 우리들에게도 이 길로 오라고 말씀하셨습니다. 이 과정이 바라밀 공덕을 쌓고 사마타 수행과 위빠사나 수행을 하는 것입니다.

열반은 괴로움이 없고, 죽음이 없으며, 원인과 결과라는 조건이 소멸한 상태입니다. 이때 다섯 가지 감각기관으로 열반을 인식하지 못합니다.

그래서 일부에서는 열반을 무(無)라고 말하기도 하는데 이것은 없다는 것이 아닙니다. 단지 모든 번뇌가 소멸한 정신적 상태를 의미합니다. 열반의 상태에서는 인식할 수 없지만 이때 마음은 열반을 대상으로 합니다.

열반은 모든 번뇌가 끊어진 정신적 상태이지만 이 과정에 이르기까지 해탈의 자유를 느낍니다. 그리고 열반에서 깨어나서도 평온과 자유를 느낍니다. 그러므로 열반에 들기 전의 상태나 열반에 들고 나서의 상태나 열반에서 깨어나서의 상태가 모두 가장 높고 가장 순수한 행복입니다.

깨달음의 결과를 뜻하는 열반은 살아서 몸과 마음을 가지고 경험하는 유여의 열반(有餘依 涅槃)과 다시 태어남이 없는 무여의 열반(無餘依 涅槃)이 있습니다. 위빠사나 수행을 하여 칠청정과 단계적 지혜가 성숙되면 마지막에 열반에 이릅니다. 어떤 열반이 되었거나 이 모든 것들이 지고의 행복입니다.

지고의 행복은 그냥 얻는 것이 아닙니다. 모든 괴로움과 즐거움을 있는 그대로 알아차려야 합니다. 인내가 열반으로 이끕니다. 참고 견디지 않고서는 무엇도 얻을 수 없습니다. 모든 수행자들이 열심히 알아차려서 지고의 행복을 얻으시기를 삼가 기원합니다.

34 | 걱정

　　자신의 일을 걱정하지 마라. 올 것이 온 것이며, 갈 것이 간 것이다. 걱정을 한다고 해서 문제가 해결되지 않는다. 자신이 행한 대로 받으며, 자신이 가졌던 마음가짐만큼 받는다. 누구나 자기 수준만큼 생각하고, 생각한 수준만큼 행동하며, 그만큼의 결과가 생긴다.

　　세상의 일을 걱정하지 마라. 올 것이 온 것이며, 갈 것이 간 것이다. 걱정을 한다고 해서 세상의 일이 해결되지 않는다. 모든 것들은 세상 사람들이 행한 대로 받으며, 세상 사람들이 가졌던 마음가짐만큼 받는다. 자기 수준만큼 생각하고, 생각한 수준만큼 행동하며, 그만큼의 결과가 생긴다.

　　걱정한다고 해서 안 될 일이 되지 않는다. 오히려 걱정을 해서 될 일이 되지 않는다. 모든 것은 자신의 마음이 투사해서 생기므로 공연히 걱정을 해서 일을 그르치지 말아야 한다.

　　행한 대로 받는다면 무엇을 걱정하고 무엇을 두려워하겠는가? 이제 걱정하는 일로 세월을 보내지 마라. 먼저 걱정하는 것을 알아차리고 자신이 해야 할 일이 무엇인지를 알아서 그 일을 하면 된다. 언제나 자기 할 일을 하는 것이 수행자의 본분이다.

35 | 수행

탐욕이 많은 사람은 노력은 하지 않고 수행이 잘 안된다고 불평만 한다. 수행은 새로운 습관을 길들이는 과정이라서 원래가 잘 안 되는 것이다. 위빠사나는 잘 안 되는 것을 알아차려서 있는 그대로의 현상을 받아들이는 수행이다. 이것이 선한 마음을 갖는 관용의 시작이다.

처음부터 수행이 잘 된다면 결코 바른 법을 보지 못한다. 수행의 궁극의 목표는 나 없음을 알아서 집착을 하지 않는 것이다. 그런데 처음부터 수행이 잘 된다면 결코 나 없음을 알 수 없어 집착을 여읠 수가 없다.

누구나 계속해서 노력을 하면 약간의 집중력이 향상된다. 하지만 이것도 일시적인 현상이며 다시 잘 안 되는 과정이 되풀이된다. 청정과 지혜가 성숙될 때마다 새로운 장애가 끊임없이 나타난다. 이때 장애를 법으로 알아차려야 더 높은 지혜의 단계로 갈 수 있다.

수행 중에 나타나는 것들은 모두 알아차릴 대상이다. 좋은 현상도 대상이며, 좋지 않은 현상도 똑같이 알아차려야 할 대상이다. 이렇게 대상으로 삼을 때만이 청정한 지혜가 성숙된다.

36 | 예의

상대에 대한 예의를 갖추지 않고, 무례한 것은 범부가 저지르는 선하지 못한 행위다. 이런 행위의 근본원인은 어리석기 때문이다. 알아차리지 못하면 양심과 수치심이 없고, 부끄러운 줄 몰라서 잘못된 행동을 한다. 그리고 이런 행동을 오히려 자랑스럽게 생각한다.

이런 사람들의 특성은 탐욕이 많고, 내가 최고라는 사견이 있으며, 자만에 중독되어 있다. 이런 사람은 보고도 보지 못하는 장님이다. 그래서 범부는 보고도 모르는 사람일뿐만 아니라 알려고 하지 않는 사람이다. 그러므로 자기의 성에 갇혀 고립된 채로 살아야 한다.

상대에 대한 예의를 갖추고, 대상을 알아차리는 것은 수행자의 선한 행위이다. 이런 행위의 근본원인은 지혜가 있기 때문이다. 믿음이 있으면 양심과 수치심이 있고, 부끄러움을 알아 바르게 행동한다.

이런 사람들의 특성은 탐욕이 없고, 성내지 않으며, 항상 중도를 취한다. 그래서 몸과 마음이 가볍고 부드러우며 능숙하기 때문에 항상 바르다. 또한 바른 말, 바른 행위, 바른 직업의식을 가지고 자비희사의 무량한 행위를 한다. 이런 사람은 보고 아는 눈 밝은 사람이다.

37 │ 무상

같은 것을 보고, 같은 말을 듣고, 같은 글을 읽어도 모두 같은 것이 아니다. 보고, 듣고, 읽을 때마다 같은 마음이 아니기 때문이다. 대상도 항상 변하고, 대상을 보는 마음도 매순간에 변한다. 이렇게 아는 것이 법을 보는 것이다. 이렇게 알아야 비로소 무상의 지혜가 난다.

무상의 지혜를 계발하기 위해서는 계속해서 보고, 듣고, 읽어야 한다. 같은 것을 계속 알아차릴 때만이 안개가 걷히고 실재가 드러난다. 한 번 보고, 듣고, 읽는다고 단번에 무상을 알기는 어렵다. 아직 대상을 통찰할 수 있는 고요함이 생기지 않았기 때문이다.

진리는 먼 곳에 있지 않고 자신의 몸과 마음에 있으며, 계속해서 알아차릴 때만 지혜가 완성된다. 해가 떠서 기울듯이 언젠가 그 끝이 있기 마련이다. 그때까지 쉬지 말고 계속해서 알아차려야 한다. 알아차리다가 말면 조건이 성숙되지 않아 법을 발견하지 못한다.

무상은 스스로의 법을 드러내고 있지만 아는 힘이 없기 때문에 보지 못한다. 그러므로 먼저 대상을 있는 그대로 알아차려야 하며 다음으로 알아차림을 지속해야 한다.

38 | 범부와 성자

범부는 자신이 누구인지 모른다. 그래서 내가 있다고 생각하여, 물질을 얻기 위해 정신을 퇴보시키는 잘못을 행한다. 범부는 가지면 가진 만큼 교만하고, 알면 아는 만큼 자아가 강하다. 교만하고 자아가 강하면 괴롭다. 그래서 가져도 가진 것이 아니고, 알아도 아는 것이 아니다.

범부는 갈 길을 모르는 사람이라서 괴로움뿐인 끝없는 윤회의 여정을 거쳐야 한다. 있는 것을 있는 그대로 보지 못하면 독을 독으로 보지 못하고 보석이라고 본다. 그래서 잘못된 것을 애지중지 하기 때문에 끝없는 태어남과 끝없는 죽음을 맞이해야 한다.

성자는 자신이 누구인지 안다. 그래서 내가 없다고 생각하여, 바람이 없이 구하며, 물질을 얻기 위해 정신을 퇴보시키지 않는다. 성자는 가져도 교만해지지 않고, 알아도 겸손하다. 이렇게 되었을 때만 바르게 구하는 것이고, 바르게 가진 것이며, 바르게 아는 것이다.

성자는 갈 길을 아는 사람이라서 괴로움뿐인 윤회의 길을 가지 않는다. 있는 것을 있는 그대로 보기 때문에 독을 독인지 알고 보석을 보석인지 알아 다시 태어나지 않아 죽을 일이 없다.

39 | 관념과 실재

마음을 비우는 것은 관념이고, 마음을 알아차리는 것은 채움이며 실재다. 마음을 비우면 번뇌라는 도둑이 들어와서 주인행세를 한다. 마음은 언제나 알아차림으로 가득 채워야 한다. 그래야 번뇌라는 도둑이 들어와 주인행세를 하지 못한다.

비운다는 것은 탐욕, 성냄, 어리석음이 없는 마음을 말하지만 비우려고 노력하는 것이 새로운 탐욕을 일으키는 것이다. 마음은 비우려 한다고 해서 비워지는 것이 아니다. 오직 알아차림에 의해 번뇌가 침투하지 못하도록 해야 한다. 그러므로 비운다는 관념적인 생각보다 알아차리는 구체적인 실천이 있어야 한다.

마음은 대상을 아는 것이다. 마음이 대상을 알 때 알아차림이 없으면 습관적인 마음으로 본다. 알아차림이 있으면 깨어서 보기 때문에 번뇌를 가지고 보지 않는다. 수행자는 번뇌를 소멸하기 위해 마음을 비우려 하기보다 있는 마음을 알아차려야 한다.

알아차리지 못하는 마음일 때는 감각적 쾌락을 추구하는 마음이거나, 극단적 고행을 하는 마음이거나, 아무 것도 모르는 무지의 마음이다.

40 | 진실

진실은 한순간에 있으며, 현재의 몸과 마음에 있다. 아무리 많은 시간이 있어도 한순간들이 모여서 지속되는 현상에 불과한 것이다. 조금 전에 있던 순간은 지나가고 현재가 되며, 현재라고 하는 순간은 이미 과거가 된다. 이러한 한순간의 진실은 일어나면 사라진다는 것이다.

이러한 변화의 진실은 오직 자신의 몸과 마음에서만 분명하게 알 수 있다. 자신의 몸과 마음이 아닌 것은 내가 본다는 유신견을 가지고 보기 때문에 사물의 실재를 있는 그대로 보지 못한다. 그래서 진실은 반드시 자신의 몸과 마음에서 찾아야 한다.

한순간을 바르게 알아야 진실을 알 수 있고, 몸과 마음을 바르게 알아야 진실을 알 수 있다. 한순간에 모든 진실이 담겨져 있으며, 몸과 마음에 모든 진실이 담겨져 있다. 그러므로 현재 여기에 있는 몸과 마음을 알아차릴 때만이 무상, 고, 무아를 알 수 있다.

현재를 떠난 것은 과거이거나 미래이므로 실재하는 것이 아니다. 실재하는 것이 아니기 때문에 진실을 볼 수가 없다. 몸과 마음을 통해서 본 것이 아니면 관념으로 본 것이라서 대상의 실재하는 진실을 알 수가 없다.

41 | 토끼와 거북이

수행은 토끼와 거북이의 경주다. 토끼가 빠르지만 자신의 속도를 충실히 하는 거북이가 승리하는 것처럼, 수행은 속도가 중요한 것이 아니고 알아차리는 내용이 중요하다. 수행자가 무디면 단순하고, 예민하면 들뜬다. 무디면 인내하지만, 예민하면 감각에 치우친다.

수행은 들뜨고 의심하기보다, 단순하게 지켜보는 것이 좋다. 단순하게 보아야 있는 그대로 본다. 단순하게 보려면 반드시 몸과 마음을 알아차려야 한다. 알아차리면 부족하지도 않고 넘치지도 않는다. 이렇게 알맞은 조건이 성숙되었을 때만 지혜를 얻는다.

수행은 스스로의 길을 홀로 가는 것이다. 스승은 단지 가야 할 길을 안내할 뿐이며, 길을 가는 것은 오직 자신의 힘으로 가야한다. 이렇게 가면 어리석음에서 고요함의 세계로, 고요함에서 지혜의 세계로 간다.

이 길은 누구와도 함께 갈 수 없다. 그러므로 스승도 원하는 사람에게만 법을 줄 수밖에 없다. 인간은 가족과 사회라는 테두리 안에서 살지만, 사실은 혼자 태어나서 혼자 살다가 혼자 죽는다. 누구도 자신의 삶과 죽음을 대신할 수 없다.

42 | 괴로움

지금 자신이 괴로운 것은, 지금 이전과, 전생의 탐욕과 성냄과 어리석음으로 인해서 생긴 과보로 괴로운 것이다. 이러한 괴로움은 누가 준 것이 아니고 모두 자신이 만든 것이다. 그래서 괴로움은 피할 수 없는 것이며 반드시 겪어야 하는 불가피한 것이다.

자신이 만든 괴로움을 다른 것으로 해결하려고 해서는 결코 해결할 수가 없다. 오직 자신의 알아차림으로만 해결할 수 있다. 받을 수밖에 없는 괴로움을 받지 않으려고 하는 것이 잘못된 견해이다. 받을 괴로움을 알아차리면 이미 괴로움이 아니다.

자신이 만든 어쩔 수 없는 괴로움을 계속해서 한탄만 하고 있어야 하겠는가? 지금 새로운 원인을 만들어서 지금도, 지금 이후도, 다음 생에도 괴롭지 않도록 해야 한다. 있는 괴로움은 알아차리는 마음으로 대체할 때만 괴로움으로부터 벗어날 수 있다.

괴로움은 누구도 풀어 줄 수 없고 오직 괴로움을 만든 자만이 풀수 있다. 그러기 위해서는 현재 여기에 있는 자신의 몸과 마음을 알아차려야 한다. 자신의 몸과 마음을 알아차려서 마음을 길들이는 것이 가장 좋은 원인을 만드는 것이다.

43 | 축적된 성향

사람들이 모두 자기 마음대로 세상을 사는 것 같지만 사실은 그렇지 않다. 자기가 하고 싶다고 해서 모두 마음먹은 대로 행할 수 있는 것이 아니다. 누구나 자신의 축적된 성향에 의해 조정을 받으면서 살기 때문에 자신의 의지가 개입될 여지가 적다.

축적된 성향은 지금까지 살면서 만들어진 원인에 의해 생긴 결과이다. 이것을 과보라고 하며 성격이라고도 한다. 그러므로 내가 사는 것이 아니고 원인과 결과가 굴러가면서 사는 것이다.

마음은 순간에 일어났다가 사라지고 다음에 일어난 마음은 새로운 마음이다. 이때 내 마음이 굴러가는 것이 아니고 마음에 있는 과보가 굴러가는 것이다. 이처럼 과보의 힘으로 굴러가서 다음 마음을 일으키기 때문에 내 마음대로 사는 것이 아니고 축적된 성향대로 사는 것이다.

수행을 할 때도 모두 자기 성향대로 한다. 불선과보가 많은 사람은 바른 것을 왜곡한다. 그러나 선과보가 많은 사람은 바른 것을 바르게 본다. 수행자가 대상을 있는 그대로 본다는 것은 축적된 성향으로 보지 않고 있는 그대로의 진실을 보는 것이다.

44 │ 노예

탐욕은 자신도 느끼지 못하는 매우 작은 것들을 바라는 마음으로 부터 시작한다. 무엇이나 무심히 좋아하는 마음으로 시작하지만 시간이 지나면 자신도 모르게 집착을 해서 탐욕의 노예로 산다. 그러므로 처음 부터 모든 대상을 알아차려야 노예로 살지 않는다.

감각적 욕망은 달콤하기 때문에 괴로움이 감추어져 있다. 그러다 때가 되면 욕망이 남긴 엄연한 현실 앞에 고통을 겪어야만 한다. 꿀을 먹 으려는 개미가 꿀에 빠져서 죽는다. 욕망의 끝에는 언제나 감각적 욕망 을 추구한 만큼의 결과가 기다리고 있다.

누구나 처음부터 탐욕을 없앨 수는 없다. 누구나 좋아하는 마음이 있어서 살기 때문이다. 그렇다고 해서 절제가 없이 좋아한다면 반드시 집착으로 발전하여 그에 따른 과보를 받아야 한다. 그러므로 사소한 것 을 좋아하는 마음부터 알아차리면 차츰 욕망이 제어될 수 있다.

수행자의 알아차림은 괴로움을 막아서 스스로를 보호하는 계율과 같은 것이다. 이렇게 알아차려서 생긴 지혜로 모든 괴로움의 원인이 탐 욕이라는 사실을 알면 자유를 얻는다.

45 | 앎

　자신이 안다고 할 때 모든 것을 완전하게 아는 것이 아니다. 자신이 아는 것은 오직 자신의 견해에 비추어서 아는 것에 불과하다. 그러므로 자신이 아는 것을 지나치게 확신해서는 안 된다. 그렇게 되면 스스로 진실의 문을 닫아버리는 것이다. 그래서 확고한 지혜로 대상을 알 수 있을 때까지는 판단을 유보해야 한다.

　세상에는 자신이 아는 것 말고도 다른 진실이 있다는 것을 자각해야 한다. 처음에는 남이 한 말을 들어서 알거나, 책을 읽어서 알거나, 생각으로 알기 시작한다. 이것은 이해하는 수준으로 아는 것이라서 지식이다.

　다음으로 사유를 통해서 아는 단계가 있다. 여기까지가 철학의 영역이다. 하지만 생각은 생각에 그치기 때문에 언어의 유희에 빠질 수 있다. 그러므로 이것도 표피적으로 아는 것이지 완전하게 아는 것이 아니다.

　완전하게 아는 것은 대상의 성품을 알아 괴로움을 해결하는 방법을 아는 것이다. 이것이 위빠사나의 통찰지혜다. 알아서 끊을 수 있을 때 완전하게 아는 것이지 그렇지 않고는 완전하게 아는 것이 아니다. 지식과 사유에는 번뇌가 있지만 지혜는 번뇌를 남기지 않는다.

46 | 호흡

태어나서 죽을 때까지 살아 있다는 것은 숨을 쉬는 것이다. 그러므로 생명은 호흡과 호흡 사이에 있다. 이러한 호흡은 숨을 쉬고 싶다고 해서 쉬는 것이 아니며, 숨을 쉬고 싶지 않다고 해서 쉬지 않을 수 있는 것이 아니다.

만약 내 마음대로 숨을 쉴 수가 있다면 죽지 않고 영원히 살 수도 있다. 그러므로 호흡은 조건에 의해서 쉬는 것이므로 내가 있어서 마음대로 쉬는 것이 아니다. 숨을 쉴만한 조건이 끝나면 더 이상 호흡을 하고 싶어도 할 수가 없다. 그러므로 호흡을 통하여 무아를 알 수 있다.

호흡은 건강한 몸과 마음이 있어야 하며 쾌적한 환경이 있어야 한다. 그러므로 숨을 쉴만한 여러 가지 조건이 성숙되어서 숨을 쉬는 것이다. 건강한 몸과 마음일 때는 건강한 호흡을 하며 병든 몸과 마음일 때는 병든 호흡을 한다.

이제 조용히 당신의 호흡을 지켜보아라. 호흡이 고요하면 당신의 마음은 평온한 상태이며, 거친 호흡이면 당신의 마음이 번뇌로 휩싸여 있음을 알 것이다.

47 | 두 가지 법

법은 알아차릴 대상의 법이 있고 진리의 법이 있다. 수행은 대상이 있어야 하고 그 대상을 알아차리는 것이 법을 알아차리는 것이다. 이렇게 지속적으로 대상을 알아차리면 나중에는 진리인 무상과 고와 무아의 법이 자연스럽게 드러난다.

문제가 있는 곳에는 법이 없다. 반대로 문제가 없는 곳에는 법이 있다. 수행자가 무엇이나 알아차리면 그 순간에 알아차릴 대상이 되어서 문제가 소멸된다. 하지만 알아차리지 못하면 대상 자체가 가지고 있는 힘으로 인해 문제가 야기된다.

사람과 사람사이에서도 법으로 대하면 알아차리는 순간에 관용이 생겨 다툼의 소지가 없다. 그러나 사람과 사람 사이에 법으로 대하지 않으면 알아차리지 못해 탐욕과 성냄과 어리석음으로 대하기 때문에 반드시 다툼의 소지가 있다.

이처럼 괴로운 문제는 모두 알아차리지 못해서 생기며, 진리의 법을 몰라 집착하기 때문에 생긴다. 알아차리는 마음은 지혜로운 마음이며, 알아차리지 못하는 마음은 무지한 마음이다.

48 | 괴로움의 소멸

괴로움을 있는 그대로 알아차리면 있던 괴로움은 사라진다. 괴로움을 알아차리는 새로운 마음이 일어났기 때문이다. 그러나 알아차린다고 해서 괴로움이 완전하게 소멸하는 것은 아니다. 얼마나 정확하게 알아차리고, 성심을 다하여 노력하면서 알아차리고, 얼마나 집중을 해서 지혜가 성숙되었느냐에 따라 괴로움이 소멸하는 정도가 다르다.

괴로움의 소멸은 순간적인 소멸과, 일시적인 소멸과, 완전한 소멸이 있다. 괴로움을 알아차릴 때 정확하게 알아차리면 괴로움이 순간적으로 소멸한다. 이러한 알아차림이 지속되어 집중이 되면 괴로움이 일시적으로 소멸한다. 그리고 이런 알아차림과 집중에 의해서 생긴 지혜가 성숙되어야 비로소 괴로움이 완전하게 소멸한다.

위빠사나 수행자의 지혜의 단계에 따라서 소멸과정도 다르다. 모든 일은 합당한 노력을 해야 합당한 결과를 얻는다. 그렇기 때문에 수행자는 먼저 대상을 알아차려야 한다. 그리고 알아차림을 지속해서 집중을 해야 한다. 이러한 집중의 결과로 통찰지혜를 얻도록 노력해야 한다.

49 | 힘의 양극화

괴로움을 일으키는 힘이 강한 자는 괴로움을 소멸시키는 힘도 강하다. 한쪽의 힘이 강하면 그것을 해결하려는 다른 한쪽의 힘도 똑 같이 강하다. 그래서 괴로움이 많은 사람이 수행을 더 열심히 한다. 괴로움을 일으키는 욕망이 강하면 괴로움을 해결하려는 욕망도 강하다.

잘못을 저지른 자가 오히려 크게 개선되는 것은 바로 이런 이유 때문이다. 선을 표방하던 자가 좌절을 해서 다른 사람보다 더 추악해지는 경우도 이와 유사하다. 그래서 자신의 힘이 강할 때는 그 힘을 어느 쪽으로 어떻게 쓰느냐가 중요하다.

수행을 할 때 번뇌를 억누르는 수행은 일시적으로 고요함을 얻어 자유롭지만 이것은 완전한 해결책은 아니다. 그러나 번뇌를 억누르지 않고 있는 그대로 지켜보는 수행은 통찰지혜가 일어나 번뇌를 관통해 버린다. 이것이 사마타 수행과 대상을 분리해서 알아차리는 위빠사나 수행의 차이다.

같은 힘을 쓸 때에도 억제해서 쓰는 힘은 반발력을 일으켜 부작용을 일으킬 수 있다. 하지만 억제하지 않고 자연스럽게 알아차리는 힘은 모든 번뇌를 잠재울 수 있다.

50 | 바른 노력

지금 자신이 괴로운 것은, 지금 이전과, 전생의 탐욕과 성냄과 어리석음으로 인해서 생긴 과보로 괴로운 것이다. 이러한 괴로움은 누가 준 것이 아니고 모두 자신이 만든 것이다. 그래서 괴로움은 피할 수 없는 것이며 반드시 겪어야 하는 불가피한 것이다.

자신이 만든 괴로움을 다른 것으로 해결하려고 해서는 결코 해결할 수가 없다. 오직 자신의 알아차림으로만 해결할 수 있다. 받을 수밖에 없는 괴로움을 받지 않으려고 하는 것이 잘못된 견해이다. 받을 괴로움을 알아차리면 이미 괴로움이 아니다.

자신이 만든 어쩔 수 없는 괴로움을 계속해서 한탄만 하고 있어야 하겠는가? 지금 새로운 원인을 만들어서 지금도, 지금 이후도, 다음 생에도 괴롭지 않도록 해야 한다. 있는 괴로움은 알아차리는 마음으로 대체할 때만 괴로움으로부터 벗어날 수 있다.

괴로움은 누구도 풀어 줄 수 없고 오직 괴로움을 만든 자만이 풀수 있다. 그러기 위해서는 현재 여기에 있는 자신의 몸과 마음을 알아차려야 한다. 자신의 몸과 마음을 알아차려서 마음을 길들이는 것이 가장 좋은 원인을 만드는 것이다.

51 | 두려움

두려움은 두려움을 먹고 더 성장한다. 두려울 때는 두려워하는 마음이 더욱 두려움으로 내몬다. 그래서 필요이상으로 고통을 겪어야 한다. 두려움은 아직 오지 않은 미래를 걱정하는 것이다. 아직 오지 않은 미래를 두려워하는 것은 오히려 미래에 잘못된 결과가 생기도록 예측하는 것이다. 그래서 두려울 때는 먼저 두려워하고 있는 마음을 알아차려야 한다.

두려움은 원인이 있어서 생긴 결과다. 어떤 두려움이나 인내를 하면서 이 결과를 존중하는 알아차림이 필요하다. 그러므로 두려움을 없애려고 해서는 안 된다. 두려움을 없애려고 하면 더욱 불안해져서 두려움이 커진다. 그러므로 두려움을 단지 알아차릴 대상으로 지켜봐야 한다.

두려울 때는 두려워하는 마음을 알아차린 뒤에 가슴으로 가서 콩닥거리는 느낌을 지켜보아야 한다. 이렇게 두려움을 대상으로 받아들이면 그 순간 이미 안정이 되어 두려움을 지켜보는 힘이 생긴다. 두려울 때는 어떤 불이익과 손실도, 어떤 고통도 달게 받겠다는 관용이 필요하다. 그것이 설령 실패라 하더라도 있는 그대로 겸허하게 받아들여야 한다.

52 | 위빠사나의 도

위빠사나 수행은 몸과 마음이란 대상을 알아차리는 것이다. 먼저 대상을 알아차려야 하고, 다음에 알아차림을 지속시켜야 한다. 이렇게 알아차리면 고요한 마음이 생기고 그 다음에 대상이 일어나고 사라지는 것을 아는 지혜가 생긴다. 이것이 무상의 지혜다.

수행은 단순히 알아차리는 것으로 그쳐서는 안 된다. 알아차림이 지속될 때만 고요함이 생긴다. 이런 고요함에 의한 집중의 상태에서만이 일어나고 사라지는 무상을 알 수 있다. 이렇게 일어나고 사라지는 대상의 성품을 아는 무상의 지혜를 위빠사나의 도라고 한다.

그러므로 알아차림을 시작하는 것만으로는 위빠사나의 도라고 말할 수 없다. 무상을 아는 위빠사나의 도에 이르러야 비로소 존재하는 것의 속성인 괴로움과 무아를 알게 된다. 괴로움을 알아 괴로움을 해결하기 위해 노력해도 해결될 수 없다는 자각이 일어날 때 가장 소중한 무아의 법을 안다.

무아는 마음이 없다는 것이 아니다. 항상 하는 마음이 아니며 자아가 있어서 내 마음대로 할 수 있다는 것이 아니다. 이러한 무아의 법을 알 때만 존재의 속성을 알아 모든 집착으로부터 자유로워진다.

53 | 청정

보통사람들은 내가 대상을 보지만, 위빠사나 수행자는 내가 대상을 보지 않고 단지 마음이 대상을 본다. 보통사람들이 생각할 때는 나의 감각기관이 대상과 부딪쳐서 내가 알지만, 위빠사나 수행자는 내가 아니고 단지 감각기관이 대상과 부딪쳐서 안다.

수행은 내가 하는 것이 아니고 단지 감각기관이 감각대상을 알아차리는 것이다. 이렇게 알아차리면 어떤 고정관념 없이 대상을 있는 그대로 알아차릴 수 있다. 이렇게 알아차릴 때만이 탐욕과 성냄과 어리석은 마음을 갖지 않고 대상을 본다.

단지 감각기관이 감각대상을 있는 그대로 알아차릴 때를 청정하다고 한다. 이렇게 알아차리면 제일 먼저 계율이 청정해지고 이러한 청정에 의해 마음이 청정해지며 다시 바른 견해가 생겨 견해가 청정해진다.

견해가 청정해지면 원인과 결과를 알아 의심에서 해방되는 청정에 이르고 다음에는 도와 도가 아닌 것을 아는 청정에 이른다. 그리고 지혜가 성숙하는 행도지견청정에 이르러 마지막에는 열반을 성취하는 지견청정에 이른다. 하나의 바른 시작이 이렇게 큰 결과를 가져온다.

대상을 있는 그대로 알아차리면 관용이 생겨 보시의 마음이 일어난다. 대상의 법을 진리의 법으로 알아차리면 지혜가 나서 보시를 한다. 그래서 물질의 이익보다 정신의 이익이 가치가 있다고 아는 수행자가 기꺼이 보시를 한다.

선하지 못한 마음은 탐욕이 있어 자신에게도 베풀지 못하고 남에게도 베풀지 못하지만, 선한 마음은 자애가 있어 자신에게도 베풀고 남에게도 아낌없이 베푼다.

베풀면 스스로를 돕고 보호하며 더불어 남을 돕고 보호한다. 남을 위해 베푸는 것이 자신에게 베푸는 것이다. 지혜가 있는 마음에는 오직 베푸는 것밖에 없다. 베푸는 것만큼 행복한 것은 없다.

인간의 가장 큰 공덕은 바라지 않고 베푸는 것이다. 그래서 베풀기 전에도 즐거운 마음이어야 하며, 베풀 때도 즐거운 마음이어야 하고, 베풀고 나서도 즐거운 마음이어야 한다. 아무리 먹을 것이 없을 때라도 아무것도 바라지 않고 보시를 하는 것이 가장 아름다운 보시다.

55 | 원인과 결과

나는 어느 곳에서 와서 여기에 태어나지 않았다. 단지 과거의 원인 으로부터 현재의 결과로 왔다. 이때 내가 온 것이 아니고 과거의 과보가 원인이 되어 현재의 결과로 연결되었다. 나는 죽어서 어디로 가지 않는 다. 단지 현재의 원인으로부터 미래의 결과로 간다. 이때 내가 가는 것이 아니고 현재의 과보가 원인이 되어 미래의 결과로 연결된다. 이것만이 실재하는 진실이다.

태어나고 죽는 것은 내가 태어나고 내가 죽는 것이 아니다. 단지 조 건이 일어났다가 조건이 사라지는 연속적인 현상만 있다. 만약 현재의 원인이 미래를 결정할만한 것이 없으면 미래가 생기지 않는다. 이것이 열반이다. 열반은 탐욕과 성냄과 어리석음의 번뇌가 불타버려서 새로운 생이 일어나지 않는 것이다.

아라한이나 부처가 죽은 뒤에 어디로 가는 것이 아니다. 죽기 전의 마음의 상태가 아무 것도 바라는 마음이 없기 때문에 새로운 원인을 일 으키지 않아 단지 결과가 소멸한 것이다. 원인과 결과가 있는 것이 윤회 이고 원인과 결과가 사라진 것이 해탈의 자유로 윤회가 끝나는 것이다. 그러므로 바람 없이 대상을 알아차린다는 것이 새로운 원인을 만들지 않는 것이다.

56 | 의지처

　자신의 몸과 마음을 의지 처로 삼는 것만이 가장 안전하고 확실하게 사는 길이다. 그러나 가장 믿을 수 없는 것도 자신의 몸과 마음이다. 몸과 마음이 있어서 관용과 계율을 지키고 수행을 하여 깨달음을 얻지만, 오히려 몸과 마음이 있어서 탐욕과 성냄과 어리석음으로 불선행을 일삼아 괴로움이 생기기도 한다.

　그러므로 자신의 몸과 마음을 무조건 의지 처로 삼아서는 안 된다. 앞서가신 위대한 스승들의 가르침에 따라 아무 것도 바라는 마음 없이 알아차려야 한다. 이렇게 있는 그대로 알아차릴 때만이 바르게 의지 처로 삼는 것이다. 부처님의 가르침에 따라 갈애가 없이 자신의 몸과 마음을 의지 처로 삼을 때만이 바른 법을 의지 처로 삼는 것이다.

　몸과 마음은 선행의 토대가 되기도 하지만, 불선행의 토대가 되기도 한다. 이와 같은 선행과 불선행의 선택은 인간만 할 수 있는 조건이다. 이것을 선택하는 선한 방법이 바로 위빠사나 수행의 알아차림이다. 알아차림이 있으면 선행을 하여 선과보를 받아 행복하다. 그러나 알아차림이 없으면 불선행을 하여 불선과보를 받아 불행하다. 그러므로 오직 자신의 몸과 마음을 알아차릴 때만이 번뇌로부터 자유로워진다.

57 | 자각

어리석은 사람은 해서는 안 되는 행위를 할 뿐만 아니라 그 과보로 인해 겪는 고통이 있어도 그것을 고통으로 알지 못한다. 오히려 숙명적인 것으로 알거나 고통을 달콤한 것으로 안다. 어리석음이 마음을 가렸기 때문이다. 때로는 자학적인 것을 즐기기도 한다.

지혜가 있는 사람은 해서는 안 되는 행위를 하지 않을 뿐만 아니라 설령 잘못된 행위를 했어도 그것이 고통인지를 안다. 그 고통이 얼마나 큰지를 알수록 지혜가 많은 사람이다. 지혜는 마음의 눈을 뜨게 하여 사물의 이치를 알게 한다. 그래서 자신을 학대하지 않는다.

완전한 지혜가 난 사람은 그 고통을 모두 알았기 때문에 다시는 잘못된 선택을 하지 않는다. 하지만 수행자는 아직 완전한 지혜가 나지 않아서 같은 잘못을 되풀이 했더라도 다시 알아차려야 한다. 이러한 반복만이 완전한 지혜로 가는 길이다.

잘못을 잘못이라고 알지 못하고, 고통을 고통으로 알지 못하는 자가 가장 어리석은 자다. 왜냐하면 같은 잘못을 되풀이하고도 알아차리지 못하기 때문에 영원히 행복할 수 없다.

58 | 출세간의 삶

무엇이 자신을 화나게 하는가? 모든 사람들은 저마다 자기 수준의 일을 하면서 자기의 말을 한다. 그러므로 자신의 문제나 남의 문제로 화를 낼 때 화를 내는 범인은 오직 자신의 마음이다.

무엇이 자신을 슬프게 하는가? 슬픔과 비탄은 누구나 지니고 있는 성향이다. 누구에게나 많은 슬픔이 있지만 자신을 슬프게 하는 범인은 오직 자신의 마음이다. 자신이 슬픔을 즐기기 때문에 슬픔으로부터 벗어나지 못한다.

무엇이 자신을 괴롭게 하는가? 괴로움은 자신이 탐욕이 일으킨 불만족이다. 얻지 못해서 괴롭고 얻어도 만족할 수 없다. 그러므로 자신을 괴롭히는 범인은 오직 자신의 마음이다. 모든 것의 원인은 대상에 있지 않고 대상을 받아들이는 자신의 마음에 있다.

그 대상이 밖에 있는 것이거나, 자신의 몸과 마음으로 인해 일어난 것이거나, 모든 것은 그것을 받아들이는 자신의 마음이 일으킨 것이다. 대상에 끌려가면 세속의 삶을 사는 것이며, 끌려가지 않으면 출세간의 삶을 산다.

59 | 아름다운 마음

마음이 아름다운 사람은 작은 것에도 만족하고 항상 자신이나 남에게 감사한 마음을 갖는다. 그래서 이익을 즐거워하거나 손실을 괴로워하지 않는다. 탐욕이 적다는 것은 마음이 아름다워서 자신의 분수를 아는 것이다.

마음이 더욱 아름다운 사람은 작은 것조차도 포기하고 아무것도 바라지 않는다. 그래서 작은 손해가 나더라도 쉽게 포기한다. 오히려 자신의 이익보다 남의 이익을 위해 헌신적인 마음을 갖는다. 자신의 것까지 포기하기 때문에 바람이 없어 마음이 더욱 아름답다.

욕망이 많은 사람은 아무리 가져도 만족할 줄 몰라 탐욕의 노예로 살기 때문에 마음이 아름답지 못하다. 그러므로 어떤 손해도 용납할 수 없어 그만큼 괴롭다.

자신에게 알맞은 것을 바라는 사람은 작은 것도 쉽게 버릴 수 있어 언제나 자유롭고 행복하다. 하지만 욕망이 강해서 집착이 강한 사람은 무엇도 버릴 수가 없어서 행복할 수 없다. 아름다움은 얼굴이 아니고 마음이며 아름답지 못함도 얼굴이 아니고 마음이다.

60 | 가야할 길

보통사람은 좋아하거나, 싫어하거나, 무지한 상태로 살면서 이렇게 살고 있는 것이 괴로움인지 모른다. 범부는 모르기 때문에 괴로움을 즐거움으로 알고 살며, 즐거움을 괴로움으로 알고 산다. 그래서 괴로움뿐인 세계에서 벗어나지 못하여 아직 가야할 길을 모르는 사람이다.

수행자는 좋아하거나, 싫어하거나, 무지하게 살다가 이렇게 사는 것이 괴로움이라고 알아차리면서 산다. 그러나 아직 궁극의 깨달음을 얻지 못했기 때문에 무지와 지혜를 반복하면서 산다. 하지만 한걸음씩 더 행복한 삶을 향해서 가기 때문에 가야할 길로 들어선 사람이다.

성자는 좋아하거나, 싫어하거나, 무지하지 않게 항상 알아차려서 괴롭지 않게 산다. 성자는 모든 것은 변하고 불만족이며 자아가 없다는 궁극의 깨달음을 얻었기 때문에 집착이 끊어져 모든 번뇌로부터 자유로운 사람이다. 그래서 가야할 길을 가는 사람이다.

보통사람은 모르기 때문에 연기를 회전시키지만, 수행자는 모르다 알아차리기 때문에 연기를 회전시키기도 하고 멈추기도 한다. 성자는 지혜롭기 때문에 처음부터 연기를 회전시키지 않는다.

61 │ 축적된 성향

누구나 내가 자기 삶을 사는 줄 안다. 그러나 사람들은 자신이 가지고 있는 축적된 성향으로 산다. 그러므로 나라고 하는 자아가 있어서 사는 것이 아니고 과보의 힘이 굴러가서 사는 것이다. 바로 과보의 굴레가 굴러가서 한 순간을 윤회하고 다시 한 일생을 윤회한다.

자신의 성격과 습관도 단지 원인과 결과에 의해 일어나는 순간적인 마음의 흐름으로 여기에 는 자아가 없다. 그래서 내가 사는 것이 아니고 자신의 습관으로 살며, 자신의 성격으로 살고 있다. 그러므로 내가 나의 운명을 결정하는 것이 아니고, 자신의 축적된 성향이 자신의 운명을 결정한다.

마음은 매 순간 일어나고 사라지면서 다음 마음에 새로운 종자를 전한다. 이것이 원인에 의한 결과이며 인과응보다. 그러나 지혜가 없으면 이것을 같은 마음이 지속하는 것으로 알아 자아가 있다는 잘못된 견해가 생긴다. 이것이 유신견이다.

자아가 있다는 견해를 가지면 자기 자신을 강화하기 위해 온갖 수단을 동원하므로 괴로움 속에서 살 수밖에 없다. 실제로는 없는 자아를 내세우기 위해 괴로움 속에서 산다는 것은 억울하고 허망한 일이다.

62 | 마음가짐

위빠사나 수행이 어려워서 못하겠다는 사람도 있고, 어려워도 하는 사람이 있다. 못하는 사람은 수행이 어려운 것이 아니라 하려는 마음이 없어서 못한다. 수행을 하려는 마음만 있으면 어려운 것은 문제가 되지 않는다.

수행이 어렵다고 하지 않는 것도 자신의 선택이며, 어렵지만 수행을 하는 것도 자신의 선택이다. 수행 자체에 문제가 있는 것이 아니고 자신의 마음가짐에 문제가 있다.

복을 바라는 사람은 수행을 할 수 없다. 수행은 자신의 괴로움을 해결하려는 용기가 있는 사람이 한다. 그리고 고통을 감수할 수 있어야 한다. 그러므로 수행은 더 향상된 삶을 살고자하는 지혜가 있는 사람이 한다. 수행은 이러한 조건이 성숙되어야 할 수 있다.

감각적 욕망과 미혹에 빠져서 아직 덜 다급하기 때문에 수행을 하기가 싫은 것이다. 자신의 견해가 강하면 새로운 것을 받아들이려 하지 않을 뿐만 아니라 무엇이나 쉽게 얻으려고 하여 수행을 할 수가 없다. 수행이란 마음을 계발하는 것이라서 참고 견디면서 스승의 가르침을 실천해야 한다.

63 | 자신의 선택

자신에게 괴로움을 주는 가장 큰 적은 자신이며, 자신에게 행복을 주는 가장 믿음직한 구원자도 자신이다. 자신을 죽이는 것도 자신이며, 자신을 살리는 것도 자신이다. 자신을 타락하게 하는 것도 자신이며, 자신을 청정하게 하는 것도 자신이다.

자신에게 주어지는 모든 문제는 외부로부터 오지 않는다. 오직 자신에 의해서 일어난다. 남의 유혹에 넘어가 비도덕적인 행위를 하는 것도 자신의 선택이며, 남의 가르침을 받아 도덕적인 행위를 하는 것도 자신의 선택이다.

이처럼 타락하거나 청정한 것이 오직 자신의 일이듯이 누구도 남을 타락시키거나 청정하게 할 수 없다. 다른 사람의 꼬임에 빠져 나쁜 행위를 하는 것도 자신의 선택이며, 스승의 가르침을 받아들여 자신의 번뇌를 해결하는 것도 자신의 선택이다.

자신을 타락하게 한 상대를 따라가는 것도 자신이기 때문에 남을 탓할 것이 없다. 그러나 자신에게 가르침을 준 스승을 따르는 것도 자신이지만 스승에 대한 존경심을 갖는 것도 자신의 선택이다.

64 | 유신견

몸과 마음을 나의 몸과 마음이라고 생각하는 것을 유신견이라고 한다. 이러한 마음은 자신과 관련된 모든 것이 나라고 생각하며, 나의 소유라고 안다. 그러나 몸과 마음은 내가 아니고, 나의 소유가 아니며, 매 순간 조건에 의해 일어나고 사라지는 현상일 뿐이다. 이런 잘못된 견해가 내 남편, 내 부인, 내 자식을 집착하게 해서 번뇌가 끊이지 않는다.

유신견을 가지면 내 고향, 내 학교, 내 나라, 내 종교라는 관념으로 인해 나의 것이 아닌 것은 배척한다. 이런 고정관념에 의해 모든 분쟁이 일어나고 심지어는 전쟁까지 일어나 인류를 고통 속에 빠지게 하고 파멸에 이르게 한다.

유신견은 몸과 마음이 나의 것이라는 것에 그치지 않고 지구도 인간의 소유물로 안다. 지구는 살아있는 모든 생명이 공유하는 삶의 터전이다. 모든 생명은 어떤 것이 되었거나 살아갈 권리가 있다.

유신견을 가진 인간의 탐욕으로 인해 필요이상으로 많은 생명들이 도륙된다. 유신견은 자신뿐만 아니라 타인에게도 고통을 주기 때문에 누구도 행복할 수 없으며 누구와도 평화를 나눌 수 없다.

65 │ 바라밀

바라밀이란 완성을 의미한다. 그래서 깨달음의 세계인 피안으로 건너가기 위해서 반드시 필요한 뗏목이다. 그러나 뗏목은 피안으로 건너가기 위해서 필요한 도구이지 그것 자체가 목표는 아니다. 그러므로 이러한 바라밀을 통하여 수행의 통찰지혜를 얻어야 한다.

수행자의 이상인 깨달음의 세계로 간다는 것은 모든 고통의 바다를 건너서 가장 완전한 세계로 가는 것이다. 이렇게 하기 위해서는 선업의 공덕을 쌓아야 하는데 이것을 바라밀이라고 한다.

바라밀은 모두 열 가지의 실천적 덕목이 있다. 보시, 지계, 출가, 지혜, 정진, 인내, 진실, 발원, 자비, 평정을 행하는 것이다. 이러한 바라밀과 함께 위빠사나 수행을 해야 비로소 건너편 언덕에 다다라 모든 번뇌가 소멸한다.

바라밀은 모든 존재들에 대한 연민의 마음으로 행해져야 한다. 그리고 명확한 이성에 의해 이끌려야 한다. 감성적인 마음에 이끌려서는 안 된다. 그렇지 않으면 정해진 길을 갈 수가 없다. 이러한 행위들이 있을 때만이 비로소 잘못된 믿음과 유신견이 소멸되어 지고의 행복을 얻을 수 있다.

66 | 불만족

태어난다는 것은 항상 많은 위험이 따르기 때문에 그것 자체가 불만족이다. 태어났으면 반드시 죽어야 하기 때문에 태어남은 불만족이다. 또 사는 동안 육체적인 고통과 정신적인 고통과 절망이 따르기 때문에 산다는 것은 불만족이다.

싫어하는 것과 만나는 것도 불만족이며 좋아하는 것과 헤어지는 것도 불만족이다. 원하는 것을 얻지 못하는 것도 불만족이다. 그래서 몸과 마음이라는 오온을 가지고 있는 것도 불만족이지만, 몸과 마음을 집착하기 때문에 불만족이 더욱 커진다.

하지만 이렇게 불만족이 당연한 것이라고 해서 결코 불만족을 해결할 수 없는 것은 아니다. 누구나 불만족에서 벗어나기 위해 여러 가지의 노력을 하지만 불만족에서 벗어나는 바른 방법을 모른다. 이러한 방법을 모르면 결코 불만족에서 해방될 수 없다.

만족할 수 없을 때는 그것을 없애려고 하지 말고 있는 그대로 지켜봐야 한다. 그러면 불만족은 단지 대상일 뿐이며, 생길만해서 생긴 것이라는 원인과 결과를 알게 된다. 이렇게 될 때 불만족은 오히려 지혜를 주는 대상이다.

3장

깨끗한 행복

깨끗한 행복

누구나 좋은 일도 겪지만 좋지 않은 일도 겪습니다. 그래서 좋은 생각을 할 때가 있고 좋지 않은 생각을 할 때도 있습니다. 살다보면 좋은 사람을 만나기도 하고 좋지 않은 사람을 만나기도 합니다. 이처럼 자신에게서나 남에게서 상반된 일을 경험하지만 그때마다 있는 그대로 알아차리면 좋은 일이나 좋지 않은 일이 그냥 일상의 일로 바뀝니다.

좋지 않은 생각을 하거나 좋지 않은 사람을 만나면 좋은 일보다 더큰 이익을 얻을 때가 있습니다. 좋지 않은 일을 만나서 알아차릴 때는 즉시 사물을 보는 이치가 생깁니다. 좋지 않은 일이 오히려 지혜로 바뀌는 것입니다. 그러므로 좋지 않은 사람을 만나도 미워하지 않게 됩니다. 이럴 때는 오히려 장애가 스승이 됩니다.

그렇다고 모든 장애가 다 스승은 아닙니다. 대상을 있는 그대로 알아차릴 때만이 장애가 스승이 됩니다. 장애로 인해 분노의 불길에 휩싸이면 지혜가 일어나지 않습니다. 이런 때는 무지가 일어납니다. 그러면 계속해서 장애로 남아있습니다. 지혜는 반드시 고요한 마음의 상태에서만 일어납니다. 위빠사나 수행의 알아차림은 고요한 마음이 생겨 장애를 지혜로 바꾸는 연금술과 같습니다. 그래서 모든 것이 법이 아니고 반드시 대상으로 알아차릴 때만 법이 됩니다.

좋은 일이나 좋지 않은 일이나 똑같이 알아차릴 대상입니다. 좋은 일은 결과가 좋아서 다행이고 좋지 않는 일은 지혜를 얻을 수 있어서 다행입니다. 무엇이나 알아차리기만 하면 좋은 결과가 있습니다.

좋은 일만 있을 때는 자극이 없어서 지혜가 나지 않아 나태해질 수 있습니다. 그러므로 좋을 때도 좋지 않을 때와 똑같이 알아차려서 나태해지지 않도록 해야 합니다. 좋지 않은 일이 있을 때는 사물을 보는 내면의 성찰이 일어나 큰 이익이 있습니다. 괴로움에서 벗어나서 좋고 지혜까지 얻으니 이것보다 더 큰 이익이 어디 있겠습니까? 그래서 좋은 일은 좋은 일대로 필요하고 좋지 않은 일은 또 그것대로 필요합니다.

좋은 일을 경험할 때는 자만에 빠지지 않도록 계속해서 알아차려서 좋은 일이 지속되도록 해야 합니다. 좋지 않은 일을 경험할 때는 괴로움에 빠지지 않도록 계속해서 알아차려서 반전의 기회로 삼아야 합니다. 좋은 일이나 좋지 않은 일이나 모두 와서 보라고 나타난 대상입니다. 어떤 일이나 와서 보지 않고 집착을 하거나 배척하면 대상이 가지고 있는 진실을 알 수 없습니다. 와서 보라고 나타난 법을 보지 않고 개입하면 좋은 일이 좋지 않은 일이 되고, 좋지 않는 일이 더 좋지 않은 일이 됩니다.

깨끗한 행복은 좋은 일에서만 얻지 않습니다. 좋은 일에서는 욕망이 일어나 어리석어 질 수 있습니다. 좋지 않은 일에서는 성냄이 일어나 더 어리석어 질 수 있습니다. 그러므로 어떤 것이나 있는 그대로 알아차려야 비로소 깨끗한 행복을 얻을 수 있습니다.

67 | 지킴이

나를 지켜줄 것은 오직 자신밖에 없다. 자신의 일은 자신의 마음이 결정하기 때문이다. 그러므로 항상 자기 자신의 몸과 마음을 의지 처로 삼아야 한다. 모든 것이 불확실한 세상에서 이것만이 가장 안전한 길이다.

자신의 바른 믿음이 자신을 지켜주고, 자신의 바른 노력이 자신을 지켜준다. 자신의 알아차림이 자신을 지켜주고, 자신의 집중이 자신을 지켜준다. 이러한 조건이 성숙되어서 얻어진 자신의 지혜가 완전하게 자신을 지켜준다.

외부의 어떤 힘도 자신을 지켜줄 수 없다. 이것이 진리다. 그러므로 나를 지켜 줄 것은 오직 진리밖에 없다. 모든 일은 진리로 귀의하기 때문이다. 항상 자기 자신을 의지 처로 삼아야 하며, 위대하신 스승의 가르침인 법을 의지 처로 삼아야 한다.

진리는 변한다는 것과, 괴로움이 있다는 것과, 자아가 없다는 것이다. 그래서 자신의 몸과 마음이 변한다는 것을 기본으로 삼아야 하며, 자신의 몸과 마음이 괴로움이라는 것을 기본으로 삼아야 하며, 자신의 몸과 마음이 내가 아니라는 것을 기본으로 삼아야 한다. 이 길에서 자신을 지키는 힘이 나온다.

68 | 움직임

모든 것은 움직인다. 생물도 움직이며 무생물도 움직인다. 움직이기 때문에 생성하고 움직이기 때문에 소멸한다. 이것이 바로 일어나고 사라지는 것이다. 일어나고 사라지는 것이 변하는 것이고, 이것이 무상이다.

지혜의 눈으로 보면 매순간 변하기 때문에 이 세상에 같은 것은 하나도 없다. 그러니 무엇을 붙잡을 수 있단 말인가? 가는 것도 가도록 붙잡지 말고 지켜보며, 오는 것도 오로록 막지 말고 받아들여야 한다.

몸과 마음은 매 순간 일어나고 사라진다. 그래서 조금 전의 몸과 마음이 현재의 몸과 마음이 아니며, 현재의 몸과 마음이 조금 후의 몸과 마음이 아니다. 몸과 마음은 매 순간 일어나고 사라지기 때문에 매 순간이 생일이다.

현재의 마음은 과거의 마음이 아니며, 과거의 어디에서 온 것도 아니다. 단지 과거를 원인으로 한 현재의 마음이라는 결과가 있다. 또 현재의 마음이 미래로 가는 것이 아니며, 어떤 장소로 가는 것도 아니다. 미래로 가는 것은 과보일 뿐이지 현재의 내가 가는 것이 아니다. 이것이 무아다.

69 | 수행의 위험

수행은 신앙과 달리 위선적인 요인은 없지만 독선의 요인이 있을 수 있다. 수행은 자신이 직접 실천하는 것이기 때문에 모르면서도 무조건 믿는 신앙과는 다르다. 특히 위빠사나 수행은 몸과 마음이라는 사실에 근거하기 때문에 맹목적이지 않고 이성적이며 합리적이다.

하지만 수행은 눈에 보이지 않는 정신세계라서 객관적인 검증이 어렵다. 그러므로 수행자는 자신의 수행방법이 최고라는 자만에 빠지기 쉽고, 또 내가 최고라는 아상이 생기기 쉽다. 그래서 수행은 항상 이러한 두 가지의 위험이 상존한다.

수행이 이러한 독선으로 흐르지 않기 위해서는 사마타 수행에 머물러서는 안 된다. 반드시 몸과 마음의 실재하는 현상을 알아차리는 위빠사나 수행을 해서 해탈의 지혜를 얻어야 한다. 그렇지 않으면 자만과 아상에서 벗어나기 어렵다.

위빠사나 수행을 한다고 하더라도 몸을 알아차리는 수행에 그쳐서는 안 된다. 느낌과 마음을 알아차리는 수행을 해야 독선의 위험이 배제된다. 이렇게 수행을 할 때만이 법을 알아차리는 수행을 완성한다.

70 | 궁극의 목표

모든 생명들의 궁극의 목표는 무엇일까? 그것은 불행이 아닌 행복일 것이다. 하지만 우리가 알고 있는 행복이 과연 진정한 행복인지에 대해서는 확신할 수 없다. 왜냐하면 자신이 행복을 얻었다고 해서 완전한 자유를 얻을 수는 없기 때문이다.

마음을 가진 모든 생명들의 마지막 희망은 열반이다. 열반은 탐욕과 성냄과 어리석음이 불타버린 지고의 행복이기 때문이다. 열반은 나고 죽는 고통으로부터 벗어나서 윤회가 끝나는 해탈이기 때문에 최고의 가치를 지닌 것이다.

모든 것에는 과정이 있듯이 열반으로 가는 도를 성취하기 위해서는 반드시 세 가지 도의 과정을 거쳐야 한다. 처음에 근본도 부터 시작하여, 다음으로 전단계의 도를 거쳐서, 마지막에 성스러운 도에 이르러야 한다.

첫 번째의 근본도는 연기의 원인과 결과를 아는 도다. 그래서 업은 지은 사람이 받는다는 견해를 가지고 선행을 하는 것이다. 두 번째의 전단계의 도는 위빠사나 수행을 해서 무상, 고, 무아의 지혜를 얻는 것이다. 세 번째의 성스러운 도는 열반을 성취하는 것이다.

71 | 마음

마음은 보이지 않지만 모든 것을 이끈다. 마음이 있어서 몸이 있고 마음이 있어서 대상을 안다. 마음이 있어서 보고, 듣고, 냄새 맡고, 맛보고, 접촉하고, 생각한다. 언제나 앞서서 이끄는 마음이 있어서 몸의 행위가 뒤따른다. 그리고 거기에 하나의 새로운 세계가 열린다.

마음이 있는 곳에 하나의 세계가 있다. 마음이 자신의 몸과 마음으로 오면 자신의 몸과 마음의 세계가 있고, 마음이 몸 밖으로 나가면 밖에 있는 세계가 있다. 마음이 일어날 때마다 하나의 세계가 열린다고 알아야 법을 보는 것이다.

마음이 자신의 몸과 마음으로 오거나, 밖으로 나가 사물을 볼 때 알아차림이 없는 세계와 알아차림이 있는 세계가 있다. 알아차림이 없는 세계는 고정관념의 세계이며, 알아차림이 있는 세계는 실재하는 세계다. 그러므로 마음이 대상과 부딪칠 때 알아차림이 있으면 대상을 있는 그대로 알 수 있다.

궁극의 진리는 실재하는 세계에만 있다. 아무리 사소한 것이라도 문제라고 보면 그 문제는 점점 더 커진다. 이는 마음이 집착을 하기 때문이다. 그러나 알아차리면 단지 대상으로 보여 대상의 성품을 알 수 있다.

72 | 네 가지 마음

인간은 누구나 네 가지의 기본적인 마음을 가지고 태어난다. 마음은 하나이지만 마음에 잠재되어 있는 종자를 가지고 있다. 네 가지 마음은 선심과 불선심과 과보심과 무인 작용심이다. 그러므로 누구나 선한 마음과, 선하지 못한 마음을 함께 가지고 있다.

여기에 행위에 따른 과보의 마음으로 선한 과보심과 선하지 못한 과보심을 함께 가지고 태어난다. 이상 세 가지 마음은 원인과 결과가 있는 마음이다. 그리고 마지막 마음인 원인과 결과가 끊어진 무인 작용심을 가지고 태어난다. 바로 이 마음이 부처님과 아라한의 마음이다.

이상의 네 가지 기본적인 마음이 다양한 조건에 의해 121가지의 마음으로 나뉜다. 그러므로 어떤 상황에서 어떤 마음이 일어나는가 하는 것은 다분히 각각의 조건에 의해 결정된다.

사람의 마음이 일정하지 못하고 매순간 선하거나 선하지 못한 마음으로 변하는 것도 이러한 마음의 종자를 가지고 있기 때문이다. 수행자가 수행을 하는 것은 앞선 세 가지 마음 외에 마지막 마음인 원인과 결과가 끊어진 아라한과 부처님의 마음을 갖기 위한 것이다.

73 | 무지와 지혜

모르면 당하고, 알면 당하지 않는다. 모르는 것은 무지고, 아는 것은 지혜다. 모르면 번뇌를 끊을 수 없고, 알면 번뇌를 끊는다. 모르면 윤회를 하고, 알면 윤회를 하지 않는다. 그래서 누구나 지혜를 얻기 위해서 노력해야 한다.

어떻게 하면 지혜를 얻을 수 있는가? 지혜는 지식을 뛰어넘어서 대상을 통찰할 때 나타난다. 이러한 통찰지혜를 얻기 위해서는 먼저 자신의 몸과 마음을 알아차려야 한다. 다음으로 몸과 마음에서 나타난 현상을 모두 알아차릴 대상으로 삼아 지속시켜야 한다.

자신의 몸과 마음이 아닌 밖에 있는 것을 대상으로 하는 수행에서는 지혜를 얻을 수 없다. 밖에 있는 것을 볼 때는 내가 본다는 유신견을 가지고 보기 때문에 법을 보지 못한다.

오온으로 인해 생긴 문제의 답은 오온에서 얻어야 한다. 또 자신의 몸과 마음에서 나타난 대상을 바라거나 없애려고 해서는 안 된다. 바라거나 없애려고 하는 것이 탐욕과 성냄이며 이것이 어리석음이다. 어떤 현상이 나타난 것을 그대로 알아차려야 지혜가 계발된다.

74 | 관리

탐욕과 성냄과 어리석음의 번뇌가 사라진 해탈의 자유는 모든 인간의 가장 고귀한 이상이다. 이러한 자유는 그냥 주어지는 것이 아니다. 반드시 적절한 노력을 해야 주어진다.

자유는 자신을 관리할 때만 얻을 수 있는 유산이다. 자신에 대한 관리가 없으면 방임이며, 방임은 자신의 욕망대로 사는 것이다. 그러므로 관리하는 자는 자유를 얻고, 스스로를 방임하는 자는 속박을 당하면서 살아간다.

자신의 몸과 마음을 감각적 욕망에 사로잡히도록 방치해서는 결코 자유를 얻을 수 없다. 그러므로 항상 자신을 관리해야 한다. 이렇게 관리하는 것을 알아차림이라고 하며 수행이라고 한다. 수행은 특별한 것이 아니고 언제나 나타난 대상을 알아차리는 행위이다.

자신을 관리하는 것이 절제하는 것이다. 이러한 절제가 계율을 지키는 것이다. 계율을 지키면 감각적 욕망과 극단적 고행을 하지 않아 평온을 유지할 수 있다. 반드시 이러한 과정을 거쳐서 궁극의 자유를 얻는다. 계율이라는 도덕적 규범이 없으면 번뇌를 끌어들이는 위험에 노출된 것이다.

75 | 업

업은 행위를 말한다. 이 행위가 의도에 의해 일어났을 때를 업이라고 한다. 그러므로 의도가 개입되지 않은 행위는 업이 아니다. 그래서 의도가 있는 행위가 업이고, 이러한 업은 반드시 과보가 있다. 이것을 업자성이라고 한다. 그러나 의도가 없는 행위는 업이 아니기 때문에 업의 과보가 없다.

이와 같은 업과 업의 과보를 원인과 결과라고 한다. 이것을 인과응보라고 하거나 또는 업력이라고 한다. 이처럼 인간은 항상 바라는 마음으로 행위를 하여 업을 만들고 이렇게 업의 힘을 생성시킨 결과로 다음 생이 연결된다.

이때 업의 힘은 나의 힘이 아니고 조건에 의해 일어난 힘이며, 이 힘은 일어났다가 순간적으로 사라진다. 여기에 나라고 하는 자아는 없다. 그러므로 자체적인 업의 힘으로 태어난 것을 재생이라고 한다. 그러나 자아가 있어서 다시 태어난다고 하면 환생으로 이것은 잘못된 견해다.

위빠사나 수행을 하면 무아를 알아 갈애를 일으키지 않기 때문에 재생연결의 업력을 끊는다. 태어남은 또 다른 괴로움의 시작이기 때문에 윤회에서 벗어나는 것이야말로 최상의 결과를 얻는 것이다.

76 | 중요한 일

세상을 살면 여러 가지 좋지 않은 일로 인해 고통을 겪기 마련이다. 하지만 좋지 않은 일만 문제가 있는 것이 아니다. 좋은 일도 문제가 있기는 마찬가지다. 그러므로 좋다고 해서 모든 것이 다 좋은 것은 아니다. 좋지 않으면 싫어하기 때문에 화를 내고, 좋으면 좋기 때문에 집착을 한다. 그렇기 때문에 두 가지가 똑 같이 고통스러운 일이다.

좋다고 해서 집착을 하면 오히려 더 큰 괴로움을 겪는다. 좋지 않은 일도 알아차리면 좋아진다. 좋은 일도 알아차려서 집착하지 않으면 더 좋은 결과를 얻을 수 있다. 그러므로 무슨 일이나 좋거나 좋지 않은 것이 중요하지 않다. 오직 알아차렸느냐 알아차리지 못했느냐 하는 것이 중요하다.

세상의 일에는 내 입장과 상대의 입장이 부딪치기 마련이라서 좋은 일과 좋지 않은 일이 있다. 만약 좋은 일만 있다면 자기도취에 빠져 감각적 욕망을 즐기거나 자기만 아는 사람이 된다. 좋지 않은 일만 있다면 염세주의에 빠져 매사를 비관적으로 보거나 상대를 공격하는 폭력적인 성향을 갖는다. 그러므로 언제나 있는 그대로의 대상을 알아차려서 중도적인 견해를 가져야 한다.

77 | 자기관리

　알아차린다는 것은 자기 관리를 하는 것이다. 알아차리면 계율을 지켜 마음이 고요해지고 지혜가 난다. 이것이 모두 자신을 관리해서 얻는 것이다. 자신을 관리할 때만이 스스로 보호받을 수 있으며 남도 보호한다. 자신을 관리하지 못하면 남에 대해서도 무책임한 행동을 할 수 있다.

　수행자가 엄격한 것은 개인이 냉정해서라기보다 법을 지키려는 자기관리 때문이다. 감각기관의 문을 지키는 문지기가 엄격하지 않을 때는 자신의 몸과 마음을 보호할 수 없다. 그러므로 어떤 경우에도 바른 수행자의 행위는 존중되어야 한다.

　수행을 하면 상대에게 차갑다는 인상을 줄 수도 있다. 이것은 수행자가 자기 자신을 알아차리고 있기 때문이다. 만약 알아차리지 않을 때는 좋으면 좋은 표정을 짓고, 나쁘면 나쁜 표정을 지을 것이다. 또는 표정이 드러나지 않더라도 좋고 싫은 감정을 가질 것이다.

　그러나 수행을 하면 자신의 감정을 조절하기 때문에 겉으로 드러난 표정은 차가워보여도 내면에는 청정함이 있다. 그러므로 수행자의 행위를 일상적인 기준으로 판단하지 말고 있는 그대로 존중해 주어야 한다.

78 | 현재의 마음과 과보의 마음

자신의 마음이 현재의 생각을 결정한다. 자신의 마음이 인격을 결정한다. 자신의 마음이 현재의 행위를 결정한다. 자신의 마음이 앞으로 남은 생을 결정한다. 자신의 마음이 다음 생을 결정한다. 모든 일은 자신의 마음이 앞에서 이끈다.

자신의 견해가 바르면 바른 결과가 있고, 바르지 못하면 나쁜 결과가 있다. 자신의 견해가 바르면 현재도 좋고, 미래도 좋다. 그러나 바르지 못하면 현재도 괴롭고, 미래도 괴롭다. 모든 선택은 자신의 마음이 한다. 그러므로 다른 사람이 자신을 지배하지 않는다.

자신의 마음에는 현재의 마음과, 전에 만들어진 행위에 따라서 나타나는 과보심이 있다. 현재 자신의 마음이 선할 때는 과거에 만들어진 선한 과보심이 나타나 영향을 준다. 현재 자신의 마음이 선하지 못할 때는 과거에 만들어진 선하지 못한 과보심이 나타나 영향을 준다.

자신이 선한 마음을 먹고 싶어도 이미 만들어진 선하지 못한 과보심이 나타나면 선한 마음을 먹을 수가 없다. 또 자신이 선하지 못한 마음을 먹을 때도 이미 만들어진 선한 과보심이 나타나면 선한 마음을 갖는다.

79 | 다른 마음

사람의 얼굴이 모두 다르듯이 사람의 마음도 모두 다르다. 그러므로 사람은 각기 다른 성향을 가지고 있다. 각자의 성향은 오랫동안 내려온 잠재의식이라서 쉽게 바뀔 수 있는 것이 아니다. 그래서 나의 의견도 중요하지만 상대의 의견도 존중해야 한다.

자신과 다른 뜻을 가졌다고 해서 모두 적이 아니다. 다른 뜻을 가졌다고 해도 뜻이 바르면 동지다. 뜻이 같아도 행실이 바르지 못하면 동지가 아니다. 뜻이 달라도 행실이 바르면 동지다. 그래서 바른 마음가짐이 중요하며, 모두가 자기 마음과 똑 같기를 바라지 말아야 한다.

사람의 마음을 완전하게 통합하기는 어렵다. 그래서 좋은 것을 모아 봉합하는 것이 지혜다. 그러므로 바른 마음을 가지고 바른 행위를 하면 서로가 가는 길이 달라도 모두 존중해야 한다. 잘못한 것은 알아차릴 대상이고 바른 것은 존경할 대상이다. 세상은 많은 생각들이 모여서 강물처럼 흘러가는 곳이다.

내 생각도 생각에 불과한 것이고, 다른 사람의 생각도 생각에 불과한 것이다. 생각이란 조건에 따라 일어나서 조건에 따라 사라지면서 강물처럼 흘러가는 것이다.

80 | 진정한 승리

누가 승리자인가? 얼굴이 잘생기고 인기가 있는 유명한 사람이 승리자인가, 높은 지위를 얻은 자인가, 돈을 많이 번 자인가, 이것을 진정한 승리라고 하기는 어렵다. 이것들이 겉으로는 승리처럼 보이지만 정신적인 자유를 얻은 것이 아니라서 오히려 괴로움의 원인이 될 수 있다.

진정한 승리는 자신의 감각기관을 알아차려서 외부와 내부에서 일어나는 감각적 욕망을 제어하는 것이다. 그러므로 감각적 욕망으로 얻은 자기만족의 결과를 승리라고 할 수 없다.

감각기관을 통해서 일어나는 모든 욕망은 달콤하지만 그 결과는 괴로움이다. 어떤 것을 얻어도 만족할 수 없기 때문이다. 그러므로 나타나는 모든 대상을 알아차려서 불만족으로부터 자유로운 사람이 진정한 승리자다. 얻으면 만족할 줄 아는 자가 승리자다. 그러나 세상의 부귀영화는 얻으면 얻을수록 더 얻고 싶어 하기 때문에 만족할 수 없다.

감각적 욕망을 알아차려서 제어하면 승리는 있어도 승리한 자가 없다. 이렇게 고양된 정신적 상태가 되어야 해탈의 자유를 얻어 진정한 승리자가 된다.

모든 일에는 단계적인 과정이 있듯이 수행도 마찬가지다. 처음부터 완벽한 수행을 할 수가 없다. 그러므로 처음에는 수행이 잘 안 되는 것을 아는 것으로부터 시작해야 한다. 수행을 잘하려고만 하면 탐욕으로 하는 것이다.

수행은 무엇이나 나타난 현상을 알아차리기 위해서 해야 한다. 수행 중에 나타난 현상은 무엇이든 두려워하지 말아야 한다. 설령 극심한 고통이 와도 수행을 하다 죽지 않는다는 믿음을 가지고 해야 한다. 사실 수행을 하다가 죽을 수만 있다면 가장 큰 복덕이다.

수행은 먼저 몸의 모양을 알아차리는 것이 좋다. 처음에는 대상에 마음을 보내는 것이 어렵기 때문에 알아차리기 쉬운 몸을 알아차려서 마음을 머물게 해야 한다. 마음이 대상에 머물면 차츰 알아차리는 힘이 생겨 대상의 고유한 특성인 법을 알 수 있다.

모양은 단순한 것이라서 변화를 볼 수 없어 싫증이 난다. 그러나 고유한 특성을 알아차리면 끊임없이 변화하는 성품을 볼 수 있어 싫증이 나지 않는다. 수행은 자신이 할 수 있는 과정을 충실히 해야 한다. 그래야 바른 지혜를 얻는다.

82 │ 해방된 자

수행자는 새로운 선한 원인을 만드는 자다. 새로운 선한 원인을 만들면 반드시 그에 따른 선한 결과가 있다. 위빠사나 수행을 한다는 것은 기존의 인습적이고 전통적인 고정관념으로부터 벗어나서 사물을 있는 그대로 알아차리는 것이다. 이것이 새롭게 가장 훌륭한 원인을 만드는 것이다.

지금까지 누구도 대상을 있는 그대로 볼 수 없었다. 지금까지 자신이 살아온 습관대로 보았기 때문에 대상을 탐욕으로 보았으며, 화를 내면서 보았으며, 어리석은 마음을 가지고 보았다. 그래서 탐욕과 성냄과 어리석음을 집착하여 스스로를 구속하면서 살았다.

그러나 위빠사나 수행의 알아차림으로 보면 축적된 성향을 가지고 보지 않기 때문에 어떤 현상에도 걸리지 않는다. 그러므로 수행자는 세속에서 말하는 사주가 통하지 않고, 관상이 통하지 않는다. 이것이 바로 거미줄에 걸리지 않는 바람처럼 과보에 걸리지 않는 것이다.

설령 불선업의 과보로 인해 고통스러운 일을 당해도 모든 것들이 단지 알아차릴 대상일 뿐이라서 수행자를 속박할 수 없다. 그래서 수행자는 자유롭고 해방된 자다.

83 | 집착의 원인

위빠사나 수행자가 머물러야 할 장소는 오직 자신의 몸과 마음이다. 감각기관이 밖에 있는 감각대상과 부딪칠 때는 알아차리는 마음이 자신의 감각기관에 있어야 한다. 마음이 밖으로 나가면 공연히 좋다거나 싫다는 반응을 하여 불필요한 번뇌를 일으킨다.

사람을 볼 때 마음이 밖으로 나가면 보는 사람에 대해서 좋다거나 싫다는 시비를 한다. 이것이 느낌에서 갈애로 넘어가는 것이다. 갈애로 넘어간 느낌은 더욱 강력한 갈애인 집착을 일으켜 돌이킬 수 없는 행위를 한다. 이것은 아무런 소득이 없고 오히려 스스로를 혼란에 빠뜨리는 일이다.

수행자가 사람을 볼 때 사람을 보고 있는 자신의 마음을 보면 사람이 단지 알아차릴 대상일 뿐이라서 좋거나 싫다는 차별이 일어나지 않는다. 이렇게 하면 자신의 마음이 평온해질 뿐만 아니라 고요한 마음으로 인해 선업을 행하고 그 과보로 지혜를 얻을 수 있다.

이처럼 소리, 냄새, 맛, 접촉, 생각과 부딪칠 때마다 마음을 감각기관에 두고 알아차려야 마음이 흔들리지 않고 고요함을 얻는다. 인식하는 장소는 감각기관 이므로 이것만이 실재한다.

84 | 바른 말

바른 말이라고 해서 세상을 전부 바르게 이끌지는 못한다. 바른 말은 그 말을 이해하거나 받아들일 준비가 된 사람에게만 영향을 미칠 수 있다. 바른 말은 바르게살기를 원하는 사람에게만 길잡이가 된다. 그러므로 모든 것은 자신이 선택하는 것이다. 법이 있어도 필요한 사람에게 법이지 모든 사람에게 똑 같은 법이 아니다.

바른 것이라고 해서 무조건 상대에게 강요하지 말아야 한다. 바른 말을 하되 상대가 받아들이지 않으면 때를 기다려야 한다. 아직 조건이 성숙되지 않았는데도 주려고만 한다면 순기능보다 역기능이 생긴다. 그래서 본래의 바른 취지에서 벗어난다.

상대가 받아들이지 않는다고 할 말을 하지 않아서는 안 된다. 교육도 수행이므로 필요한 말은 해야 한다. 다만 말하는 시기와 타인의 입장을 존중하는 자세가 필요하다. 말을 할 때는 말하는 사람이 자애로 말하는가, 탐욕이나 화를 내면서 말하는가를 알아차리고 해야 한다.

바른 말이라고 해도 자신의 감정을 개입시키지 않고 상대의 입장을 이해하는 자세로 말을 해야 한다. 이렇게 말하는 것이 중도며 위빠사나 수행이다.

85 | 정신세계

정신세계는 각각의 고유한 영역이 있어서 자신의 정신이 아닌 다른 차원의 정신세계를 이해하기가 어렵다. 정신세계의 수준은 겉으로 드러나지 않아서 비교할 수 없기 때문에 누구나 자신의 고유한 영역에서 자신만의 성을 쌓고 그 안에 안주하기 마련이다.

범부는 수행을 하지 않기 때문에 선정수행의 고요한 단계를 이해하기 어렵다. 선정수행을 하는 사람은 위빠사나 수행의 지혜의 단계를 이해하기 어렵다. 위빠사나 수행자는 도과를 성취한 지혜의 단계를 이해하기 어렵다. 같은 도과라고 해도 낮은 단계는 높은 단계의 도과를 이해하기 어렵다.

수행은 비교할 수가 없으므로 다른 수행방법에 대한 평가를 내릴 수가 없으며, 다른 수행자의 지혜를 측정할 수가 없다. 그래서 수행은 자신이 최고며, 자신이 하는 수행이 최고라는 잘못된 견해를 가질 수 있다. 이러한 잘못된 견해는 위빠사나 수행을 해서 도과를 성취해야 비로소 사라진다. 앞서간 스승들의 훌륭한 가르침을 만나는 것도 선업이 있어야 하며, 가르침을 실천하는 것도 선업이 있어야 한다. 만약 그런 선업이 없다면 지금부터 부단히 노력해서 수행을 해야 한다. 수행이 최고의 선업이기 때문이다.

수행자가 알아차려야할 대상은 자신의 몸과 마음이다. 알아차려야 할 장소도 자신의 감각기관인 안, 이, 비, 설, 신, 의가 되어야 한다. 그러므로 감각기관이 아닌 외부의 장소, 즉 감각대상인 색, 성, 향, 미, 촉, 법으로 인해 어떤 영향도 받아서는 안 된다. 단지 알아차려야 할 장소에서 알아차려야 할 것을 대상으로 삼아야 한다.

수행자가 어떤 지역은 기운이 좋아 수행이 잘 되고, 어떤 지역은 기운이 나빠 수행이 잘 안 된다고 해서는 안 된다. 이것은 알아차릴 대상이 아닌 장소의 영향을 받는 것이다. 이는 밖에 있는 장소의 영향으로 인해 자신의 마음이 흔들리고 그래서 몸까지 흔들린 것이다.

설령 수행하기에 적합하지 않은 대상이나 장소라고 하더라도 그것은 밖에 있는 조건이지 자신의 조건이 아니다. 그러므로 어느 곳에서나 자신만의 조건을 성숙시켜야 한다.

수행자는 자신의 몸과 마음을 대상으로 하고, 알아차릴 장소인 감각기관을 벗어나지 않아야 외부의 자극으로 인해 흔들리지 않는다. 마음을 알아차릴 영역에 두는 것이 분명한 앎을 하는 것으로 이것이 지혜다.

87 | 가장 훌륭한 일

수행자는 일을 만들지 말아야 한다. 일을 만들면 마음이 분주해져서 고요함이 없으며 새로운 정보로 인해 망상이 일어난다. 어떤 일이나 욕망을 가지고 하면 번뇌가 일어난다. 바라는 마음으로 일을 만들면 반드시 그에 따른 크고 작은 과보가 있기 마련이라서 번뇌가 따른다.

인간이 해서는 안 되는 일중에 가장 큰 일은 다시 태어나는 일을 하는 것이다. 느낌이 일어날 때 갈애를 일으켜 집착을 하면 업을 생성해서 다시 태어난다. 그러나 인간이 살면서 하는 일이란 다시 태어나기를 바라는 것밖에 없다. 평소에 바라면서 하는 일은 모두가 다시 태어나는 것으로 연결된다.

태어남은 늙고 병들어 죽음을 의미하는 것으로 그것 자체가 고통의 연속이다. 그러므로 인간이 저지르는 가장 큰 실수는 태어나기를 바라는 일을 해서 다시 태어나는 것이다. 그러므로 지금 자신이 하는 일이 다시 태어나기를 바라는 마음으로 하는지 알아차려야 한다.

가장 필요한 일은 수행을 하는 것이다. 그렇다고 일상생활을 중지하고 오직 수행만 해야 한다는 것이 아니다. 누구나 하고 있는 일을 더욱 열심히 하되 알아차리면서 하면 가장 훌륭한 일을 하는 것이다.

제가 여러분들에게 법을 드리는 것이 아닙니다. 저는 이것이 법이라고 말할 뿐입니다. 법은 여러분 스스로가 선택해서 가져가는 것입니다. 아무리 소중한 법이라도 자신이 원하지 않으면 가져갈 수 없습니다. 그러므로 제가 법을 주는 것이 아닙니다. 항상 있는 법을 자신이 찾아서 아는 것입니다.

제가 말하는 법은 부처님의 가르침이라고 할지라도 단지 저의 말이며 제 자신의 일입니다. 여러분이 이 법을 가져가거나 가져가지 않는 것은 여러분의 일입니다. 그러므로 저는 여러분의 선택에 대해 개입할 수가 없습니다. 그래서 법은 여러분의 선택입니다.

그러므로 저는 여러분의 스승이 아닙니다. 위대하신 스승은 법을 말씀하신 붓다이시며, 한편으로는 법이 여러분의 스승입니다. 그리고 이 법을 선택한 자신의 견해가 바로 여러분의 스승입니다.

법을 말할 때 저와 여러분 사이에는 엄격한 역할이 있습니다. 저는 법을 말하는 자신의 의무를 다하고, 여러분은 법을 선택하는 자신의 의무를 다하면 됩니다. 각자가 역할을 다할 때 법에 대해 아무런 걸림이 없습니다. 그러면 여러분은 제 모양에 걸리지 않습니다. 법은 이렇게 사람과 사람사이에서 걸림 없이 전해져야 합니다.

89 | 법문

    수행자가 법문을 들을 때는 선입관을 가지고 자신에게 맞는 말만 들으려 해서는 안 된다. 또 법을 말하는 사람을 보지 말고 법의 내용이 무엇인지를 알아야 한다. 선입관을 가지고 들으면 법이 가지고 있는 진실을 모른다. 또 법문을 하는 사람이 걸리면 법의 진실이 왜곡된다.

    선입관 없이 법문을 듣거나 법문을 하는 사람에 걸리지 않으면 영감을 얻어 지혜가 난다. 영감은 작은 지혜다. 이러한 작은 지혜가 모여 더 큰 지혜로 성숙하여 도과를 성취한다. 그러므로 도과의 시작은 매우 단순하게 출발한다.

    대화를 할 때도 오직 자신의 의견만을 관철시키려고 하지 마라. 자신에게 맞는 것만 들으려 한다면 진실을 알 수 없다. 남의 말을 듣는 것은 진실을 알 수 있는 기회다.

    말에는 항상 상대가 있다. 고정관념을 가지고 들으면 자신에게 맞지 않을 때는 배척을 하기 때문에 눈먼 범부가 된다. 법문은 단지 알아차릴 대상으로 들어야 한다. 남의 말을 들을 때 유익한 것은 알아차려서 받아들이고, 유익하지 않은 것은 알아차려서 그냥 흘러가게 해야 한다.

90 | 알아차림의 용례

위빠사나 수행자의 알아차림에는 일정한 용례가 있다. 생각을 하지 말고 그냥 알아차려야 하며, 대상을 복잡하게 보지 말고 단순하게 봐야 한다. 매사를 부정적으로 보지 말고 긍정적으로 봐야 하며, 관념을 보지 말고 실재를 봐야 한다. 모양을 보면 관념이지만 느낌을 알아차리면 실재를 아는 것이다.

어떤 대상이나 바라거나 없애려고 하지 말고, 좋아하거나 싫어하지 말고 있는 그대로 보아야 한다. 대상과 하나가 되지 말고 분리해서 봐야 하며, 근본집중을 하지 말고 찰나집중을 해야 한다. 하나의 대상을 고집하지 말고 다양한 대상을 알아차리고, 밖에 있는 대상보다 먼저 자신의 몸과 마음을 알아차려야 한다.

힘을 주지 말고 가볍게 알아차려야 하며, 알아차리는 것으로 그치지 말고 알아차림을 지속해야 한다. 수행이 잘 안될 때는 잘 안 되는 것을 알아차려야 하며, 수행이 잘 될 때는 잘 되는 것을 알아차려야 한다. 그래서 모든 것을 손님으로 맞이해서 알아차려야 한다.

대상을 알아차릴 때는 탐욕과 성냄과 어리석음으로 보지 말고, 관용과 자애와 지혜로 알아차려야 한다. 하는 알아차림을 지속하면 나중에는 있는 알아차림이 생겨서 자연스럽게 믿음과 지혜가 뒤따른다.

91 │ 화합

위빠사나 수행은 대상과 싸우는 것이 아니고 대상과 화합하는 것이다. 수행을 한다고 해서 탐욕, 성냄, 어리석음, 습관, 게으름과 싸우는 것이 아니다. 싸움은 번뇌를 억누르는 것이지만 위빠사나는 번뇌를 말리는 수행이다. 그래서 대상에 개입하지 않고, 대상을 분리해서 지켜봐야 한다. 이것이 대상과 화합하는 것이다.

대상과 하나가 되면 번뇌를 억누르기 때문에 선정의 고요함이 생기지만 조건이 성숙되면 반발력을 가지고 번뇌가 더 강하게 나타난다. 대상을 분리해서 지켜보면 지혜가 생겨 번뇌가 반발력을 갖지 못한다. 그래서 번뇌를 말리는 것이다.

망상, 통증, 졸림이란 손님이 찾아왔을 때 바라거나, 없애려고 하지 않고, 단지 대상으로 알아차려야 한다. 이런 대상은 일상적인 것으로 새로운 것이 아니고 당연히 있는 것이다.

대상의 힘이 강해서 알아차리기가 어려우면 대상을 아는 마음을 알아차려야 한다. 모든 일은 마음이 하므로 일하는 마음을 알아차리면 새로운 마음가짐으로 대상을 겨냥할 수 있다. 이렇게 마음을 알아차린 뒤에는 몸에 있는 호흡이나 느낌을 지속적으로 알아차려야 한다.

92 | 조건

　　정신과 물질은 원인과 결과라는 조건에 의해 일어나고 사라진다. 여기에 나라고 하는 자아는 없다. 몸과 마음은 있지만 나의 몸과 마음이 아니고 매 순간 조건에 의해 일어나고 사라지는 현상만 있다. 이것이 존재하는 것의 속성인 무상이고 괴로움이며 무아다.

　　모든 생명의 탄생은 어떤 초월적 존재에 의해 만들어진 것이 아니고, 생길 만한 조건에 의해 만들어지며, 만들어진 뒤에는 조건의 힘으로 지탱한다. 이처럼 외부의 초월적 힘이 개입될 수 없으므로 절대적인 존재나 저급한 능력을 가진 사람에게 매달리는 것은 효과가 없다.

　　조건에 의해 만들어진 것은 조건이 사라지면 소멸한다. 모든 것은 어리석음과 갈애가 만든 업의 과보가 있어서 생기며, 어리석음과 갈애가 없어 업을 만들지 않으면 과보가 생기지 않는다. 깨달음이란 이처럼 과보가 될 행위를 하지 않아 원인을 만들지 않는 것이다.

　　자신이 가진 문제를 타인이 해결할 수가 없다. 자신의 문제는 자신이 만든 업의 과보로 받은 것이다. 그래서 문제를 해결할 수 있는 힘은 오직 자신에게만 있다. 그러므로 자신의 문제를 다른 대상이 해결해주기를 바라지마라.

93 │ 연기법

연기법은 정신과 물질이 원인과 결과로 일어나고 사라지는 것이다. 연기에서 "이것이 있으면 저것이 있고, 이것이 없으면 저것이 없다"는 말은 무명이 있어서 정신과 물질이란 오온이 생겼으며 무명이 없으면 오온이 생기지 않는 것을 말한다.

무명의 시작은 알 수가 없다. 단지 모르기 때문에 시작되었다는 것이 연기의 관점이다. 언제부터 시작되었는가를 아는 것은 자신의 번뇌를 해결하는데 도움이 되지 않는다. 과연 무엇 때문에 생명이 시작되었는가를 알아야 번뇌를 해결하는 출구를 찾을 수 있다.

과거에는 어리석음의 지배를 받았기 때문에 어리석은 행위를 하여 괴로움뿐인 현재의 몸과 마음을 갖게 되었다. 현재는 갈애의 지배를 받기 때문에 탐욕을 가진 행위를 하여 두려움뿐인 미래의 몸과 마음을 갖는다.

과거에 어리석은 행위를 하여 현재의 몸과 마음을 갖게 된 것은 불가피한 일이다. 과거는 선택의 여지가 없다. 하지만 현재 지혜가 있으면 갈애를 일으켜 어리석은 행위를 하지 않아 윤회가 끝난다. 이것은 자신이 선택할 수 있는 것이다. 수행은 선택할 수 있는 것을 선택하는 것이다.

94 │ 마음과 대상

마음은 대상이 없으면 일어나지 않는다. 마음을 알아차려서 아무 것도 없을 때는 마음이 아무 것도 없는 것을 대상으로 안다. 잠을 잘 때는 마음이 잠을 대상으로 하며, 열반에 들 때는 마음이 열반을 대상으로 한다.

마음은 대상을 아는 것이다. 그러므로 마음이 있으면 반드시 대상이 있다. 이것이 감각기관과 감각대상이 부딪쳐서 아는 것이다. 만약 아무것도 모르는 멍한 상태라면 이때는 마음이 멍한 상태를 대상으로 안다. 대상은 법이며 이러한 대상을 알아차리는 것이 수행이다.

위빠사나 수행을 하면서 마음을 알아차렸을 때 이런 법을 모르면 아무것도 없다고 생각해서 망상이나 졸음에 빠져 알아차림을 지속하기가 어렵다. 이 때 비물질인 마음을 대상으로 하기가 어려우면 분명하게 나타나는 가슴의 느낌을 대상으로 삼아야 한다.

가슴의 느낌은 마음이 아니고 마음의 작용이며 마음으로 인해 생긴 것이다. 보이지 않는 마음을 알아차리고 나서 가슴의 느낌을 알아차리면 확실한 대상을 선택하는 것이다. 만약 가슴에 느낌이 없을 때는 덤덤한 느낌을 알아차려야 한다.

95 | 깨끗한 행복

인간으로 태어나서 무엇을 하는 것이 가장 보람 있는 일일까? 먼저 자신의 탐욕과 성냄과 어리석음을 알아차려서 깨끗한 행복을 얻는 것이다. 인간을 괴롭히는 근본원인은 어리석음이다. 이러한 어리석음으로 인해 탐욕이 일어난다. 그리고 탐욕으로 인해 화를 낸다.

수행자는 지금 마음이 탐욕을 가지고 있는지 알아차려야 한다. 또한 지금 마음이 화를 내고 있는지 알아차려야 한다. 이렇게 현재 있는 마음을 알아차리면 어리석지 않은 마음을 가질 수 있다.

탐욕은 탐욕을 영양분으로 하여 성장하며, 성냄은 성냄을 영양분으로 하여 성장하며, 어리석음은 어리석음을 영양분으로 하여 성장한다. 그러므로 탐욕이 있을 때는 탐욕이 있는 것을 알아차리고, 성냄이 있을 때는 성냄이 있는 것을 알아차리고, 어리석음이 있을 때는 어리석음이 있는 것을 알아차려야 한다.

깨끗한 행복은 그냥 오지 않는다. 현재의 마음을 알아차리는 수행을 해야 번뇌로부터 탈출하여 깨끗한 행복을 얻을 수 있다. 이렇게 알아차리면 자신의 행복은 물론 타인의 행복을 도울 수 있다. 그래서 자리이타의 정신을 구현할 수 있다.

96 | 선정수행과 위빠사나 수행

위빠사나 수행은 대상을 알아차리는 것과 함께 알아차림을 지속하는 것이다. 이 두 가지의 결합을 위빠사나라고 한다. 알아차림이 지속되면 고요함이 생겨 통찰지혜가 난다. 그래서 위빠사나 수행을 통찰지혜수행이라고도 한다.

대상을 알아차릴 때 대상과 하나가 되어서 알아차리는 것을 선정수행이라고 하며, 대상을 분리해서 알아차리는 것을 위빠사나 수행이라고 한다. 대상과 하나가 되면 선정의 고요함이 있고, 대상을 분리해서 알아차리면 지혜가 난다. 그래서 무상, 고, 무아를 알아차리는 것을 위빠사나의 도라고 한다.

선정수행은 관념을 대상으로 하며 바라는 마음을 가지고 한다. 선정의 세계에서는 바람이 있기 때문에 윤회를 한다. 위빠사나 수행은 실재를 대상으로 하며 아무 것도 바라는 것이 없이 있는 그대로 알아차린다. 위빠사나의 세계에서는 바람이 없기 때문에 윤회가 끝난다.

알아차리면 수행을 하는 것이고 알아차리지 못하면 수행을 하지 않는 것이다. 위빠사나 수행의 알아차림에는 특별한 대상이 있는 것이 아니고 몸과 마음에서 나타나는 것이면 무엇이나 대상이다.

97 | 감성과 이성

바라밀 공덕을 쌓을 때는 감성적인 마음에 이끌리지 말고 이성적인 마음에 이끌려야 한다. 감성적인 마음에 이끌리면 자신이 원하는 길을 가지 못한다. 이성적인 마음을 가져야 비로소 자신이 원하는 길을 갈 수 있다. 이성적인 판단일 때만이 치우침이 없는 진정한 자비가 일어난다.

위빠사나 수행은 이성적인 힘으로 이끌어 나가야 한다. 사물을 있는 그대로 보기 위해서는 감성에 치우쳐서는 안 된다. 냉철한 이성으로 현재 하고 있는 일을 알아차려야 한다. 감정의 기복이 심하면 인내할 수 없어 수행을 계속할 수 없다. 감성이 강해지면 알아차림을 놓쳐서 갈애가 일어나기 때문에 가지 말아야 할 길로 간다.

이성만 있고 감성이 없어도 관용과 자애가 없어 수행을 계속할 수가 없다. 그러므로 감성과 이성이 조화를 이루어야 하지만 이성이 앞에서 이끌어야 한다. 이것이 팔정도이며, 중도를 실천하는 위빠사나 수행이다.

수행을 해서 이성적인 시각이 생겼다면 대상을 분리해서 보는 지혜가 생긴 것이다. 이렇게 수행을 계속하면 나중에는 사물을 관통하는 통찰지혜가 생겨 감성과 이성을 뛰어넘어 단지 지켜보는 마음만 있다.

누구나 자신이 어디서 와서 어디로 가는지 모른다. 그냥 살고 있어서 사는 것이지 무엇 때문에 살고 있는지 모르며, 어떻게 살아야 할지도 모른다. 모르면 행복이 없고 알아야 행복이 있다. 이제 수행자는 모르는 체로 살 것인가, 알기 위해서 노력할 것 인가를 선택해야 한다.

끝없는 미래에 어디서 태어날지 모르는 위험을 안고 좀 더 나은 곳에서 태어나기 위해 노력할 것인가? 아니면 괴로운 과거와 두려운 미래로부터 완전하게 벗어날 수 있는 길을 가기 위해 노력할 것인가? 그렇지 않다면 그냥 모르는 체로 살기 위해서 노력할 것인가?

어떤 선택을 하거나 온전히 자신의 몫이다. 좀 더 나은 세상을 살기 위해 노력하는 것이 사마타 수행이다. 고통뿐인 세상을 벗어나기 위해서 노력하는 것이 위빠사나 수행이다. 이도 저도 아닌 것은 선업의 공덕이 없고 수행을 하지 않기 때문에 사악도에서 태어나는 삶이다.

무엇을 하거나 자신의 선택이지만 태어나기 어려운 인간으로 태어난 사명을 다하기 위해서는 위빠사나 수행을 해서 도과를 성취해야 한다. 그래야 지고의 행복을 얻는다.

99 | 수행자의 우월감

수행이 좋은 것이라고 해도 바른 마음가짐과 지혜가 없다면 오히려 해로운 것이 될 수도 있다. 그러므로 좋은 것에도 위험이 있기는 마찬가지다. 위빠사나 수행은 좋은 것과 나쁜 것을 가리지 않고 모두 알아차릴 대상으로 삼는다. 그래야 중도의 지혜가 생긴다.

수행을 하는 행위가 모두 바른 것만은 아니다. 바르게 수행을 하지 못하면 오히려 수행이라는 이름으로 자아가 강화되어 아만심만 커질 수 있다. 자아를 강화하는 수행은 독이 될 수 있다. 무아를 아는 수행을 해야 비로소 바르게 수행을 하는 것이다.

위빠사나 수행의 궁극적 목표는 무상을 알고, 괴로움을 느끼며, 무아를 알아 갈애를 일으키지 않는 것이다. 갈애가 모든 괴로움을 일으키는 원인이기 때문이다. 이렇게 하는 것이 무명에서 지혜로 바뀌는 것이다.

최고의 선에는 최고의 불선이 함께 붙어 있다. 불선은 자체의 생존을 위해서 선을 가장한다. 그래서 불선이 선보다 더 빛나 보일 수 있다. 그러므로 수행에서 가장 경계해야 되는 것 중의 하나가 자신이 수행자라는 우월감이다. 짐을 벗을 수 있는 곳에서 오히려 짐을 진다면 대체 어디에서 짐을 벗을 수 있겠는가?

4장

혼자서 가는 길

혼자서 가는 길

인간은 사회적인 존재입니다. 그래서 공동체 속에서 살 수밖에 없습니다. 그러므로 이 세상에서는 혼자가 용납되지 않습니다. 그러나 이 공동체가 건강해지려면 공동체를 구성하고 있는 개인의 삶이 중요합니다. 개인의 삶이 건강할 때 공동체가 건강하므로 한사람, 한사람의 삶의 질이 중요합니다. 외형적으로는 사회 속에서의 개인의 역할이 필요하며, 내부적으로는 자신을 위한 역할이 함께 필요합니다.

인간은 혼자 태어나서 혼자 살다가 혼자 죽습니다. 이처럼 혼자라는 정신적 자각이 일어나면 자신이 한 일에 대한 책임이 따릅니다. 그러므로 이러한 자각은 남을 배척하기 위한 혼자가 아닙니다. 각각의 삶의 본질을 알아 자신은 물론이고 더불어 사는 사회의 구성원으로서의 역할을 다하는 자각입니다.

혼자라는 것이 존중되면 당연히 다른 사람을 존중합니다. 혼자의 가치가 중요하면 다른 사람의 가치가 함께 중요해집니다. 자신의 사랑을 바르게 자각하면 다른 사람의 사랑도 당연히 존중합니다. 자신이 가진 사상을 바르게 자각하면 다른 사람의 사상도 당연히 존중합니다. 자신의 종교를 바르게 자각하면 다른 사람의 종교도 당연히 존중합니다. 이것이 사회 구성원으로서의 혼자에 대한 자각입니다.

우리는 사상과 종교가 다른 사람이 만든 농작물을 먹고 살아야 합니다. 그리고 사상과 종교가 다른 사람이 만든 공산품을 사용해야 합니다. 사상과 종교가 다른 사람이 운전하는 차를 타고 다녀야 합니다. 그러므로 혼자라는 자각은 개인을 구성하고 있는 신념의 가치를 높이고 더불어 사는 공동체의 가치를 높이는 것입니다.

한 개인이 혼자라는 자각이 일어나는 것은 깨달음으로 가는 지혜입니다. 혼자라고 생각할 때 비로소 자신에 대한 일은 자신이 해야 할 의무를 느낍니다. 그리고 자신이 한 일에 대한 책임도 함께 있다는 사실을 압니다. 이렇게 자신에 대한 자각이 일어나면 모든 것이 원인과 결과라는 지혜가 납니다. 그래서 모든 의심에서 해방됩니다. 이것이 깨달음으로 가는 지혜의 시작입니다.

혼자서 가는 길이라는 자각이 일어나면 결코 혼자일 수만은 없는 사회구성원으로서의 자각이 일어나고, 그래도 결국에는 혼자일 수밖에 없는 자각이 함께 일어납니다. 이렇게 안과 밖을 보는 혜안이 생겨 사물의 이치를 아는 지혜가 나야 모든 번뇌에서 자유로워집니다.

100 | 존중

옳은 것이 있어도 내가 옳다고 판단한 것이지 다른 사람들이 옳다고 인정한 것이 아니다. 그래서 세상은 항상 시끄럽기 마련이다. 모든 일에는 다양한 견해가 있다. 그러므로 옳고 그름을 따져서는 답을 얻을 수 없다. 옳고 그름을 떠난 것에만 진정한 해답이 있다.

동쪽에서 본 서쪽과 서쪽에서 본 동쪽은 다르다. 가진 자가 갖는 시각과 갖지 못한 자가 갖는 시각은 다르다. 사랑을 하는 사람과 사랑을 하지 않는 사람은 다르다. 모르는 자의 생각과 아는 자의 생각은 다르다. 모든 생각을 하나로 통합하기는 어렵다. 그래서 통합하려고 하지 말고 각각의 의견을 존중해 주는 것이 진정한 통합을 구현하는 것이다.

사랑하지 않는 자는 받아들이지 않지만 사랑하는 자는 받아들여서 감내한다. 모르는 자는 아는 자를 받아들이지 못하지만 아는 자는 모르는 자를 받아들인다. 여기에 고요함이 있고 지혜가 열리는 길이 있다. 남을 존중할 때 자신도 남으로부터 존중을 받는다.

무슨 일이나 그냥 있는 그대로의 대상을 알아차려야 한다. 이렇게 알아차렸을 때만이 중도가 되어 나의 선택과 남의 선택을 모두 존중하게 된다. 이것이 위빠사나 수행자의 길이다.

101 │ 새로운 경험

대상을 알아차리는 것이 수행이다. 그러나 알아차림은 전혀 경험하지 않은 새로운 행위다. 지금까지 무슨 일을 하거나 하고 있는 일을 주의 깊게 지켜보는 것에 관해서 알지 못했다. 그러나 이제 위빠사나 수행자는 자신이 하고 있는 일을 알아차려야 한다.

알아차림은 새로운 경험이라서 이것이 습관이 되기까지는 많은 노력과 시간이 필요하다. 일반적으로 수행자들은 알아차리지 못해서 후회를 한다. 하지만 전혀 걱정할 것 없다. 알아차림이 잘 안 된다는 것을 안 것으로 매우 훌륭한 일을 한 것이다.

알아차림을 놓쳤더라도 문제 삼지 말아야 한다. 못 알아차린 날이 있어서 알아차리는 날이 생긴 것이며 못 알아차렸기 때문에 알아차리게 된 것이다. 그러므로 지금부터 해야 할 일은 어떤 상황에서나 먼저 알아차리고 다음으로 알아차림을 얼마간 지속하면 된다. 이것을 반복하는 것이 수행이다.

알아차리지 못한 것은 과거의 일이고 현재 알아차렸으면 새로 이것을 지속하는 것에 마음을 두어야 한다. 알아차림은 시작에서도, 중간에서도, 끝에서도 알아차릴 수 있다. 누구나 처음에는 지나고 나서 알아차리는 것을 반복하기 마련이므로 어느 때나 알아차리면 된다.

남과 자신에게 모두 인색하면서 얻기만 하려고 한다면 선한 행위가 아니다. 선하지 못한 행위는 선하지 못한 과보를 받아 언젠가 불행해진다. 그런 사람은 값진 것을 얻었다고 해도 불행을 얻은 것이지 결코 행복을 얻은 것이 아니다. 인색한 것은 항상 탐욕을 동반하고 있다.

남에게 베풀지 못하고 자신에게도 베풀지 못하는 마음은 현재도 아귀의 마음이고 죽어서도 아귀가 된다. 남에게 베풀었다고 해도 자신에게 인색하면 똑같은 아귀의 마음이다. 그래서 인색한 사람은 현재에도 아귀처럼 굶주리며 죽어서도 아귀가 되어 굶주린다.

자신에게 인색한 사람이 남에게 베풀면 이것은 어떤 다른 목적을 가졌기 때문이다. 그래서 이럴 때는 베푼다고 해도 베푸는 것이 아니다. 인색한 사람은 인색한 것을 집착한다. 그러므로 인색할 때만이 사는 것처럼 생각한다. 이것이 사악도의 세계인 아귀의 마음이다.

남과 자신에게 모두 인색하지 않고 베푸는 마음을 가질 때만이 선한 바라밀 공덕을 쌓는 것이다. 누구에게나 평등하게 베풀고 살면 살아서도 행복하고 죽으면 행복한 세계에 태어나서 부귀를 누린다.

103 | 선심과 선과보심

누구나 수행을 하고 싶다고 해서 마음대로 되는 것이 아니다. 수행은 먼저 선한 마음이 있어야 하고 다음에 선한 과보심이 따라야 한다. 선한 마음이 있으면 선한 과보심과 만나서 선한 조건을 만든다. 선하지 못한 마음이 있으면 선하지 못한 과보심과 만나서 선하지 못한 조건을 만든다.

선한 마음이 있지만 선하지 못한 과보심이 강하게 나타나면 수행을 방해한다. 선하지 못한 과보심이 있으면 수행을 시작하기도 어렵지만 수행을 한다고 해도 지속하기가 어렵다. 그러므로 모든 일에는 눈에 보이지 않는 이러한 조건들이 있어서 일을 그르치기도 하고, 일을 성사시키기도 한다.

선한 과보심은 지금 이전에 행한 바라밀 공덕에 의해 만들어진다. 선한 과보심은 아무런 바람이 없이 행해져야 더욱 완벽한 바라밀이 된다. 만약 바라는 마음으로 공덕을 쌓았다면 완전한 공덕이 아니다. 바라는 것이 욕망이라서 선한 일을 하고도 반쪽짜리 바라밀이 된다.

바라밀 공덕이 부족하여 수행이 잘 되지 않는다고 하더라도 수행을 포기해서는 안 된다. 수행을 하는 것이 가장 훌륭한 바라밀 공덕을 쌓는 것이기 때문이다. 그러므로 수행자는 어떤 조건에서나 수행을 하여 새로운 원인을 만들도록 노력해야 한다.

104 │ 법은 원하는 자의 것이다

    진리는 많다. 그 중에서 가장 으뜸가는 진리는 무상, 고, 무아다. 진리란 존재하는 것들이 가지고 있는 일반적 속성을 말한다. 존재하는 것들의 속성을 알아야 존재의 진정한 의미를 알 수 있다. 이것을 알아야 그것들이 갖고 있는 괴로움으로부터 벗어나 자유를 얻을 수 있다.

    이러한 속성을 알기 위해서는 지금까지 살아온 시각으로는 알 수가 없다. 지금까지는 무지가 눈을 가려 대상을 있는 그대로 보지 못했다. 이제부터 대상과 하나가 되지 않고 대상을 분리해서 지켜보는 위빠사나 수행을 해야 비로소 대상의 성품을 볼 수 있다.

    진리는 지혜가 있는 자의 것이다. 진리의 법은 원하는 자만 얻을 수 있다. 원하지 않는 자에게는 아무리 고귀한 법이 있어도 괴로움일 뿐이다. 만약 상대가 원하지 않는데 바른 법을 주려고 하다가는 오히려 서로가 미워할 수도 있다.

    주는 자의 입장에서는 법을 받지 않는다고 미워하고, 받는 자의 입장에서는 법을 원하지 않는데도 강요한다고 화를 낸다. 그러면 서로가 정법을 훼손한 과보를 받는다. 그래서 법은 원하지 않는 자에게는 말하지 않는 것이 좋다. 그래서 법이 있어도 필요한 사람에게만 법이다.

105 | 무명과 갈애

과거의 무명과 갈애로 인해 현재의 몸과 마음이 생겼다. 과거의 원인이 현재의 결과가 되어 몸과 마음을 가진 것이다. 현재에도 과거로부터 상속된 무명과 갈애를 계속가지고 업을 만든다. 그래서 다시 미래에도 무명과 갈애를 가진 생명으로 태어난다.

무명을 가지고 죽으면 다시 무명을 가진 생명으로 태어나서 갈애를 일으킨다. 이처럼 모든 일의 근본원인은 무명과 갈애다. 그러므로 산다는 것은 과거와 현재와 미래가 연속되면서 무명과 갈애가 연속되는 것을 말한다. 깨달음을 얻지 못하는 한 이런 윤회의 과정은 끝이 없다.

수행자는 과거로부터 전해진 무명과 갈애를 알아차리기 위해서 위빠사나 수행을 해야 한다. 과거의 무명과 갈애는 과거의 것이다. 현재는 대상을 있는 그대로 알아차려서 무명과 갈애가 일어나지 않도록 해야 한다. 그러면 미래에 무명과 갈애를 가진 생명으로 태어나지 않는다.

누구나 매순간마다 무명과 갈애를 가지고 윤회하며 다시 일생을 통하여 무명과 갈애를 가지고 윤회를 한다. 그래서 사는 것의 근본원인이 무명과 갈애다. 이러한 무명과 갈애를 없애는 유일한 방법은 단지 이것이 있는 것을 알아차리는 것이다.

106 | 무상과 위빠사나 도(道)

마음은 한순간에 하나밖에 없다. 나중에 생긴 마음이 먼저 있던 마음을 알아차리면 아무것도 없다. 있던 마음은 사라지고 새로 알아차리는 마음이 일어났기 때문이다. 그러므로 마음을 알아차릴 때 이미 사라지고 없는 마음을 알아차리려고 하지마라. 이때는 사라지고 없는 것을 아는 마음을 알아차려야 한다.

마음은 대상이 없으면 일어나지 않는다. 그래서 나중에 일어난 마음이 있던 마음을 알아차렸을 때 아무것도 없으면 없는 것을 아는 마음을 알아차려야 한다. 있던 마음이 사라지고 새로운 마음이 일어난 것이 무상이라는 법이다.

이때 있던 마음이 사라진 것이 무상이고, 사라진 것을 아는 마음이 위빠사나 도(道)다. 그래서 위빠사나 수행은 무상과 도가 연속되는 과정이 거듭하면서 지혜가 성숙된다. 바로 몸과 마음을 알아차리는 것이 위빠사나 수행이며, 몸과 마음의 생멸을 보는 것이 위빠사나 도다.

법은 와서 보라고 나타났다. 그러나 지혜가 부족하면 보라고 나타난 법을 알아차리지 못하고 오히려 탐욕과 성냄으로 대한다. 이것이 어리석음이다. 그러므로 단순하게 대상을 알아차리고 있으면 무상의 법이 나타나고 이것을 아는 마음이 바로 위빠사나 도다.

107 | 법은 알아차릴 대상이다

몸과 마음에 나타난 현상은 모두 법이다. 법은 알아차릴 대상이다. 몸의 고통이나 마음의 고통도 대상이며 졸음과 망상도 대상이다. 즐거움과 괴로움도 대상이며 지혜도 대상이다. 처음에는 이와 같이 대상으로 알아차린 법이 나중에는 무상, 고, 무아의 진리의 법이 된다.

이러한 법은 저 스스로를 드러내고 있다. 모든 법은 와서 보라고 나타난 것이다. 그러므로 법을 대할 때 자신의 방식으로 접근하지 마라. 법은 법의 방식으로 대해야 한다. 그래서 자신의 견해를 개입시키지 말고 그것 스스로가 드러내고 있는 것을 그대로 알아차려야 한다.

법이 요구하는 방식을 놔두고 자신의 방식을 고집하면 법이 모습을 드러내지 않아 진실을 알 수가 없다. 자신의 방식이란 선입관을 가지고 보거나, 바라는 마음을 가지고 보거나, 없애려고 하는 마음을 가지고 보는 것이다.

법의 방식은 나타난 대상을 어떻다고 판단하지 않고 있는 그대로 보는 것이다. 법을 바르게 보는 방법은 위빠사나 수행을 경험한 스승에 의해서만 배울 수 있다. 위빠사나 수행은 대상을 분리시켜 지켜보기 때문에 법을 법으로 본다. 이렇게 보아야 나와 남이 가진 아픔의 진실을 알 수 있다.

108 │ 관념과 실재

　수행자가 알아차릴 대상은 크게 두 가지다. 관념을 대상으로 하거나 실재를 대상으로 하는 수행이다. 대상의 모양과 명칭을 알아차리면 관념을 알아차리는 수행이다. 이 수행은 대상과 하나가 되는 근본집중을 통해서 고요함을 얻는 선정수행이며 이것을 사마타라고 한다.

　수행자가 대상의 느낌을 알아차리면 통찰지혜수행이며 실재를 알아차리는 수행이다. 이 수행은 대상과 하나가 되지 않고 분리해서 알아차리기 때문에 지혜를 얻는 수행이며 이것을 위빠사나라고 한다. 대상의 느낌을 알아차리면 대상의 실재하는 성품을 보는 지혜가 난다.

　수행자가 보는 모든 대상은 항상 관념과 실재라는 두 가지 요소가 있다. 두 대상은 서로 합쳐지지 않는다. 관념이 강하면 실재가 숨어버리고, 실재가 강하면 관념이 숨어버린다. 관념적인 사고를 가진 사람은 대상의 실재를 보지 못하고, 실재적인 사고를 가진 사람은 관념으로 보지 않는다.

　선정은 집중력을 키워서 대상과 하나가 되지만 갈애가 있어 연기를 회전시킨다. 위빠사나는 통찰지혜를 키워서 갈애를 일으키지 않아 연기를 끊어버린다. 연기가 회전하면 괴로움이 따르며, 연기가 회전하지 않으면 괴로움이 소멸한다.

109 | 모르는 사람과 아는 사람

내가 괴롭다면 삶의 진실을 모르기 때문이며, 탐욕으로 인해 바라는 마음이 있기 때문이다. 내가 괴롭지 않다면 삶의 진실을 아는 지혜가 있기 때문이며, 탐욕이 없어 바라지 않기 때문이다. 모르면 바라기 때문에 괴롭고, 알면 바라지 않아서 괴롭지 않다.

모르는 사람은 관념에 가치를 두고, 아는 사람은 실재하는 성품에 가치를 둔다. 모르는 사람은 겉으로 드러난 물질적인 것을 선호하고, 아는 사람은 실재를 중요하게 여겨 정신적인 것을 선호한다. 모르면 물질을 우선하지만 알면 정신을 우선한다.

모르는 마음은 어둠이며 무지라서 괴롭게 산다. 아는 마음은 밝음이며 지혜라서 행복하게 산다. 모르는 마음은 대상을 알아차리지 못한다. 그래서 계율을 지키지 않고 욕망으로 산다. 아는 마음은 대상을 알아차린다. 그래서 계율을 지키고 바라지 않는다.

모르는 사람은 수행을 하지 않아 끝없는 윤회를 거듭한다. 그래서 연기를 회전시킨다. 아는 사람은 수행을 해서 끝없는 윤회에서 벗어나 지고의 행복을 얻는다. 그래서 연기가 멈춘다.

110 | 느낌

감각기관이 감각대상과 부딪칠 때 느낌이 일어난다. 이때의 느낌이 맨느낌이다. 맨느낌이 일어난 뒤에 좋아하거나, 싫어하거나, 덤덤한 느낌이 일어나는 것이 육체적 느낌이다. 다시 좋아하는 것을 집착하거나, 싫어하는 것을 집착하거나, 덤덤한 것을 집착하는 것이 정신적 느낌이다.

처음에 일어난 맨느낌을 알아차리지 못하면 육체적인 느낌과 정신적인 느낌으로 진행하여 갈애를 일으키고 다시 갈애가 집착을 일으킨다. 다시 집착이 업을 생성하여 미래에 새로운 생을 만든다. 이러한 과정이 모두 느낌으로부터 시작된다.

좋아하는 느낌은 탐욕이며, 싫어하는 느낌은 성냄이며, 덤덤한 느낌은 어리석음이다. 이 세 가지의 느낌은 모두 괴로움을 가져온다. 이러한 느낌을 알아차리지 못하면 불선행을 하여 불선과보를 만든다.

불선행은 반드시 불선과보를 일으켜 다시 불선심을 유발한다. 그러므로 느낌이 일어났을 때 단지 느낌으로 알아차려야 한다. 그렇지 않고 좋거나, 싫거나, 덤덤한 느낌으로 반응하면 연기를 회전시켜 끝없는 괴로움을 겪어야 한다.

111 | 몸과 마음

모든 괴로움의 원인은 자신의 몸과 마음으로부터 시작한다. 자신의 몸을 유지하려고 해서 괴로우며, 자신의 마음을 충족시키려고 해서 괴롭다. 그러므로 번뇌의 진원지는 몸과 마음이다. 이러한 몸과 마음을 알아차리는 위빠사나 수행을 해야 비로소 존재의 진실을 안다.

모든 즐거움의 원인도 자신의 몸과 마음으로부터 시작된다. 자신의 몸으로 인해 즐거움을 느끼며 자신의 마음으로 인해 즐거움을 느낀다. 그러므로 즐거움의 진원지는 몸과 마음이다. 이러한 몸과 마음을 알아차리는 위빠사나 수행을 해야 비로소 존재의 진실을 안다.

몸과 마음을 알아차리는 수행을 하지 않으면 해탈에 이를 수 없다. 지금 여기에 있는 번뇌는 몸과 마음으로 인해 일어난 것이라서 이것을 알아차리지 않고서는 완전한 행복을 얻을 수 없다. 몸과 마음이 아닌 다른 대상은 실재가 아니라서 위빠사나 수행의 대상이 아니다.

몸과 마음에서 일어나는 괴로움과 즐거움과 덤덤함은 모든 번뇌의 원인이다. 그래서 위빠사나 수행자가 몸과 마음이라는 기본적인 대상을 벗어나면 진실을 알 수 없다.

112 | 최선의 복

모든 일은 스스로 지은 원인에 따라서 합당한 결과를 받는다. 자신에게 복을 주는 자는 없다. 남이 내게 줄 수 있는 것은 복을 받는 방법을 알려주는 것이다. 남에게 복을 구하지 마라. 남에게 얻을 수 없는 복을 구하는 것이 어리석음이다.

어리석은 자는 남에게 복을 구하지만, 지혜가 있는 자는 스스로 복을 짓는다. 몰라서 복을 바라지만, 알면 복을 바라지 않고 스스로 실천해서 얻는다. 사물의 이치를 통찰하는 지혜가 있으면 복을 주는 자가 없고, 오직 스스로 만든다는 것을 알아 선한 행위를 한다.

사람들은 몰라서 신비한 능력을 바라지만, 진실을 알면 번뇌를 끊는 지혜를 구한다. 지혜가 있으면 학문을 하는 것에 그치지 않고, 수행을 해서 해탈의 자유를 얻는다. 지혜는 해야 할 일과 하지 말아야 할 일을 알며, 아는 것으로 그치지 않고 잘못된 것을 분명하게 끊어버린다.

번뇌를 끊는 통찰지혜는 위빠사나 수행을 해서 얻는다. 느낌을 알아차리는 수행을 해서 갈애로 넘어가지 않도록 하는 것이 가장 큰 복을 짓는 것이다. 갈애가 있으면 다시 태어나기 때문에 갈애가 없는 것이 가장 최선의 복이다.

113 │ 허상

위빠사나 수행자가 대상을 알아차릴 때는 반드시 몸과 마음의 느낌을 알아차려야 한다. 몸과 마음에는 여러 가지의 고유한 느낌이 많다. 느낌이 일어날 때 단지 느낌으로 알아차리지 못하면 실재하지 않는 모양을 만들어서 실재하는 것으로 착각한다.

그러므로 몸과 마음의 느낌을 알아차릴 때는 단지 있는 그대로의 느낌으로 알아차려야 한다. 느낌으로 인해 갈애를 일으키거나 상상을 해서 어떤 모양을 만들면 대상을 정확하게 알아차리지 못한 것이다. 실재 하지 않는 모양을 보는 것은 생각이므로 이때는 알아차림을 강화해야 한다.

느낌을 있는 그대로 알아차리지 못하고 모양을 만들면 상상력이 생겨 초월적 존재나, 산신령, 도깨비, 야생짐승과 같은 허상을 만들어서 본다. 이런 모양을 거듭 보다보면 자신이 상상으로 만들어서 본 것을 실재하는 것으로 착각한다.

실재하지 않는 것을 상상으로 만들어서 보면 허상의 노예가 된다. 이것은 자신이 만들어낸 허상에 걸려서 스스로를 속박하는 것이다. 느낌을 느낌으로 보지 않고 허상을 실재 하는 것으로 보면 허상의 노예가 되어 자기 삶을 살지 못한다.

114 | 지식과 지혜

　　지혜를 얻기 위해서는 책을 읽고 법문을 듣는 것으로 그치지 말고 반드시 수행을 해야 한다. 책과 법문은 관념에 불과하므로 생각하는 단계다. 대상의 진실을 알기 위해서는 수행을 해서 통찰지혜를 얻어야 한다. 지식은 구슬을 만드는 과정이고 지혜는 구슬을 꿴다.

　　지식으로 보면 모든 것이 영원하지만 지혜로 보면 한순간도 같은 것이 없고 모든 것이 변한다는 것을 안다. 지식은 괴로움을 즐거움으로 알지만 지혜로 보면 모든 것이 불만족인 것을 안다. 지식은 자아를 추구하지만 지혜로 보면 무아를 알아 모든 집착에서 자유롭다.

　　지식으로는 안개에 가려 대상의 본질을 볼 수 없지만 지혜로 보면 안개 너머에 있는 대상의 진실을 안다. 지식으로 보면 내가 느끼지만 지혜로 보면 감각기관이 느낀다고 안다. 내가 느끼는 것과 감각기관이 느끼는 것은 세간과 출세간의 관점의 차이다.

　　지식으로 보면 항상 하지만 지혜로 보면 일어나고 사라지는 것밖에 없다. 자신이 내린 결론은 언제나 자신의 수준에 불과하다. 항상 더 높은 실재가 있으니 자신의 판단을 유예하고 있는 그대로 알아차려서 지혜를 얻어야 한다.

115 | 무엇이 자신을 괴롭히는가?

자신의 탐욕과 성냄과 어리석음이 자신을 괴롭힌다. 이것은 불선심이지만 실재하는 것이므로 세속의 진리다. 그래서 없애야 할 대상이 아니고 단지 알아차릴 대상이다. 실재를 없애려고 하면 없애려고 한 만큼 더 강해진다. 번뇌를 손님으로 알고 있는 그대로 알아차려야 한다.

탐욕이 있을 때는 '지금 탐욕이 있네' 하고 알아차려야 한다. 성냄이 있을 때는 '지금 성냄이 있네' 하고 알아차려야 한다. 어리석음이 있을 때는 '지금 어리석음이 있네' 하고 알아차려야 한다. 이렇게 알아차려야 비로소 대상에 걸리지 않는다.

무엇이 자신을 즐겁게 하는가? 관용과 자애와 지혜가 자신을 즐겁게 한다. 이것은 선심이지만 실재하는 것이므로 출세간의 진리다. 좋은 것도 욕망을 가지면 집착하므로 단지 알아차릴 대상으로 삼아야 한다. 선심도 알아차리지 못하면 불선심이 된다.

관용이 있을 때는 '지금 관용이 있네'하고 알아차려야 한다. 자애가 있을 때는 '지금 자애가 있네'하고 알아차려야 한다. 지혜가 있을 때는 '지금 지혜가 있네'하고 알아차려야 한다. 이렇게 선심과 불선심을 모두 알아차려야 번뇌로부터 자유로워진다.

116 | 이별

항상 삶과 이별할 준비를 해야 한다. 죽음은 누구에게나 오며 언제 올지 알 수 없다. 죽음을 준비하지 못하면 집착을 여의지 못하기 때문에 어리석게 죽는다. 어리석게 죽으면 어리석은 과보를 받아 다음 생에도 다시 어리석게 태어난다.

변하는 것을 받아들이지 못하면 괴롭고, 변하는 것을 받아들이면 괴롭지 않다. 몸과 마음은 매 순간 조건에 의해 변한다. 변하는 것을 알아차려서 좋은 조건으로 변하면 좋은 결과가 있다. 변하는 것을 알아차리지 못해 좋지 않은 조건으로 변하면 좋지 않은 결과가 있다.

이렇게 변하는 것에 나는 없다. 단지 몸과 마음이 있을 뿐이지 이것이 나의 몸과 마음이 아니다. 죽는 것도 몸과 마음이 과보가 다해서 죽는 것이지 내가 죽는 것이 아니다. 이처럼 내가 죽는 것이 아니라고 알아야 죽음이 괴롭지 않다.

누구나 태어나면 죽어야 하고 만나면 헤어져야 한다. 항상 자신의 삶과 이별할 준비를 해야 하며, 그리고 남과도 이별할 준비를 해야 한다. 죽음을 준비하는 자에게는 죽음이 두렵지 않다. 죽음의 진정한 의미는 단지 일어나고 사라지는 현상이다.

117 | 괴로움의 원인

　　좋아하는 마음이 일어난 순간부터 이미 괴로움이 시작된다. 좋아하는 마음이 결국에는 감각적 욕망의 노예가 되기 때문이다. 처음에는 사소한 것을 좋아하면서 시작된 욕망은 차츰 더 큰 욕망으로 커진다. 그래서 사실상 좋아하는 순간부터 이미 괴로움이 시작한다.

　　좋아하면 반드시 좋아하는 것을 집착하여 감각적 쾌락을 추구한다. 그 결과로 업을 생성하여 감각적 쾌락에 대한 과보를 받는다. 좋은 것이 당장은 즐겁지만 그 과보가 미치는 영향은 길다. 지금이후부터 다음 생에 이르기까지 얼마나 나쁜 과보가 계속될지 누구도 모른다.

　　좋아하면 알아차림을 놓쳐 더 좋은 것을 바라기 때문에 좋지 않을 때는 괴로움이 따른다. 좋아하는 것을 집착하면 그 세계를 벗어나려 하지 않아서 나쁜 결과가 생긴다. 그러므로 괴로움의 원인은 괴로움이 아니고 좋아하는 것이다.

　　세속에서는 알아차림이 없어 좋아하는 것이 제어가 되지 않는다. 출세간에서는 알아차림이 있어 좋아하는 것이 제어가 된다. 수행자가 알아차림을 놓쳐서 좋아했더라도 '지금 좋아 하고 있네' 하고 알아차려야 한다.

118 │ 사람을 보지 마라

괴로울 때 괴로움을 주는 사람을 보지 마라. 상대로 인해 괴로워하는 자신의 마음을 알아차려야 한다. 괴로움을 주는 사람을 보면 미워하는 대상이 생겨서 결코 미움에서 벗어날 수 없다. 마음이 밖으로 나가면 미워하거나 좋아한다. 그러면 대상을 있는 그대로 볼 수가 없다.

마음이 밖으로 나가지 않고 괴로워하는 자신의 마음을 보면 미워할 사람이 사라져 쉽게 안정을 찾을 수 있다. 알아차릴 대상이 상대에서 자신의 마음으로 바뀌면 미움이 소멸되어 번뇌에서 벗어난다. 그래서 사람을 보지 말고 사람을 보는 자신의 마음을 알아차려야 한다.

괴로운 마음을 알아차린 뒤에 괴로움으로 인해서 생긴 가슴의 느낌을 알아차린다. 가슴에 있는 느낌은 없애기 위해 알아차리는 것이 아니다. 다만 괴로움이 남긴 결과를 알아차리는 것이다. 이때는 미운 상대가 사라지고 오직 자신의 느낌만 남는다.

괴로움을 피하려고 하지 마라. 갈애가 있는 한 괴로움은 항상 있다. 오히려 괴로움이 있는 것을 알아차려서 괴로움이 얼마나 힘든 것인지 알아야 한다. 이런 확인을 거듭하면 괴롭지 않기 위해서 괴로움의 원인을 만들지 않는다.

119 │ 연기와 윤회

연기는 원인에 의해 일어난 결과다. 앞선 원인에 의존하여 뒤에 결과가 일어나는 것이 연기다. 이때 원인은 연기이고 결과는 연생이다. 과거의 무명과 행으로 인해 현생의 몸과 마음이 생기면 감각기관이 생기고, 다시 감각대상과 접촉한다. 이때 느낌이 일어난다. 이 느낌으로 인해 갈애가 일어난다.

갈애가 일어나면 집착을 하고, 집착을 하면 업을 생성하여 연기가 회전해서 윤회를 한다. 윤회를 하면 다시 태어나서 늙어서 죽는 과정이 온다. 이렇게 원인과 결과로 되풀이 되는 것이 연기다. 이러한 연기를 윤회라고 한다.

윤회는 무명으로 인해 갈애가 일어나므로 계속된다. 세간에서는 느낌이 일어날 때마다 갈애가 일어나 윤회를 한다. 출세간에서는 느낌이 일어날 때마다 갈애가 일어나지 않고 지혜가 일어나서 윤회를 하지 않는다. 그래서 깨달음은 느낌과 갈애 사이에서 일어난다.

지혜가 나면 느낌에서 갈애를 일으키지 않아 연기를 회전시키지 않는다. 그래서 윤회가 끝난다. 그러나 무지하면 느낌에서 갈애를 일으켜 연기를 회전시킨다. 그래서 윤회를 계속한다.

120 | 서로의 이익

상대의 잘못을 미워하지 말고 연민의 정을 가져라. 상대의 잘못은 그가 몰라서 그런 것이다. 몰라서 그렇게 행동하는 상대를 미워하는 것은 관용이 없는 행위다. 관용이 없으면 계율을 지키지 않고 수행을 하지 않는 것이다.

몰라서 그렇게 행동한 상대를 미워하는 것은 나도 모르기 때문에 그렇다. 상대를 미워하는 것은 내가 상대와 똑 같은 행동을 하는 것이다. 상대가 모른다고 나까지 몰라서는 안 된다. 상대가 몰라서 한 일을 내가 미워한다면 공연히 상대의 과보를 떠맡아서 불필요한 짐을 진다.

잘못한 상대를 받아들이면 선한 마음이 생겨 관용과 자애와 지혜가 생긴다. 상대를 이해하는 마음은 제일 먼저 자신에게 이익을 준다. 이처럼 선한 마음은 자신에게 이익을 줄뿐만 아니라 상대에게도 이익을 준다.

상대를 받아들이지 못하면 나에게도 이익이 없으며 상대에게도 이익을 주지 못한다. 그러므로 자신의 이익은 상대에게 있는 것이 아니고 자신이 만드는 것이다. 자신의 이익을 얻는 것과 함께 상대에게도 이로움을 주는 것이 가장 값진 이익이다.

121 │ 이익과 손실

이익에는 항상 손실이 따른다. 그래서 영원한 이익은 없다. 이익을 얻으면 더 많은 이익을 얻으려는 욕망이 생겨 현실을 바로보지 못한다. 그래서 사물에 대한 판단력이 흐려진다. 또 이익을 얻으면 자기만족에 빠져 노력을 하지 않는다. 그러므로 이익은 손실로 가는 하나의 과정이다.

손실에는 항상 이익이 따른다. 그래서 영원한 손실은 없다. 모름지기 손실이 없는 이익은 진정한 이익이 아니다. 손실은 손실로 그치지 않고 현실을 바르게 보는 자각이 일어난다. 그래서 손실을 통해 지혜를 얻는다. 그러므로 손실은 이익을 얻기 위한 하나의 과정이다.

이익을 얻었을 때 이익에 자만하지 말고 손실을 겪었을 때 손실에 괴로워하지 말아야 한다. 이익과 손실은 항상 양면의 요소가 있다. 이익이었나 싶으면 손실을 입고, 손실이었나 싶으면 이익을 얻는다. 그러므로 이익과 손실은 모두 하나의 과정일 뿐이다.

이익과 손실의 실재를 아는 것이 지혜다. 진정한 이익은 바른 마음을 가져 지혜를 얻는 것이다. 정신적 이익을 위해서는 물질적 손실을 두려워해서는 안 된다. 물질적 이익을 집착하면 정신이 황폐해져서 더 큰 손실을 본다.

122 | 무지와 지혜

무지는 보이는 것을 보지 못하게 하며, 들리는 것을 들리지 않게 한다. 무지는 알려는 것을 모르게 하며, 바르지 못한 것을 계속하게 한다. 무지가 있는 한 어둠과 고통에서 벗어나지 못하고 스스로를 더욱 속박한다. 무지가 있는 한 윤회에게 벗어날 수 없어 무지보다 더 큰 잘못은 없다.

지혜가 없는 것이 무지다. 변하는 것을 변하지 않는 것으로 아는 것이 무지며, 괴로움을 즐거움으로 아는 것이 무지고, 자아가 없는 것을 자아가 있다고 아는 것이 무지다. 무지는 모르기 때문에 집착을 끊지를 못한다. 무지의 뒤에는 항상 내가 있다고 하는 사견이 있다.

지혜는 보이지 않는 것을 보게 하며, 들리지 않는 것을 듣게 한다. 지혜는 모르는 것을 알게 하며, 바르게 알아 잘못된 것을 끊는다. 지혜는 어둠에서 밝음을, 무지에서 앎을, 고통에서 해방을, 속박에서 자유를 준다. 오직 지혜로써만 윤회의 사슬을 끊을 수 있다.

무지가 없는 것이 지혜다. 모든 것이 변한다고 아는 것이 지혜며, 사는 것이 불만족이라고 아는 것이 지혜고, 무아를 아는 것이 지혜다. 지혜의 뒤에는 내가 없다고 아는 정견이 있다.

123 | 관용

관용은 대상을 받아들이는 것이다. 관용은 좋은 것이나 싫은 것이나 상관없이 모두 받아들인다. 모든 것이 일어날 만해서 일어난 것으로 이해해야 있는 그대로 받아들일 수 있다. 관용이 있어야 자애가 일어나며 지혜가 생긴다.

수행자는 자신과 무관한 일에 대해서도 관대해야 하겠지만, 자신의 이익과 직결된 일에 대해서도 똑 같이 관대해야 한다. 남의 일에 대해서는 관대하고 자신의 일에 대해서는 관대하지 못하다면 완전한 관용이라고 말할 수 없다.

관용이 있는 자리에는 탐욕이 없고, 탐욕이 있는 자리에는 관용이 없다. 관용은 선한 마음이고, 탐욕은 선하지 못한 마음이다. 받아들이는 마음에는 반드시 베푸는 마음이 따른다. 그래서 관용과 보시는 같은 마음이다.

받아들여서 몸과 마음이 편안해지므로 자연스럽게 주고 싶은 마음이 일어난다. 그래서 관용은 선한 덕목의 으뜸이다. 받아들이기 위해서는 원인과 결과를 알아 모든 것이 생길 수밖에 없는 현실을 알아야 한다. 이렇게 알아차리면 지혜가 생겨 모든 일에 걸림이 없다.

124 | 누가 동지인가?

모두 저마다의 이익을 위해서 모임을 만들고 그 힘을 과시한다. 그러나 이익이 없으면 모임을 결속하는 힘이 사라진다. 자신만을 위한 이익인지 아니면 타인의 이익까지 배려하는지에 따라서 구성원의 성격이 다르다. 오직 자신의 이익을 추구하는 사람은 동지라고 할 수 없다.

같은 뜻을 가졌다고 해서 모두 동지가 아니다. 같은 뜻을 가졌어도 바르지 못한 행동을 하면 동지가 아니다. 다른 뜻을 가졌더라도 정신이 바르면 동지다. 오직 자신의 이익을 위해서 뜻을 같이한다면 그 가치를 높게 평가할 수 없으며 동지가 아니다.

같은 종교, 같은 지역, 같은 성씨, 같은 동호인이라고 해서 모두 동지가 아니다. 이것들은 모두 관념일 뿐이지 바른 정신으로 모인 것이 아니다. 그럼에도 사람들은 무리를 만들고 이것을 근거로 힘을 과시한다. 수행자는 이러한 세속적인 것으로부터 이익을 얻으려고 해서는 안 된다.

인종이 다르고 종교가 다르고 문화가 다르고 신분이 다르더라도 고귀한 정신을 가진 사람이 진정한 동지다. 항상 자신의 이익과 함께 상대의 이익을 배려하는 사람이 진정한 동지다.

125 │ 교육

교육은 바른 것을 가르쳐서 육성하는 것이다. 교육이라는 이름으로 잘못된 것을 가르쳐서는 안 된다. 교육을 한다고 자기 성향대로 한다면 잘못을 키우는 것이다. 먼저 가르치는 자가 욕심을 부리거나 화를 내서는 안 된다. 잘못하면 욕망과 화를 가르친다.

교육은 자애로운 마음으로 해야 하며, 자신의 감정을 개입시키지 않고 객관성을 유지해야 한다. 그러기 위해서는 교육이 일방적이어서는 안 된다. 부족하면 채워주고 넘치면 빼주어야 한다. 그리고 기다릴 줄 알아야 한다. 언제나 벌을 주는 것보다 칭찬을 우선해야 한다.

바른 교육은 대안을 제시하여 스스로 선택하도록 하는 것이다. 그리고 자신이 한 일에 책임을 지게 하는 것이다. 교육은 씨를 뿌리고 가꾸어서 결실을 맺는 일련의 과정이 필요하다. 교육의 효과를 즉각 기대하는 것은 욕망이다. 교육은 반복학습이다. 그래서 동일한 것을 거듭 반복해야 한다.

교육이 지식을 전하는 것에 그치지 않고 지혜를 얻도록 하기 위해서는 먼저 교육자의 자기성찰이 필요하다. 그러므로 남에게 교육을 하기에 앞서 스스로에 대한 교육이 앞서야 한다. 여기에는 부모나 스승이나 예외가 없다.

126 │ 무명과 갈애

인간을 태어나게 하는 마음은 무명이며 무명을 지속시키는 힘이 갈애다. 무명은 모르는 마음이고 갈애는 바라는 마음이다. 과거에 모르기 때문에 선하지 못한 행위를 하여 현재의 결과가 생겼다. 현재는 갈애 때문에 집착을 해서 불선행위를 하여 미래의 결과가 생긴다.

누구나 과거에는 무명을 우두머리로 살았고 현재는 갈애를 동반자로 산다. 그래서 인간은 무명에 이끌리고 갈애에 내몰리면서 산다. 바로 무명과 갈애가 강물처럼 흘러가서 태어나고 죽는 것을 거듭한다. 그래서 삶은 모르는 것과 바라는 것의 힘으로 움직인다.

위빠사나 수행의 알아차림이 있으면 무명이 지혜로 바뀌고 갈애가 관용으로 바뀐다. 그래서 어리석음과 탐욕의 거친 물살을 거슬러 올라간다. 세속의 거친 물살에 떠밀려서 살면 괴로움뿐인 태어남과 죽음을 반복해야 한다. 그래서 무수한 이별의 눈물을 흘려야 한다.

무명이 지혜로 바뀌면 모든 것이 원인이 있어서 생긴 결과라는 것을 안다. 그리고 내가 없음을 알아 집착할 것이 없다. 집착할 것이 없을 때만이 진정한 평화와 행복을 얻는다.

127 | 자신의 일과 남의 일

남이 잘못한 일로 인해 속상해 하지 마라. 잘못한 것은 상대고 나는 내 일을 하면 된다. 자신의 일과 남의 일을 구별하지 못하기 때문에 괴로움을 겪는다. 설령 남이 잘못해서 내가 피해를 입었다고 해도 있는 그대로 알아차리면 피해는 단지 알아차릴 대상일 뿐이다.

사실은 나도 잘못하는 일이 많다. 그런데 누구나 나의 허물은 보지 못하고 남의 허물만 보기 마련이므로 먼저 자신을 알아차려야 한다. 나를 보지 않고 남을 보면 매사를 옳고 그른 것으로만 본다. 그래서 자신의 몸과 마음을 알아차리는 수행을 해야 이런 허물이 생기지 않는다.

남이 잘못한 일로 속상한 것은 남의 잘못에 문제가 있는 것이 아니다. 자기가 바라는 대로 되지 않기 때문에 속상한 것이다. 겉으로는 남을 위하는 것 같지만 사실은 자신의 욕망을 충족시키기 위해서 하는 행위일 경우가 많다.

나와 남이 똑같기를 바라지 마라. 내 마음도 매순간 변하는데 어떻게 남의 마음이 나와 똑같기를 바랄 수 있겠는가? 나에게 축적된 성향이 있다면 상대에게도 축적된 성향이 있다. 각기 다른 축적된 성향이 조화를 이루려면 있는 그대로 알아차려야 한다.

128 | 바른 법

바른 법을 모르면 누구나가 투정을 부리는 어린아이와 같다. 바른 법을 알면 내가 없다고 알아서 불만족이 없다. 하지만 내가 있다고 알면 어린아이처럼 항상 투정을 부린다. 어린아이는 본능적으로 자신의 존재만 생각하기 때문에 항상 나는 좋다거나 나는 싫다고 말한다.

어른이 되어서도 자기감정에 사로잡혀 나는 좋다거나 나는 싫다고 한다면 어린아이와 다를 것이 없다. 어른으로 성장했다는 것은 좋거나 싫은 감정을 함부로 드러내지 않고 절제를 하는 것이다. 매사에 나는 좋다거나 나는 싫다고 하면 자기감정만 알고 상대의 감정을 헤아리지 못한 것이다.

바른 법에는 자아가 없다. 그러나 사람들은 자아가 있다고 생각하여 매사에 자아를 강화하는 생각과 행동을 한다. 이러한 자기중심적인 사고를 가진 사람은 정법수행을 하기가 어렵다. 정법도 자아를 가지고 보기 때문이다. 그래서 위빠사나 수행은 스승 없이는 한발도 나아갈 수 없다.

지혜가 있는 자는 스승의 가르침을 받아들이지만 자아가 강하고, 지혜가 없는 자는 가르침을 따르지 않고 자기 견해만 주장한다. 그렇다면 투정을 부리는 어린아이와 같다.

129 | 선택

가난해서 고생을 했기 때문에 열심히 노력을 해서 잘사는 사람이 있고, 고생을 했어도 게을러서 가난을 벗어나지 못하는 사람이 있다. 잘살거나 잘살지 못하는 것은 남이 결정하는 것이 아니고 자신이 선택한다. 잘살고 못하는 것은 노력을 했는가, 노력을 하지 않았는가가 결정한다.

괴로움 때문에 지혜가 나서 괴로움을 극복하는 사람이 있고, 괴로워서 인생을 포기하거나 자신을 학대하는 사람이 있다. 괴로움을 지혜로 반전시키는 사람은 선한 마음을 가진 사람이고, 괴로움으로 인해 절망에 빠지는 사람은 선하지 못한 마음을 가진 사람이다.

부자가 되어 더 큰 부를 축적하는 사람도 있고, 부자가 되었다가 몰락하여 비참해진 사람도 있다. 지위를 얻은 뒤에 더 명예를 얻는 사람도 있지만 지위 때문에 사회적 지탄을 받는 사람도 있다. 어떤 상황이 되었거나 모두 일어나서 사라지는 연속적인 과정만 있다.

우리는 어떤 상황에서나 선택의 기회가 있다. 인간이 선택할 수 있는 폭은 지옥에서 천상과 해탈까지 넓게 열려있다. 과연 무엇이 이것을 결정하는가? 오직 자신의 마음이 결정한다.

130 | 느낌과 법

느낌은 특별한 때와 특정한 장소에서만 일어나는 것이 아니다. 살고 있는 동안 매순간 몸과 마음에서 일어난다. 그래서 느낌은 몸의 느낌과 마음의 느낌이 있다. 인간이 살면서 대상을 안다는 것은 대상을 느끼는 것이다. 이러한 느낌은 법을 알아차릴 수 있는 매우 좋은 대상이다.

처음에 일어난 느낌을 알아차리지 못하면 행복한 느낌, 불행한 느낌, 덤덤한 느낌으로 바뀐다. 이때도 느낌을 알아차리지 못하면 다시 세 가지의 정신적인 느낌으로 진행된다. 이처럼 느낌은 영원하지 않고 매순간 변한다. 이런 느낌을 통하여 무상의 법을 알 수 있다.

느낌은 매순간 변하는데 이것을 영원한 것으로 알고 집착한다. 이런 집착으로 인해 괴로움이 일어난다. 이런 느낌을 통하여 괴로움의 법을 알 수 있다. 느낌은 나의 의도와 상관없이 일어나고 사라지기 때문에 나의 느낌이 아니며 단지 감각기관이 느끼는 것이다. 이런 느낌을 통하여 무아의 법을 알 수 있다.

느낌은 단지 조건에 의해 일어나고 사라지는 현상일 뿐이다. 수행자는 느낌이 일어났을 때 단지 느낌이 일어난 것을 알아차려야 한다. 느낌을 느낌으로 알아차리면 법을 보는 것이다.

131 │ 업의 결과물

의도가 있는 마음으로 한 행위를 업이라고 한다. 이것이 생각과 말과 행위라고 하는 신구의(身口意) 삼업(三業)이다. 이러한 업은 반드시 그에 따른 결과가 있다. 그러나 의도가 없이 일어난 것은 단지 행에 불과하여 업이라고 할 수 없다. 업이 없으면 결과가 없다.

이처럼 의도가 있는 마음은 행위로 이어지며 그 행위로 인해 생긴 결과가 업의 결과물이다. 사람의 몸과 마음도 하나의 업의 결과물이다. 이것을 원인과 결과라고 하며 과보라고 한다. 그러므로 몸과 마음은 어떤 누구에 의해 만들어진 것이 아니고 원인에 의한 결과물이다.

업의 결과물인 몸과 마음은 다시 새로운 원인이 되어 다음 결과를 낳는다. 이것이 우리들의 삶이다. 과거에 만든 조건으로 현재의 몸과 마음이 되었는데 다시 과거의 조건을 되풀이하면 또다시 현재와 같은 몸과 마음이 생겨 괴로움에서 벗어날 길이 없다.

업이 되는 행위를 하지 않으면 업의 결과물인 몸과 마음이 생기지 않는다. 이것이 다시 태어나지 않는 것이다. 이처럼 모든 생명은 자신이 만든 업의 결과물이며 여기에는 어떤 초월적 힘이 개입할 여지가 없다.

132 | 능력과 지혜

깨달음이란 특별한 능력을 갖는 것이 아니다. 단지 몸과 마음을 알아차려서 내가 아니고, 나의 소유가 아니라는 무아의 지혜를 얻는 것이다. 무아는 수행자가 이르러야할 궁극의 실재이다. 능력은 바라는 마음으로 번뇌를 만들지만 지혜는 바라는 마음이 없어 번뇌를 끊는다.

마음은 있지만 내 마음이 아니고 단지 일어나고 사라지는 조건에 의한 마음이라고 알아야 탐욕과 성냄과 어리석음이란 번뇌로부터 자유로워진다. 만약 내 몸, 내 마음이라고 안다면 자아를 강화하기 위해 업을 생성하므로 영원히 괴로움에서 벗어날 길이 없다.

지혜는 감각적 쾌락이나 극단적인 고행을 하지 않는 중도의 마음을 가질 때만 일어난다. 중도의 마음이 팔정도며 팔정도가 위빠사나 수행이다. 그러므로 위빠사나 수행을 하면 느낌을 원인으로 갈애가 일어나지 않고 느낌을 원인으로 지혜가 일어난다.

수행자는 신비한 능력을 얻으려 하지 말고 오직 통찰지혜를 얻어 모든 번뇌를 종식시켜야 한다. 그러나 세상 사람들은 어리석기 때문에 보이는 능력에는 쉽게 현혹되지만 보이지 않는 지혜는 관심이 없다.

5장

해탈로 가는 배

해탈로 가는 배

해탈은 행복입니다. 그래서 모든 번뇌에서 벗어난 자유입니다. 해탈은 열반의 성취입니다. 열반은 최고의 선으로, 언어로 표현할 수 없는 언어 건너편에 있는 초세속적인 정신 상태입니다. 열반은 오직 직관에 의해 대상을 있는 그대로 볼 때만 이르는 경지이며 괴로움이 없고 나고 죽음이 없으며 원인과 결과가 끊어진 자리입니다.

해탈에 이르기 위해서는 반드시 해탈로 가는 배를 타야 합니다. 이것이 사성제 중에서 도성제(道聖諦)입니다. 네 가지 성스러운 진리는 붓다에 의해 발견되었습니다. 그리고 붓다께서는 자신이 직접 체험한 이 길로 오라고 말씀하셨습니다. 여기서 직접 체험했다는 사실이 중요합니다. 그러므로 어떤 가설이 아니라 실재하는 진리입니다.

사성제는 네 가지 성스러운 진리와 성인이 되어야 비로소 체험할 수 있는 진리를 말합니다. 사성제는 괴로움이 있다는 성스러운 진리, 괴로움의 원인이 집착이라는 진리, 괴로움이 소멸한다는 진리, 괴로움의 소멸에 이르는 길이라는 진리입니다. 사성제는 열반으로 가는 단 하나의 유일한 길입니다.

사성제는 일어나는 연기와 소멸하는 연기를 포함합니다. 고성제와 집성제는 일어나는 연기라서 윤회를 계속합니다. 멸성제와 도성제는 소멸하는 연기라서 윤회가 끝납니다. 세속에서는 고성제와 집성제 밖에 없지만 출세간에서는 멸성제와 도성제가 있어서 윤회를 끊고 해탈의 문으로 갑니다. 붓다께서는 멸성제와 도성제를 찾아내시어 붓다가 되셨습니다.

멸성제는 열반이며 도성제는 팔정도입니다. 도성제에 의해 멸성제에 이릅니다. 도성제인 팔정도는 해탈로 가는 바른 길이며 이것을 계정혜라고 합니다. 도성제인 팔정도는 중도이며 위빠사나 수행이라고도 합니다. 팔정도는 도덕적 품성을 퇴보시키는 감각적 욕망과 지성을 나약하게 하는 극단적 고행에서 벗어나게 합니다.

팔정도의 지혜는 정견과 정사유가 있습니다. 정견은 사성제의 진리를 아는 것이며 정사유는 욕심을 버리고 자애와 연민의 정을 갖는 올바른 마음입니다. 계율은 정어와 정업과 정명이 있습니다. 정어는 거짓말, 비방, 거친 말, 경솔한 말을 하지 않는 것입니다. 정업은 살생, 도둑질, 간음을 하지 않는 것입니다. 정명은 무기, 인간거래, 도살업을 하지 않는 것입니다. 집중은 정정진, 정념, 정정이 있습니다. 정정진은 바른 노력입니다. 정념은 바른 알아차림입니다. 정정은 바른 집중입니다.

누구나 있는 그대로 알아차리는 위빠사나 수행을 하면 해탈로 가는 배를 타고 피안에 이를 수 있습니다. 오직 이 길만이 오랜 여행을 끝내고 가장 존귀한 안식을 취할 수 있습니다. 이 길은 자신의 내면을 통찰하여 무상, 고, 무아를 아는 것이 전부입니다.

133 | 해탈로 가는 배

위빠사나 수행은 바라지 않고 없애려고 하지도 않고 있는 그대로 알아차리는 수행이다. 그 결과로 고통의 바다를 건너 해탈로 간다. 위빠사나 수행은 피안으로 건너가는 배일 뿐, 그 자체가 목적이 아니다. 고통의 바다를 건너가려면 배를 의지할 뿐, 배를 집착해서는 안 된다.

수행은 막연하게 생각에 머무는 것이 아니다. 어느 방향으로 어떻게 가는가 하는 실제적인 실천이 있어야 한다. 수행은 말로 하는 것이 아니고 믿음을 가지고 노력하는 실천적 행위가 따라야 한다. 그 행위는 지금 이 순간을 있는 그대로 알아차리는 것부터 실천해야 한다.

위빠사나 수행은 지금까지 경험해보지 않은 새로운 방법이라서 이해하기도 어렵고 실천하기는 더 어렵다. 왜냐하면 지금까지 바라지 않고 없애려고 하지 않는 방법이 있는지 알 수가 없었기 때문이다.

마치 배가 저 스스로의 힘으로 갈 수 없듯이 경험하지 않은 정신세계는 스스로의 힘으로 갈 수가 없다. 왜냐하면 자신에게 있는 정보는 바라고 없애려고 하는 것밖에 없기 때문이다. 그래서 반드시 스승의 가르침을 받아야 한다. 그리고 경험이 있는 바른 스승을 만나야 한다.

134 | 옳은 것

옳은 것을 주장하기 위해서 잘못된 것을 비판하지 마라. 옳은 것을 말하려면 단지 옳은 것을 말하는 것으로 그쳐야 한다. 잘못된 것과 비교하여 옳은 것을 주장한다면 온당한 방법이 아니다. 잘못된 것을 비판하면 상대의 잘못을 꾸짖는 것이 되어 반감을 살 수가 있다.

옳은 것을 받아들이도록 하기 위해서는 잘못된 것도 불가피한 것으로 받아들여야 한다. 바로 옳은 것을 모르는 것이 잘못된 것이고, 옳은 것을 알아도 실천하지 못하는 것이 바로 잘못된 것이다. 그러므로 잘못을 확대해서 생각하지 말아야 한다. 그러면 마음이 잘못을 수용하지 않는다.

옳은 것만 있어야 하고 잘못된 것이 있어서는 안 된다고 하면 법을 부정하는 것이라서 극단에 빠지기 쉽다. 옳은 것도 알아차릴 법이고 잘못된 것도 알아차릴 법이다. 법은 무엇이 되었거나 알아차릴 대상이므로 어떤 것이나 있는 그대로 알아차려서 받아들여야 한다.

옳지 않은 것이라고 해도 극단적으로 배격해서는 안 된다. 모두 그렇게 될 만해서 그렇게 된 것이다. 옳지 않은 것이 있기 때문에 옳은 것을 알 수 있다. 그러므로 무엇이나 알아차리면 된다.

135 | 바람이 없는 선행

존재하는 것들의 가장 가치 있는 행위는 선한 마음을 갖는 것이다. 인간의 궁극적 목표는 선한 마음을 갖고 선한 행위를 하는 것이다. 선한 행위는 두 가지가 있는데 하나는 바라는 마음으로 하는 선한 행위고 다른 하나는 바라지 않는 마음으로 하는 선한 행위다.

바람이 있는 선한 행위는 바람이 없는 행위보다 가치가 떨어진다. 그러므로 바라는 것이 없을 때만이 완전한 선이다. 모든 바람은 어떤 것이 되었거나 집착을 하기 마련이고 집착을 하면 습관적인 업을 생성하기 때문에 결국에는 좋은 의미조차도 퇴색하고 만다.

바람이 있는 행위는 비록 선한 행위일지라도 새로운 원인을 만든 것이기 때문에 반드시 그에 따른 결과를 받아야 한다. 그러므로 선한 행위 중에서 바람이 없는 행위를 해야 비로소 다시 괴로움이 없는 완전한 선이다.

좋아지기를 바란다면 그 과보로 다시 태어나는 고통을 겪어야 한다. 만약 바라는 것을 얻을 수 없을 때는 반드시 고통이 따르기 마련이다. 그래서 바라는 것이 있는 선은 반쪽짜리 선이고, 바라는 것이 없는 선이 최상의 선이다. 최고의 선만이 자유를 얻는다.

136 | 축적된 성향의 개선

삶의 질을 바꾼다는 것이 생각처럼 간단한 일은 아니다. 선하지 못한 마음을 갑자기 선한 마음으로 바꾸기가 어려운 것처럼 오랜 습관을 바꾸는 것은 매우 어려운 일이다. 자신의 습관은 자신의 축적된 성향이다. 축적된 성향은 알 수 없는 세월부터 마음에 저장된 종자로 전해진 것이다.

축적된 성향이 바뀌기를 원한다면 바꾸려는 마음 없이 있는 그대로 알아차려야만 한다. 바뀌기를 바라는 마음이 있는 한 완전한 소멸이 어렵다. 그래서 단지 축적된 성향이 있다고 아는 것으로 그쳐야 한다. 있는 것을 있는 그대로 알아차려야 삶의 질을 바꿀 수 있다.

이런 과정을 거쳐서 조건이 성숙되면 그때부터 차츰 자신의 성향이 개선된다. 그러나 그 시기는 현재가 될지 지금 이후가 될지 다음 생이 될지 누구도 알 수 없다. 오직 지혜가 나는 조건을 얼마나 성숙시키느냐에 따라 결과가 다르게 나타난다.

무엇을 바꾸려는 탐욕을 가지고서는 아무것도 변화시킬 수가 없다. 바꾸려고 해서 바뀌지 않으면 화를 내는데 이것이 어리석음이다. 그래서 바꾸려는 마음이 있는 한 어리석음은 끝없이 계속된다.

137 | 성공과 실패

세간에서는 성공과 실패가 있지만 출세간에서는 성공과 실패가 없다. 세간에서는 성공을 좋아하고 실패를 괴로워한다. 그래서 성공을 위해 잘못을 저지른다. 하지만 출세간에서는 성공과 실패가 단지 알아차릴 대상이며, 생멸하는 과정일 뿐이라고 알아 집착하지 않는다.

과연 무엇을 성공하고 무엇을 실패하였는가? 성공을 해서 항상 행복하였으며 그 성공이 영원한 것인가? 실패해서 항상 불행하였으며 그 실패가 영원한 것인가? 성공을 해서 무지로부터 벗어나고 실패해서 영원히 무지로부터 벗어나지 못했는가? 결코 그렇지 않다.

진정한 성공은 어떤 상황에서나 알아차리는 마음이 있을 때다. 진정한 실패는 알아차리는 마음이 없을 때다. 알아차리는 마음이 행복이고 알아차리지 못하는 마음은 불행이다. 아는 마음은 지혜고 모르는 마음은 무지다.

수행자는 성공을 하나의 과정으로 보아야 한다. 아울러 실패도 하나의 과정으로 보아야 한다. 성공과 실패는 있지만 이것을 과정으로 보는 것이 성공이고, 이것을 과정으로 보지 않는 것이 실패다.

138 | 몰락(沒落)과 흥왕(興旺)

범부의 죽음은 몰락하는 것이다. 몰락은 소득이 없이 죽는 것이다. 살아서 무엇을 이루었다고 해도 그것은 단지 패하여서 사라지는 결과만 있다. 범부의 몰락은 몰락으로 그치지 않는다. 몰락했기 때문에 그 과보를 받아 다시 태어난다. 다시 태어나기 때문에 몰락이다.

성자의 죽음은 흥왕 하는 것이다. 흥왕은 소득을 얻고 죽는 것이다. 죽을 때 몰락하지 않고 흥왕을 하면 과보가 소멸되어 다시 태어나지 않는다. 다시 태어나지 않기 때문에 흥왕 하는 것이다. 죽음은 누구에게나 있는 것이지만 어떻게 죽느냐에 따라 결과가 달라진다.

왜 몰락하는가? 집착했기 때문이다. 집착하면 반드시 집착한 대상으로 인해 몰락한다. 돈을 집착하면 돈 때문에 몰락하고, 사랑을 집착하면 사랑 때문에 몰락한다. 종교를 집착해도 종교 때문에 몰락한다. 무엇이나 집착을 하면 있는 그대로의 진실을 보지 못하고 왜곡한다.

왜 흥왕하는가? 집착하지 않기 때문이다. 집착하지 않고 단지 필요해서 행하면 어떤 그물에도 걸리지 않는다. 이것이 새로운 원인을 만들지 않아 다시 태어남이 없는 성자의 삶이다.

139 | 단점과 장점

자신의 단점을 감추려고 하지 마라. 자신의 장점을 뽐내려고도 하지 마라. 자아가 강한 사람은 자신의 단점을 외면하고 장점에 도취되어서 성공할 수 없다. 단점도 알아차리면 장점이 되고, 장점도 알아차리지 못하면 단점이 된다. 단점과 장점은 단지 알아차릴 대상이다.

자신의 단점을 감추는 것은 이것이 나의 단점이라고 생각하기 때문이다. 단점은 누구에게나 있다. 또 이것은 나의 단점이 아니고 단지 습관일 뿐이다. 자신의 단점을 자랑할 것도 없지만 그렇다고 숨기려고 할 것도 없다. 단점을 있는 그대로 알아차리면 장점이 된다.

자신의 장점을 뽐내는 것은 나의 장점이라고 생각하기 때문이다. 장점은 누구에게나 있다. 또 이것은 나의 장점이 아니고 단지 습관일 뿐이다. 자신의 장점을 뽐내서도 안 되지만 그렇다고 숨기려고 할 것도 없다. 장점을 있는 그대로 알아차리면 장점이 더 많아진다.

단점과 장점의 기준을 자신이 평가해서는 안 된다. 악한 사람은 악하지 못함을 단점이라고 생각할 수 있다. 그러므로 단점과 장점은 바르게 사는 방법인 팔정도로 평가되어야 한다.

140 | 괴로움과 즐거움

괴로움을 피하려고 하지 마라. 괴로움은 원인이 있어서 생긴 결과다. 그 원인은 자신의 무지와 욕망으로부터 시작되었다. 괴로움이 있다고 알아차려서 그대로 받아들이면 이미 괴로움이 아니고 지혜다. 그러나 괴로움을 피하려고 하면 영원히 괴로움에서 벗어날 수 없다.

괴로움을 알아차릴 대상으로 받아들일 때 비로소 괴로움에서 벗어나기 위해 노력을 할 수 있다. 괴로움을 자각하지 않으면 향상된 삶을 살기 위해 노력하지 못한다. 괴로움은 단지 지혜를 얻기 위한 과정에서 경험하는 것이다. 괴로움은 일어나고 사라지는 한순간의 느낌이다.

즐거움을 즐기려고 하지 마라. 즐거움은 원인이 있어서 생긴 결과다. 그 원인은 자신의 무지와 욕망으로부터 시작되었다. 즐거움을 단지 대상으로 알아차리면 즐거움에 빠지지 않아 지혜가 생긴다. 그러나 즐거움을 알아차리지 못하면 다시 괴로움에 빠진다.

괴로움과 즐거움은 모두 한순간의 느낌이며 모두 알아차릴 대상이다. 괴로움을 알아차리지 못하면 염세주의자가 되어 스스로를 비참하게 만든다. 즐거움을 알아차리지 못하면 감각적 쾌락에 빠져 괴로워진다.

141 | 말

바른 말은 계율을 지키는 행위다. 계율은 스스로를 보호하고 번뇌를 여의게 하여 자신에게 이익을 준다. 아울러 상대를 보호하고 상대의 번뇌를 여의게 하여 이익을 준다. 자신의 감정대로 말을 하면 계율을 어기는 행위이므로 알아차리면서 말을 해야 한다.

말에는 말하려는 의도와, 말하는 행위와, 말한 것에 대한 결과가 있다. 먼저 말하려는 의도를 알아차려야 한다. 만약 알아차리지 못하면 자기 습관대로 말한다. 그러면 구업의 과보를 받아 고통을 겪는다. 알아차림 없이 말하면 차츰 더 심한 말을 하고 싶은 유혹에 빠진다.

말의 의도는 그 말을 하고자 하는 마음 상태다. 이때 좋아하거나 미워하는 마음이 있는지 마음을 알아차려야 한다. 그래서 말을 할 때는 '지금 무슨 마음으로 말하는가?'를 알아차려야 한다. 그러면 바른 마음가짐으로 바른 말을 할 수 있다.

바르지 못한 말의 과보로 참담한 결과가 왔으면 이때는 단지 그 결과를 알아차려야 한다. 이미 지난 일을 후회하는 것은 아무런 도움이 되지 않는다. 이때는 '지금 괴로워하고 있네'하고 현재 있는 것을 대상으로 알아차려야 한다.

142 | 보람 있는 일

사람으로 태어나서 무슨 일을 해야 가장 사람답게 사는 것일까? 누구나 나쁜 일보다는 좋은 일을 하고 싶다. 그러나 이는 생각처럼 쉽게 이루어지는 일이 아니다. 모두 자기가 살아온 습관대로 살기 때문에 새로운 삶을 선택하는 것이 쉽지 않다.

아무 것도 하는 일 없이 살다 죽기보다는 보람된 일을 하고 죽는 것이 좋다. 보람된 일은 선한 일을 하는 것이다. 그 중에 수행을 하는 게 가장 선한 일이다. 이처럼 수행이 좋다고 알아도 실천하지 않는다면 그 것은 좋다는 생각에 그친 것이다.

수행자는 욕심을 부리기보다 관용으로 모든 대상을 받아들여야 한다. 자신이나 상대에게 화를 내기보다 자애를 가져야 한다. 욕심을 부리지 않고 관용으로 받아들이고 화를 내지 않아야 어리석지 않다. 이것이 수행이고 지혜다.

태어나면 언젠가는 죽어야 한다. 지금 무엇으로 죽음을 준비하고 있는가? 만약 지금 준비하지 않는다면 현재도 괴롭게 살고 미래에도 괴로움에서 벗어날 길이 없다. 그러나 지금 가장 선한 일인 수행을 하면 현재와 미래가 괴롭지 않다.

143 | 알아차릴 대상

괴로움은 불만족이다. 불만족은 누구에게나 항상 따라다닌다. 이런 괴로움은 없애야할 대상이 아니고 알아차릴 대상이다. 괴로움을 알아차릴 대상으로 삼으면 이미 괴로움을 받아들일 준비가 된 것이다. 그러면 이 괴로움은 이미 괴로움이 아니고 지혜다.

누구나 괴로워서 수행을 하고, 수행을 하면 지혜를 얻는다. 수행으로 통찰지혜가 나서 번뇌를 여의어야 비로소 평화롭다. 수행자에게 있는 이런 평화가 바로 행복이다.

위빠사나 수행은 대상을 알아차리는 것이며 알아차림을 지속하는 것이다. 대상을 있는 그대로 알아차린다는 것은 탐욕으로 알아차리지 않고, 성냄으로 알아차리지 않고, 어리석음으로 알아차리지 않고, 고정관념을 가지고 알아차리지 않는 것이다. 이런 알아차림에 의해 청정한 마음이 생긴다.

수행은 남에게 인정받기 위해 해서는 안 된다. 오직 자신의 괴로움을 해결하기 위해서 해야 한다. 수행을 하면서 남을 의식하면 바른 수행이 아니다. 이때는 알아차림을 놓친 것이다. 그러므로 수행자는 어떤 상황에서나 자신의 몸과 마음을 알아차려서 내면의 고요함을 얻어야 한다.

144 | 자아(自我)

자아가 강하면 오직 자신을 위해서 생각하고, 말하고, 행동하기 때문에 남을 배려하지 않는다. 자아가 강하면 잘못된 견해를 가지고 살기 때문에 탐욕을 부리며 성냄과 질투를 일삼고 인색하게 살아서 항상 후회를 한다. 모든 번뇌의 원인은 내가 있다고 하는 자아에 있다.

자아가 강한 사람은 모든 기준이 자기중심이라서 인생에서 실패한다. 설령 부귀영화를 얻어도 그 성공이 오래 지속되지 못한다. 그러므로 진정한 성공이 아니다. 이는 자신의 견해만을 고집하여 대상의 성품을 바로 보지 못해서 온 결과다.

자아가 강한 사람은 자신의 고정관념으로 대상을 보기 때문에 실재하는 성품을 보지 못한다. 자아는 가장 깊게 감추어진 무명이다. 그러므로 자아가 강해서 무엇인가를 얻었다면 이것은 이롭지 않고 반드시 해롭다.

해탈의 가장 무서운 적은 자아다. 무지해서 행하는 살생은 지옥에 떨어지는 과보를 받는다. 하지만 때가 되어 수행을 해서 무아를 알면 집착을 끊게 되어 윤회를 벗어날 수 있다. 그러나 자아가 강한 사람은 무아를 알 기회가 없어 영원히 윤회의 사슬에서 벗어나지 못한다.

145 | 지식과 지혜

지식은 듣고 읽고 생각해서 얻는다. 지혜는 직접 수행을 해서 얻는다. 누구나 지식을 얻는 과정을 통해 이해를 넓힌 뒤에 마지막에는 수행을 해서 통찰지혜를 얻어야 비로소 완전한 인격이 형성된다. 그러므로 지식의 수준에 머물지 말고 반드시 수행을 해서 지혜를 얻어야 한다.

지식이 있는 곳에는 다툼이 있지만 지혜가 있는 곳에는 다툼이 없다. 지식은 남이 한 말을 기억하거나 철학적인 사유를 하는 것이다. 지혜로 몸과 마음을 대상으로 알아차리는 수행을 하면 집착할 것이 없다는 깨달음을 얻는다. 그래서 지식이 있으면 윤회하지만 지혜가 있으면 윤회를 끊는다.

모름지기 지식의 과정을 거쳐 지혜로 나아가는 것이 가장 고귀한 삶을 사는 것이다. 지식이 지나치면 아만심이 강해지고, 지혜가 지나치면 간교해진다. 그러므로 지식에서 지혜로 나아가되 지혜에 머물러서도 안 된다. 그래서 지식이나 지혜가 모두 알아차릴 대상이다.

지혜가 최고라고 하여도 그것은 내 것이 아니며 한 순간의 정신적 현상에 불과하다. 그래서 지혜는 있어도 지혜를 얻은 자는 없다. 이처럼 어떤 것에도 자아가 없다고 아는 것이 최고의 지혜다.

146 │ 절제

자기감정을 쉽게 드러내는 것은 절제하지 못하는 것이다. 싫어하는 것이 있을 때 싫어한다고 말하지 마라. 싫어하는 것이 있을 때 그것을 알아차리고 다시 싫어하는 마음을 알아차려야 한다. 그리고 가슴에서 두근거리는 느낌을 알아차려야 한다. 그러면 싫어하는 마음으로 인해 생긴 괴로움을 겪지 않는다.

좋아하는 것이 있을 때 좋아한다고 말하지 마라. 좋아하는 것이 있을 때 그것을 알아차리고 다시 좋아하는 마음을 알아차려야 한다. 그리고 가슴에서 두근거리는 느낌을 알아차려야 한다. 그러면 좋아하는 마음으로 인해 생긴 괴로움을 겪지 않는다.

무엇에 대해 싫다거나 좋다고 말하면 자신의 욕망이 드러난다. 어떤 형태의 욕망이든 반드시 집착으로 발전한다. 그래서 자신의 괴로움은 물론이고 자신으로 인해 남도 괴롭힌다.

싫어하지 않고 좋아하지 않고 어떻게 사느냐고 말하지 마라. 그것이 지금까지 당신을 괴롭게 한 요인이다. 싫어하고 좋아하는 마음으로는 대상을 있는 그대로 볼 수가 없기 때문에 고요함을 얻을 수 없다. 그래서 늘 들뜬 마음으로 흥분하면서 괴롭게 살아야 한다.

147 | 사랑은 희생이다

사랑은 주는 것이다. 사랑을 소유해서는 안 된다. 사랑을 소유하면 사랑을 받고 싶은 집착이 생긴다. 사랑을 집착하면 갈등이 생기고 나중에는 사랑하는 사람을 비난한다. 그러면 사랑이 아니고 괴로움이다. 그래서 사랑을 잘못하면 사랑에 속박 당한다. 이것은 사랑이 아니다.

사랑하기 때문에 상대를 비난을 하는 것은 사랑에 집착하는 것이다. 이런 마음은 상대가 잘될 때 질투할 수도 있으며 자신이 입은 상처를 자학적으로 즐길 수도 있다. 이런 마음은 계속해서 갈애를 일으키고 집착을 하게 하여 사랑에 눈이 먼 노예로 살게 한다.

사랑은 희생이다. 자신이 희생하지 않고 받으려고만 해서는 진정한 사랑이라고 말할 수 없다. 받으려고 하기보다 기꺼이 주는 것으로 그치면 아무런 걸림이 없는 사랑을 할 수 있다. 이런 사랑이 가장 소중한 사랑이다.

사랑은 느낌으로부터 시작한다. 이 느낌을 내 느낌으로 알고 집착하기 때문에 계속 상대에 대한 집착을 버릴 수가 없다. 지금 자신이 사랑하는 것에 집착하는지, 아니면 사랑으로 인해 미워하는 것에 집착하는지 알아차려야 한다. 사랑하는 마음을 알아차리는 것이 수행이다.

위빠사나 수행은 먼저 자신의 감각기관에 마음을 두고 알아차려야 한다. 그런 뒤에 감각대상에 마음을 두고 알아차릴 수도 있다. 그러므로 처음에는 자신의 몸과 마음을 대상으로 알아차린 뒤에 다음으로 상대의 몸과 마음을 알아차리는 것을 병행하면 된다.

처음에 감각기관에서 알아차리지 못하고 감각대상에 마음을 두면 대상을 고정관념으로 보기 마련이다. 그러면 즉시 좋거나 싫거나 덤덤한 느낌이 일어난다. 그래서 대상을 있는 그대로 보지 못하고 자기의 느낌이나 생각으로 색칠을 해서 불선업을 짓는다.

위빠사나 수행자가 자신의 몸과 마음을 알아차리는 것을 두고 흔히 '저만 안다'고 말하는 것은 잘못 알고 있는 것이다. 위빠사나 수행은 부처님께서 깨달음을 얻은 수행방법으로 번뇌에서 벗어나려면 누구나 이 길로 와야 한다.

누구나 먼저 자신의 몸과 마음을 알아차려야 스스로의 문제를 해결할 수 있다. 이렇게 자신의 문제를 해결함으로써 궁극에는 남을 위해 봉사한다. 위빠사나는 팔정도라서 결코 자신만을 아는 이기적인 삶을 살지 않는다. 위빠사나는 오히려 자신과 남을 함께 배려하는 전인적인 삶을 사는 수행이다.

탐욕은 알아차리지 못하는 마음이고, 관용은 알아차리는 마음이다. 탐욕은 대상을 움켜쥐지만 관용은 대상을 받아들인다. 탐욕은 성냄과 어리석음이 함께 있고, 관용은 자애와 지혜가 함께 있다. 탐욕이 있으면 불선행을 하고, 관용이 있으면 선행을 한다.

탐욕은 번뇌를 만들고, 관용은 사랑을 만든다. 탐욕이 있으면 집착을 하지만 관용이 있으면 집착을 하지 않는다. 탐욕이 있으면 베풀지 못하고, 관용이 있어야 베푼다. 탐욕은 움켜쥐지만 관용은 기꺼이 보시를 한다. 탐욕은 괴로움이지만 관용은 행복이다.

대상을 알아차리면 탐욕이 없고 관용이 있다. 탐욕은 고요하지 못해 집중력이 없고, 관용은 고요함이 있어 집중력이 생긴다. 집중력이 없으면 지혜가 생기지 않고, 집중력이 있으면 지혜가 생긴다. 탐욕은 무엇이나 바라지만 지혜는 무엇도 바라지 않아 걸림이 없다.

몸과 마음에서 나타나는 것은 모두 관용으로 받아야 한다. 탐욕이 일어난 것도 받아들여야 하며 수행이 잘 안 되는 것도 받아들여야 한다. 수행이 안 되는 것을 싫어하면 성냄이며, 잘 되는 것을 좋아하면 탐욕이다.

150 | 오고 감

모든 것은 원인과 결과에 의해 일어나고 사라진다. 일어남은 원인이고 사라짐은 결과다. 그러므로 모든 것은 일어날만한 원인이 있어서 일어나고 사라질만한 결과가 있어서 사라진다. 우연이라고 말하는 것도 사실은 그렇게 될 만한, 눈에 보이지 않는 원인과 결과가 있다.

그러므로 오는 사람 막지 말고 가는 사람 잡지 말아야 한다. 올 사람은 올 이유가 있어서 온 것이며 갈 사람은 갈 이유가 있어서 간 것이다. 인연 따라 오고 가는 것일 뿐, 내가 바란다고 해서 오거나 가지 않는다.

무엇이든 왔으면 온 것을 받아들이고, 갔으면 간 것과 기꺼이 작별해야 한다. 내 마음조차도 내 마음대로 되는 것이 아니다. 과거의 원인으로 현재의 마음이 있으며 현재의 마음이 원인이 되어 다시 미래의 결과가 있다. 그러므로 자신의 마음도 과보로 움직인다.

몸과 마음을 알아차릴 때도 나타난 것을 막지 말고 소멸한 것을 찾지 말아야 한다. 통증, 망상, 졸음, 괴로움과 슬픔이 오는 것을 막지 말아야 한다. 행복, 기쁨이 사라져도 찾지 말아야 한다. 싫은 것을 혐오하거나 좋은 것을 집착하는 것이 괴로움이다. 오고 감을 지켜볼 수 있을 때만이 자유를 얻는다.

151 | 지혜수행

위빠사나 수행의 대상은 몸과 마음의 현상이다. 수행은 몸과 마음의 현상을 알아차릴 대상으로 하는 것이다. 그래서 대상을 알아차리고, 알아차리는 것을 지속해야 한다. 이처럼 대상과 아는 마음과 알아차림과 알아차림을 지속하는 4가지 조건이 성숙되어야 바른 수행을 할 수 있다.

대상이 없으면 아는 마음이 일어나지 않는다. 수행은 반드시 대상이 있어야 하고, 대상을 아는 마음이 있어야 한다. 대상과 아는 마음과 알아차림이 있을 때 비로소 수행이 성립한다. 알아차리지 못하면 깨어서 대상을 보지 못하기 때문에 무지한 상태로 대상을 받아들인다.

있는 그대로 보는 알아차림을 지속해야 집중이 되고 이러한 집중력에 의해 통찰지혜가 난다. 통찰지혜에 의해서 존재하는 것들의 속성인 무상, 고, 무아를 안다. 대상을 꿰뚫어서 아는 지혜만이 모든 괴로움을 해결할 수 있다.

지혜로 알지 않고서는 언어의 유희에 불과한 지식에 머문다. 이상의 4가지만 있으면 수행자가 할 일을 다 한 것이다. 수행자는 이런 조건을 형성하는 것 외에 어떤 것도 얻으려고 해서는 안 된다. 이처럼 오직 바람이 없는 단순한 행위에 의해서만 대상의 성품을 바르게 안다.

152 | 진실과 노력

    누구나 자기 속마음이 드러나는 것을 싫어한다. 자기만의 것을 갖고 싶은 비밀스러운 마음이 있기 때문이다. 이것이 자아가 있다고 하는 유신견이다. 그래서 자기 마음의 상태를 정확하게 알려고 하지 않고 오히려 보지 않으려고 외면하기까지 한다.

    이런 상태에서는 수행자가 스승의 지적을 부정하고 받아들이지 않는다. 자신이 몰라서 아니라고 말하는 경우도 있지만 알아도 밝혀지는 것이 싫어서 아니라고 한다. 그러므로 유신견이 있으면 자신에 대해 바르게 알려고 하지 않아 있는 그대로 아는 지혜가 생기지 않는다.

    수행은 진실해지기 위해서 하는 것이다. 진실해져야 자신이 가지고 있는 온갖 관념을 벗어버릴 수 있다. 진실해지기 위해서는 비밀이 없어야 하며 잘못된 것을 감추어서는 안 된다. 잘못된 것은 나의 마음이 아니고 그 순간의 마음이다. 잘된 것도 나의 마음이 아니고 그 순간의 마음이다.

    수행은 바른 노력을 하는 것인데 나태함이 노력을 가로막는다. 작은 노력으로 큰 것을 얻으려는 탐심이 있으면 진리가 보이지 않는다. 진리가 좋은 것인지 알면서도 얻기 어려운 것은 있는 그대로 보려는 진실한 노력이 없기 때문이다.

153 | 속박(束縛)

　　마음을 속박하지 마라. 마음을 절제하는 것은 계율을 지키는 행위
이지만 지나친 속박은 자유와 창의력을 억압하는 행위다. 마음을 억누
르면 억누른 만큼의 반발력이 생겨 오히려 마음이 더 거칠어진다. 마음
을 항상 자유롭게 하려면 있는 그대로의 마음을 알아차려야 한다.

　　마음을 방치해서도 안 되지만 그렇다고 마음을 속박해서도 안 된
다. 마음을 속박하는 것은 성냄이며 성냄은 탐욕 때문에 일어나고, 탐욕
은 어리석음 때문에 일어난다. 어리석으면 스스로 속박하는 것을 즐기
기 때문에 현상을 바르게 볼 수 없다.

　　마음을 괴롭히지 마라. 마음이 괴로우면 별것도 아닌 일을 크게 생
각하고 오히려 큰일을 대수롭지 않게 생각한다. 자신의 괴로움은 오직
자신의 마음이 만든다. 마음이 괴로우면 공연히 자신의 몸도 괴로워진
다. 자신의 마음이 일으킨 괴로움 때문에 몸까지 괴롭히지 마라.

　　마음을 괴롭히면서 사는 것은 스스로가 괴롭히는 것을 좋아하기
때문이다. 이때 마음이 스스로 괴롭히는 것을 좋아한다고 알아차려야
한다. 그래야 마음이 자유로운 상태에서 스스로를 억압하지 않고 창의
력을 계발할 수 있다.

154 | 완전한 선(善)

일반적으로 선하다고 할 때의 선은 선만 말하는 것이 아니다. 불선
의 반대가 되는 선을 말한다. 마찬가지로 불선하다고 할 때의 불선도 불
선만 말하는 것이 아니다. 선의 반대가 되는 불선을 말한다. 그래서 선은
불선하지 않은 것이고 불선은 선하지 않은 것을 말한다.

선과 불선이 함께 있으면서 대칭이 되는 선은 원인과 결과가 있는
선이다. 그래서 선할 때는 불선이 함께 붙어 있으며 불선할 때는 선이 함
께 붙어있다. 이때의 선은 완전한 선이 아니다. 항상 불선과 함께 있기
때문이다. 불선도 완전한 불선이 아니다. 항상 선과 함께 있기 때문이다.

완전한 선은 원인과 결과가 없는 선이다. 오직 선하다는 그것 자체
로 모두 선한 것을 말한다. 이때의 선은 불선과 비교되지 않으며 불선을
수반하지 않는 선이다. 이것이 아라한의 마음이고 붓다의 마음이다.

진정한 선은 원인과 결과를 알아 연기를 회전시키지 않고 그냥 있
는 그대로 아는 마음이다. 그래서 완전한 법은 선한 법이나 불선한 법이
라는 이분법으로 차별하지 않고 그냥 있는 것을 알아차린다. 이때의 완
전한 선은 원인이 없이 단지 작용만 하는 마음이다.

155 | 잘못

어리석음으로 인해 감각적 쾌락을 추구하여 생긴 괴로움이 있다면 이를 외면하지 마라. 잘못한 것이 있으면 있는 그대로 알아차려야 한다. 잘못은 후회해서 개선되는 것이 아니다. 잘못을 알아차릴 때는 잘못을 개선하기 위해서 알아차리지 말고 단지 대상이라서 알아차려야 한다.

잘못을 개선하는 유일한 방법은 잘못한 것을 알아차리는 것이다. 그러면 자기 잘못을 시인하게 된다. 잘못을 시인하지 않으면 다시 같은 잘못을 저지른다. 잘못을 알아차린다고 해서 잘못에 대한 고통이 사라지는 것이 아니다. 다만 잘못을 바르게 해결하는 수순을 밟은 것이다.

잘못을 알아차렸다고 해서 고통이 없기를 바라지 마라. 잘못에 대한 고통을 겪을수록 사물을 보는 냉철한 의식이 일어난다. 그래야 자신의 행위에 대한 진실을 알 수 있다. 이런 과정이 없으면 같은 잘못을 계속해서 되풀이 한다.

잘못으로 인해서 생긴 고통을 외면하면 정직하지 못한 것이다. 잘못을 알아차려서 자각하지 못하면 습관이 되어 더 큰 잘못을 저지른다. 잘못을 알아차린 고통은 고통이 아니고 지혜다. 그러므로 누구나 자신이 행해서 얻은 잘못에 대한 고통을 기꺼이 감수해야 한다.

156 | 만남과 헤어짐

만나면 헤어져야 한다. 만남을 기뻐하지도 말고 헤어짐을 슬퍼하지도 마라. 그렇다고 만남을 두려워하지도 마라. 산다는 것은 어쩔 수 없이 만나서 결국에는 헤어질 수밖에 없다. 이러한 만남과 헤어짐이 괴로움이라는 것을 알아야 새로운 만남을 만들지 않는 노력을 한다.

새로운 만남을 만들지 않는 것이 윤회가 끝나는 것이다. 갈애는 항상 새로운 만남을 만들고 그 결과를 받기 위해 다시 태어나서 또 만나고 이별을 해야 한다. 갈애를 일으키지 않아 이러한 만남과 헤어짐으로부터 자유로워지는 것이 깨달음이다. 성자들은 모두 이 길을 가셨다.

만남과 헤어짐이 불가피하고 이런 불가피함으로 인해 누구나 즐거움과 괴로움을 피할 길이 없다. 그래서 즐거울 때는 즐거움을 알아차려서 즐거움에 빠지지 말고 평온을 유지해야 한다. 괴로울 때도 괴로움을 알아차려서 괴로움에 빠지지 말고 평온을 유지해야 한다.

사람들은 저마다 자기가 좋아하는 길을 간다. 여기에는 자신의 선택과 상대의 선택이 있다. 그러므로 크고 작은 만남과 헤어짐도 각자의 선택이므로 자기 마음대로 결정할 수 없다.

157 | 백팔 번뇌는 느낌이다

안다는 것은 느낌이다. 그러므로 마음이 대상과 접촉을 해서 대상을 알 때마다 반드시 느낌이 있다. 이처럼 마음이 있는 곳에는 항상 느낌이 있기 마련이라서 누구나 다양한 느낌이 일어나고 모든 사람들은 이 느낌의 지배를 받으면서 산다.

느낌은 마음의 느낌과 몸의 느낌이 있다. 그리고 밖에서 들어오는 대상으로부터 일어나는 감각기관의 느낌이 있고 자신의 내면으로부터 일어나는 마음의 느낌이 있다. 이러한 느낌은 때로는 행복으로 나타나고 때로는 불행으로 나타나고 때로는 덤덤한 느낌으로 나타난다. 이때의 덤덤한 느낌은 불만족의 느낌이다.

인간의 번뇌를 백팔 번뇌라고 하는데 이는 바로 백여덟 가지의 느낌을 말한다. 백여덟 가지 느낌은 알아차림이 없는 느낌이라서 번뇌다. 그러나 백여덟 가지의 느낌을 알아차리면 번뇌가 없는 단지 있는 그대로의 느낌이다. 그래서 느낌은 모르는 느낌과 아는 느낌이 있다.

내가 아는 것은 모두 느낌이며, 느낌은 내가 느끼는 것이 아니고 감각기관이 조건에 의해 느끼며, 이러한 느낌은 항상 하지 않는다. 그래서 느낌은 언제나 괴로운 것이다. 느낌을 알아차리지 못하면 번뇌에 당하고 느낌을 알아차리면 단지 느낌이다.

158 | 네 가지 숭고한 마음[慈悲喜捨]

바른 삶을 살려면 네 가지의 숭고한 마음을 가져야 한다. 첫째는 마음이 자애로워야 한다. 자애는 사랑하는 마음으로 모든 존재들의 행복을 바라는 마음이다. 사랑은 자신과 모든 존재들에게 번영을 가져다준다. 사랑이 없으면 메마른 땅과 같아 아무 것도 자랄 수 없다.

둘째는 남의 슬픔에 연민의 마음을 보내야 한다. 사랑하는 마음이 있으면 남의 슬픔에 연민의 정을 보낸다. 남의 슬픔에 가슴아파하면 이것에 그치지 않고 남의 고통을 제거해 주려고 노력한다. 자신이 가진 것을 아낌없이 희생하면 비단결보다 더 부드러운 마음을 가진 사람이다.

셋째는 남의 행복을 함께 기뻐해야 한다. 사랑하는 마음과 연민의 마음이 있으면 단순한 동정심에 그치지 않고 남의 행복을 함께 기뻐한다. 함께 기뻐하는 마음은 시기심을 제거한다.

넷째는 즐거운 것을 집착하는 마음과 즐겁지 않은 것을 혐오하는 마음에 대하여 평정심을 가져야 한다. 이상 네 가지의 숭고한 마음은 이익과 손실, 명예와 불명예, 칭찬과 비난, 고통과 행복으로부터 자유로운 평등심을 얻게 한다. 이런 마음으로 통찰지혜 수행을 해야 해탈의 문이 열린다.

159 | 다른 세계

이 세상에는 자기가 아는 세상만 있지 않다. 자기가 아는 세상 밖에 항상 또 다른 세상이 있다. 정신세계는 겉으로 드러나지 않아서 잘 보이지 않지만 사람의 숫자만큼이나 다른 정신세계가 있다.

지혜를 얻기 위해서는 더 넓은 세상으로 나가서 훌륭한 가르침을 배워야 한다. 자기가 갇혀 사는 세계는 관념의 세계다. 우물 안 개구리처럼 자신의 관념에 갇혀서 살면 누구나 내가 최고이며, 내 것이 최고라고만 생각한다. 그러면 다른 고귀한 정신세계를 알지 못한다. 내 것만 알면 유신견에 빠져 어리석게 산다. 이런 견해로는 영원히 고통에서 벗어날 수 없다. 모르면 알아야 되고 알기 위해서는 자신의 것만 주장해서는 안 된다. 내가 아니고, 내 것이 아니고, 나의 자아가 아니라는 붓다의 말씀을 새겨듣는다면 우리가 알고 있는 것이 얼마나 편협하고 왜곡되었는지 알 수 있다.

위대한 가르침은 보편타당하여 어느 특정인의 것이 아니며 어느 특정한 나라의 것도 아니다. 붓다의 가르침은 불교도만의 것이 아니고 한국불교만의 것도 아니다. 성스러운 가르침을 따르려면 한 나라에 국한된 불교를 지향하지 말고 오직 붓다의 가르침을 펴는 불교를 지향해야 한다.

마음은 선한 마음과 불선한 마음이 함께 있다. 또 선과보의 마음과 불선과보의 마음이 함께 있다가 때가 되면 나타난다. 누구나 선한 마음이 일어나 수행을 하고 싶은 호기심을 가질 수 있다. 그러나 수행은 선한 마음만으로는 되지 않는다. 선한 과보의 마음이 있어야 한다.

수행은 호기심만으로는 지속하기 어렵다. 선한 의도가 있어서 수행을 시작한다고 해도 인내와 노력이 필요하기 때문에 수행을 지속하기 어렵다. 수행은 전혀 경험하지 않은 새로운 정신세계를 탐험하는 것이기 때문에 눈에 보이지 않는 선한 과보가 뒷받침을 해야 한다.

이처럼 수행은 선심과 선과보심이란 두 가지 조건이 성숙되지 않으면 일시적인 열정에 그치고 만다. 수행은 시작도 조건이 성숙되어야 하지만 지속하는 것은 더욱 완벽한 조건이 성숙되어야 한다.

위빠사나 수행은 괴로움을 자각하여 지혜가 있는 자가 선택하는 수행이다. 괴로움을 자각하는 것이나 지혜가 있는 것이나 모두 선업의 과보로 이루어진다. 하지만 선업의 과보가 없다고 해서 수행을 할 수 없는 것이 아니다. 왜냐하면 부단히 노력하는 것이 지금 새로운 선업을 쌓는 것이기 때문이다.

161 | 할 일

　　자신이 해야 할 일이라면 이것을 당연한 의무로 알아야 한다. 자신의 의무를 다할 때만이 권리를 주장 할 수 있다. 해야 할 일이라면 좋건 싫건 가리지 말고 해야 한다. 좋은 일만 가려서 하면 탐욕으로 일을 하며, 싫은 일이라고 하지 않으면 화를 내는 것이다.

　　좋아하는 일이나 싫어하는 일이나 알아차리면서 하면 단지 대상에 불과하다. 좋아하는 일보다 싫어하는 일을 하면 더 큰 공덕이 있다. 누구나 싫어하는 일을 하지 않으려고 한다. 그럼에도 불구하고 기꺼이 싫어하는 일을 한다면 자신의 감각적 욕망으로부터 벗어날 수 있는 기회가 온 것이다.

　　해야 할 일을 할 때는 성과가 있거나 없거나 구애받지 말아야 한다. 결과를 기대하지 않고 하는 것이 지혜로운 일이다. 좋은 일만 받아들이고 싫은 일은 받아들이지 않으면 관용이 아니다. 무엇이나 알아차려서 대상을 있는 그대로 받아들이는 것이 수행자의 참다운 모습이다.

　　좋은 일보다 싫은 일을 마다하지 않을 때 자신의 인내가 발휘되어 스스로 만족하고 남의 평판이 좋아 더 큰 이익이 있다. 무엇이나 받아들이면 즉시 불선심이 선심으로 바뀌고 불선업이 선업으로 바뀐다.

162 | 판단

    자신의 판단이 무조건 옳다고만 생각해서도 안 되며, 모두 잘못되었다고 생각해서도 안 된다. 판단의 기준은 언제나 객관성이 있어야 한다. 오직 바르게 알아차릴 때만이 바르게 판단한다. 무슨 일이나 고정관념으로 보아서는 안 된다. 선입관을 가지고 보면 바르게 알지 못한다.

    내가 욕망을 가지고 추하다고 말하는 것이 남이 보기에는 아름다운 것일 수도 있다. 내가 욕망을 가지고 아름답다고 말하는 것이 남이 보기에는 추한 것일 수도 있다. 그러므로 사물을 바르게 보는 기준은 욕망을 가지고 보느냐, 욕망 없이 보느냐에 따라 달라진다.

    내가 화를 내면서 나쁘다고 말하는 것이 남이 보기에는 바른 것일 수도 있다. 내가 화를 내면서 좋은 것이라고 말하는 것이 남이 보기에는 나쁜 것일 수도 있다. 그러므로 사물을 바르게 보는 기준은 화를 내면서 보느냐, 화를 내지 않고 보느냐에 따라 달라진다.

    무슨 일이나 욕망을 가지고 하거나 화를 내면서 하면 어리석음으로 한다. 그렇지 않고 알아차리면서 하면 지혜가 성숙되어 사물의 이치를 깨달을 수 있다. 자신의 판단에 취하지도 말고 그렇다고 자신의 판단을 비하하지도 말고 있는 그대로 알아차려라.

163 | 각자의 삶

사람들은 동질성을 가지고 살지만 사실은 각자의 삶을 산다. 누구나 혼자 태어나 혼자서 살다가 혼자서 죽는다. 때로는 업에 의해 한 국가의 국민으로 모이거나 가족으로 모여서 살지만 실제는 저마다의 삶을 산다. 그러므로 어떤 관계로 살든지 서로가 집착할 것이 없다.

모든 생명의 불평등은 생명들의 업이 다르기 때문이다. 건강하거나 건강하지 못한 것은 살생의 과보를 받았기 때문이다. 부자로 살거나 가난하게 사는 것은 보시의 과보를 받았기 때문이다. 화를 내면 미운 얼굴로 태어나고 화를 내지 않으면 예쁜 얼굴로 태어나는 것도 마찬가지다.

이러한 업의 차이로 신분이 결정되고, 건강이 결정되고, 미추가 결정된다. 그러므로 누구를 탓할 것이 없다. 이런 업에 의해 잠시 모여서 살다가 때가 되어 업이 다하면 다시 헤어진다. 누구도 이러한 원인과 결과의 굴레를 벗어나지 못하므로 항상 자기 삶은 자기가 잘 간수해야 한다.

굴러가는 업이 있으면 끊는 업도 있다. 과거의 원인으로 현재가 있다면 현재의 원인 없이는 미래의 결과도 없다. 업에는 일어나는 업이 있고 소멸하는 업이 있다. 새로운 원인을 만들지 않는 수행을 하는 것이 소멸하는 업이다.

164 │ 노력

이미 악한 마음이 일어났으면 버리려는 노력을 해야 하고, 아직 악한 마음이 일어나지 않았으면 일어나지 않도록 막는 노력을 해야 한다. 아직 선한 마음이 일어나지 않았으면 일어나도록 노력해야 하고, 이미 선한 마음이 일어났으면 더욱 키우도록 노력해야 한다.

노력이 없으면 아무 것도 얻지 못하며, 버리려는 것을 버릴 수도 없다. 욕망을 가지면 번뇌를 얻기 위해 노력하지만 다시 이 번뇌를 버리려는 노력을 해야 한다. 세속의 마음은 무엇이나 움켜쥐려는 노력을 하지만 출세간의 마음은 선한 것을 키우는 노력을 한다.

노력은 팔정도를 이끄는 중요한 덕목이다. 번뇌가 소멸하는 해탈로 가려면 특정한 대상에 의지해서 구원을 받으려고 해서는 안 된다. 오직 자신의 힘으로 한 걸음씩 앞으로 나아가는 노력을 해야 한다. 스스로의 노력 여하에 따라서 어둠에서 밝음으로 가는 길이 열린다.

노력은 알맞게 해야 한다. 노력이 지나치면 들떠서 대상을 알아차릴 수가 없다. 노력이 부족해도 나태해져서 알아차릴 수가 없다. 노력은 지나치지도 않고 부족하지도 않게 해야 한다. 그래서 알아차림이 있는 바른 노력을 해야 한다.

165 | 사성제(四聖諦)

진리는 있는 그대로의 상태다. 진리는 보편타당하여 논쟁의 여지가 없어야 한다. 인류사에 가장 위대한 진리는 고집멸도(苦集滅道) 사성제다. 사성제는 시대의 흐름과 상관없이 항상 존재하는 진리로 붓다에 의해 처음 발견되었다. 인류는 오직 이 길을 통해서만이 괴로움에서 벗어날 수 있다.

사성제는 열반을 성취한 성자가 되어야 알 수 있는 진리라서 성스러운 진리라고 한다. 사성제는 괴로움이 있다는 고성제와, 괴로움의 원인은 집착이라는 집성제와, 괴로움은 소멸이라는 멸성제와, 괴로움의 소멸에 이르는 길이 팔정도라는 도성제다.

괴로움의 진리는 태어남과 늙음과 죽음이 모두 괴로움이라고 밝힌다. 인간의 삶이 겉보기엔 즐거운 것 같지만 실재를 보면 온통 불만족과 두려움으로 가득 차 있다. 괴로움의 원인의 진리는 항상 갈애가 있다는 것이다. 모든 괴로움과 두려움은 갈애와 집착으로부터 일어난다.

괴로움의 소멸의 진리는 열반의 성취다. 열반은 대상을 있는 그대로 직관하여 모든 갈애를 완전히 뿌리 뽑아서 성취한다. 괴로움의 소멸에 이르는 길이 팔정도 위빠사나 수행이다. 위빠사나 수행은 열반으로 가는 배다.

6장

만남과 헤어짐

만남과 헤어짐

나는 알 수 없는 세월 전에 하나의 생명으로 태어나서 죽어야 했습니다. 그 뒤부터 헤아릴 수 없이 많은 세월동안 다시 태어나서 죽는 일을 반복했습니다. 최초로 태어난 시기는 알 수 없으며 이것은 그렇게 중요하지 않습니다. 다만 태어났으면 죽어야 하고 죽었으면 다시 태어난다는 사실을 아는 것이 중요합니다. 또 왜 다시 태어났는가를 아는 것이 필요합니다.

최고의 지혜를 얻은 붓다께서는 이것이 무명과 갈애 때문이라고 아셨습니다. 그래서 생명이 윤회하는 근본원인은 무명과 갈애입니다. 무명은 어리석음이고 갈애는 욕망입니다. 이때 태어나고 죽는 것이 내가 아니고 단지 원인과 결과가 상속되어서 나고 죽습니다. 이것을 알아야 비로소 좋은 태어남과 좋은 죽음을 맞이할 수 있습니다.

알 수 없는 세월 동안 나고 죽으며 남긴 뼈가 며칠을 걸려서 올라가는 산의 높이보다 더 높습니다. 지금까지 이처럼 많은 뼈를 남기고 죽었는데 앞으로도 이 여정은 끊임없이 계속됩니다. 이러한 윤회에서 벗어나고 싶다고 해서 벗어날 수 있는 것이 아닙니다. 스스로가 자각해서 새로운 원인을 일으키지 않는 한 누구도 이 궤도를 이탈할 수 없습니다.

이처럼 많은 뼈를 남기고 죽는 과정에서 수많은 만남과 헤어짐이 있었습니다. 그리고 앞으로도 계속해서 만나고 헤어져야 합니다. 사랑하는 사람이나 가족과 헤어짐으로 인해 흘린 눈물도 헤아릴 수 없이 많습니다. 지금까지 흘린 눈물이 강을 이루고 바다를 이루었습니다. 그리고 앞으로도 더 많은 눈물을 흘려야 합니다. 지금까지 무수한 생명으로 태어나서 무참히 죽음을 당하면서 흘린 피도 바다를 이루었습니다. 그리고 앞으로도 더 많은 피를 흘려야 합니다.

만남도 중요하고 헤어짐도 중요합니다. 좋은 만남을 가져야 하고 좋은 헤어짐을 가져야 합니다. 좋게 만났으면 헤어질 때도 좋게 헤어져야 합니다. 좋게 만나서 나쁘게 헤어지지 말아야 합니다. 나쁜 헤어짐은 반드시 다음에 나쁜 과보를 받아 새로 만나기 때문입니다. 설령 나쁜 만남이었다고 해도 좋게 헤어져야 합니다. 그러기 위해서는 만남을 집착하지 말아야 하고 헤어짐을 집착하지 말아야 합니다.

집착을 하는 만남은 좋은 만남이 아닙니다. 집착을 하지 않아야 좋은 만남입니다. 상대에게 바라는 것이 없으면 섭섭할 것이 없어 괴롭지 않습니다. 그러나 모든 만남은 바라는 것이 있으므로 그 결과가 괴롭고 슬프기 마련입니다. 누구나 만남과 헤어짐의 길목에서 오고 감을 집착하지 않고 그냥 조용히 지켜보아야 합니다.

모든 만남과 헤어짐에서 자유로울 때 느낌에서 갈애로 넘어가지 않아 해탈의 자유를 얻습니다. 그러면 다시 만나지 않아 헤어짐이 없습니다. 이것이 괴로움에서 벗어나는 유일한 길입니다.

166 | 떠남

만남은 떠남을 전제로 한다. 모든 것은 일어나면 사라진다. 이 세상에 영원한 것은 아무 것도 없다. 그러므로 불가피한 떠남을 슬퍼하지 마라. 누구나 언젠가는 떠나야 하고 여기에는 자신도 예외가 없다. 떠남에는 다만 늦거나 빠른 시간의 차이가 있을 뿐이다.

떠난 것은 이미 과거다. 과거는 사라졌고 중요한 것은 현재 여기에 있는 자신의 몸과 마음이다. 그러므로 지금 여기에 있는 몸과 마음을 충실하게 알아차려야 한다. 과거는 후회고 행복은 현재에 있다. 과거의 일을 붙들고 슬픔에 젖어 있으면 실재가 아닌 허상을 붙들고 있는 것이다.

떠남은 저마다의 조건으로 만들어진다. 거기에는 떠남도 없고 떠나보냄도 없다. 오직 일어나서 사라진 무상만 있다. 무상의 흐름은 누구도 막을 수 없다. 그러니 무엇을 집착하고 무엇을 슬퍼한단 말인가?

떠남을 아쉬워하는 것은 욕망이다. 떠남을 떠남으로 받아들이면 대상을 법으로 본다. 법은 알아차릴 대상이지 슬퍼할 대상이 아니다. 떠남으로 인해 괴로워하지 말고 오히려 너무 오래 지녔던 것에 감사해야 한다. 함께 있던 것을 감사하는 마음만이 슬픔을 대체할 수 있다.

167 | 과거

고통스러운 과거는 나의 과거가 아니다. 그 순간은 지나가고 사라져 버렸으며 다만 기억 속에 저장되어 있다. 과거로 인한 고통이 나의 것이라고 생각하면 괴로움을 겪는다. 모든 기억은 나의 과거가 아니다. 그러므로 지난 일은 한편의 영화를 보듯이 대상으로 분리해서 보아야 한다.

기억은 실재가 아닌 관념이다. 관념은 허상이다. 번뇌를 부수는 깨달음은 관념이 아닌 실재하는 현상을 알아차려야 성취한다. 과거에 고통을 경험했다면 이제 내가 해야 할 일은 과거와 같은 원인을 만들지 않는 것이다. 이것이 지혜로운 사람이 세상을 살아가는 방법이다.

과거를 지혜로 보면 한순간의 현상에 불과하고 어리석음으로 보면 실재하는 현상으로 보인다. 지혜로 보면 과거일 뿐이고 나의 과거가 아니고 그 순간을 기억하는 것이다. 하지만 어리석음으로 보면 과거가 현재이고 이것이 나의 과거이며 실재하는 것으로 보인다.

지혜가 있으면 과거가 생각날 때마다 과거의 일로 알아차려서 끊어버리고 그 순간의 마음이 경험한 것으로 안다. 어리석으면 과거의 일을 현재로 가져와서 생각을 되풀이 하고 나의 마이 한 것으로 안다. 이것이 성자와 범부가 살아가는 방법의 차이다.

168 | 수행자와 어린아이

자신이 한 일을 남에게 인정받으려고 하지 마라. 다만 할 일이라서 해야 한다. 그래야 자신의 욕망으로부터 자유로울 수 있다. 이렇게 할 때만이 자신이 한 일로 인해 생긴 남의 비난으로부터 자유로울 수 있다. 선한 마음은 선행을 하면서 남을 의식하지 않는다.

자신이 한 일을 남에게서 인정받으려 한다면 자신의 삶을 사는 것이 아니고 남의 삶을 산다. 남의 시선을 의식하면 일을 돋보이게 꾸미기 마련이다. 이럴 때는 하는 일의 본질을 파악하지 못하여 대상의 참된 의미를 알기가 어렵다. 그러면 진실을 알지 못한다.

오직 남을 위해서 일을 할 때도 바라는 마음이 없이 할 일이라서 해야 한다. 만약 바라는 마음으로 하면 결과가 나쁠 때 실망하여 상처를 받는다. 그러면 좋은 일을 하는 것을 꺼리게 된다. 좋은 일을 하고도 나쁜 결과가 생기는 것은 스스로가 만든 어리석음 때문이다.

남을 배려하는 것과 남에게서 인정받으려고 하는 것은 다르다. 자기 할 일을 하는 사람은 수행자며 인정받으려는 사람은 어린아이와 같다. 지혜는 자신을 수행자로 살게 하고 어리석음은 자신을 어린아이로 살게 한다.

169 | 칭찬과 비난

남에게서 칭찬을 듣는 것은 기분 좋은 일이지만 칭찬에 취하면 교만해진다. 비난을 듣는 것은 기분 나쁜 일이지만 비난을 수용하면 겸손해진다. 칭찬을 받을 때는 기쁘고 비난을 받을 때는 괴로운 것이 당연한 일 같지만 사실은 당연한 일이 아니다.

칭찬과 비난은 각자의 견해이므로 같은 일에도 두 가지가 다 있을 수 있다. 세속은 이 두 가지가 함께 나타날 조건을 갖추고 있다. 그러므로 칭찬을 받을 때 알아차려서 칭찬에 취하지 말아야 하며, 비난 받을 때 알아차려서 비난을 괴로워하지 말아야 한다.

진실한 칭찬에서 힘을 얻어 자신을 향상시킬 수 있지만, 가식적인 칭찬에 속으면 자신을 퇴보시킨다. 진실한 칭찬이면 알아차려서 더욱 겸허하게 받아들여야 하고, 칭찬에 아첨이 섞여 있으면 알아차려서 단지 소리로 들어야 한다.

진실한 비난도 알아차리면 자신을 향상시킬 수 있다. 상대의 무지로 인해 자신이 비난을 받을 경우는 단지 소리로 들어야 한다. 칭찬으로부터 자유로우면 남의 비난에도 자유롭다.

170 | 단죄

어리석으면 잘못된 행동을 한다. 이런 사람은 바른 행동이 무엇인지 모른다. 설령 무엇이 바른 것인지 안다고 해도 구체적이지 못하고 막연하게 추측하는 수준이기 때문에 참다운 진실을 알지 못해서 바른 행동을 하기가 어렵다.

모르고 행하는 사람을 비난해서는 안 된다. 몰라서 그런 사람을 관용으로 받아들이지 못하면 자신도 상대와 다를 것이 없다. 바르게 안다는 것은 모르는 사람을 관용으로 받아들일 줄 아는 마음이다. 이런 사람은 스스로가 평화를 얻는다.

세속의 법에서는 모르고 행한 것을 단죄하지만 출세간의 법에서는 모르고 행한 것을 단죄하지 않는다. 세속에서는 모르는 것이 죄가 되지만 출세간에서는 모르는 것이 죄가 아니다. 지혜가 있어서 알았을 뿐이며, 어리석어서 몰랐을 뿐이다. 알기 위해서 노력하면 된다.

남이 모르고 한 행위를 탓했다면 즉시 자신의 마음을 알아차려야 한다. 그러면 상대가 아닌 자신이 대상이 된다. 마음이 밖으로 나가면 허물을 짓지만, 자신의 마음을 알아차리면 허물을 짓지 않는다. 이렇게 알아차렸을 때 비로소 지혜를 얻는다.

171 | 어둠과 밝음

　　모르는 것은 어둠이며 아는 것은 밝음이다. 모르면 어둠에서 살기 때문에 온갖 장애 속에서 산다. 하지만 알면 밝은 곳에서 살기 때문에 장애를 피해서 산다. 모르는 사람은 자신이 모른다는 사실조차 알지 못한다. 오히려 자기는 모든 것을 안다고 생각한다.

　　아는 사람은 자신이 바르게 알고는 있지만, 자신이 아는 것이 완전하지 않다고 알아 더 높은 지혜를 얻기 위해서 노력한다. 모르는 사람이나 아는 사람이나 사는 것이 괴로움인지를 모르는 것은 마찬가지다. 그러므로 모르는 자도 윤회를 하고 아는 자도 윤회를 한다.

　　아는 것에도 지식으로 아는 것이 있고 지혜로 아는 것이 있다. 지식으로 알면 생각으로 알아서 사물의 이치를 추측할 뿐이다. 하지만 지혜로 알면 사물의 이치를 알꿰뚫어보기 때문에 잘못된 것을 끊어버린다.

　　완전하게 알면 괴로움을 해결하는 방법을 안다. 괴로움이 있다고 알고, 괴로움의 원인은 갈애라고 알아서 그 원인을 끊어야 비로소 완전하게 아는 것이다. 완전하게 알아야 비로소 모든 번뇌가 소멸한다.

괴로움뿐인 윤회를 계속하여 다시 태어나는 길과, 괴로움으로부터 벗어나 윤회가 끝나는 길이 있다. 이 두 가지의 길은 느낌에서 갈라진다. 이 길에는 항상 더 좋은 느낌을 원하거나, 아니면 느낌을 있는 그대로 알아차리는 차이가 있다.

느낌을 알아차리지 못하면 탐욕, 성냄, 어리석음으로 일한다. 느낌을 알아차리면 관용과 자애와 지혜로 일한다. 느낌을 알아차려서 무상, 고, 무아를 알면 팔정도를 완성한다. 느낌을 알아차리면 갈애로 넘어가지 않고 느낌이 소멸하여 열반에 이른다.

느낌이 소멸하면 바라는 마음이 소멸하여 다시 태어나는 원인이 사라진다. 모든 성자들은 이 느낌의 자리에서 갈애로 넘어가지 않아서 번뇌로부터 자유를 얻었다. 붓다께서 깨달음을 얻은 황금의자는 보리수가 아니고 바로 느낌이 있는 자리다.

감각적 욕망과 극단적 고행을 추구하면 모두 느낌에서 갈애로 넘어간다. 위빠사나 수행자는 감각기관의 문에 알아차림을 두고 나타나는 느낌을 있는 그대로 지켜보아야한다.

173 | 수행과 과보심

수행은 선심과 함께 선과보심이 있어야 시작할 수 있다. 일반적으로 괴로울 때 괴로움에서 벗어나는 올바른 길을 선택하기가 어렵다. 그런데도 괴로움에서 벗어나려고 수행을 선택했다면 이때는 선심과 선과보심이 작용한 것이다.

그러나 선심만 가지고는 수행을 하기가 어렵다. 과거에 만들어 놓은 선과보심이 작용을 해야 수행을 실천에 옮길 수 있다. 그래서 바라밀 공덕이 없으면 수행을 이어가지 못한다. 그런 경우에 힘들어도 지속적으로 수행을 하면 새로운 선과보심이 쌓여서 수행을 할 수 있다.

수행이 잘 되지 않는다고 포기해서는 안 된다. 수행은 경험하지 않은 새로운 길을 가는 것이기 때문에 부단한 노력 없이는 할 수가 없다. 바로 이때 이런 수행의 장애를 극복하기 위해서는 선심과 선과보심이 함께 필요하다.

자신의 선심과 선과보심이 확고하게 갖추어지면 내면으로부터 일어나는 불선심과 불선과보심이 억제 된다. 아울러 타인으로부터 자극되는 불선심과 불선과보심도 막아서 스스로를 보호한다.

범부는 좋아하고 싫어하며 사는 것으로 세월을 보낸다. 그래서 어리석게 산다. 좋아하는 것이 탐욕으로 발전하고, 싫어하는 것이 성냄으로 발전하고, 덤덤한 것이 어리석음으로 발전한다. 탐욕을 부리고 화를 내면 어리석음의 지배를 받는다.

수행자는 몸과 마음에서 나타난 것이면 모두 대상으로 알아차려야 한다. 좋아할 때도 알아차리고, 싫어할 때도 알아차리고, 덤덤할 때도 알아차려야 한다. 좋아하는 것도 알아차리고, 싫어하는 것도 알아차리면 어리석음의 지배를 받지 않는다.

욕망으로 하는 일은 언제나 괴로움이 남는다. 수행자는 바라는 것이 없기 때문에 어떤 일로 괴로움에 빠지지 않는다. 또 바라지 않기 때문에 남을 미워할 일이 없다. 수행자는 남에게 기대하지 않기 때문에 결코 남을 비난하지 않아 스스로 행복하다.

좋아서 바라고, 싫어서 미워하면 반드시 불선과보를 받아 그 행위만큼의 괴로움을 겪는다. 하지만 좋은 것을 바라지 않고 싫은 것을 미워하지 않고 대상으로 알아차리면 아무런 걸림이 없으며 스스로가 만든 선과보를 받는다.

175 │ 허물

오계를 지키면 사람으로 태어난다. 하지만 모든 존재는 무명과 갈애의 지배를 받아서 태어난다. 과거의 무명과 갈애가 현재로 상속되어 태어나기 때문에 누구나 똑같이 선한 마음과 함께 선하지 못한 마음을 가지고 있다.

누구나 허물을 짓는다. 그러나 자신의 허물을 인정하지 못하면 어리석게 살고, 자신의 허물을 인정하면 지혜로 산다. 자신의 허물을 인정하지 못하면 미래에도 허물을 짓는다. 허물을 인정하면 지혜가 나 허물이 상속되지 않아 미래에는 허물을 짓지 않는다.

자신의 허물을 인정하지 못하는 것은 어리석기 때문이다. 어리석음의 배경에는 유신견이 있다. 유신견을 가지고 있는 사람은 결코 자신의 허물을 인정하지 못한다. 그러므로 허물 중에서 내가 있다고 하는 견해가 가장 큰 허물이다.

자아가 있다고 생각하면 자존심이 눈을 멀게 하여 잘못을 저지르고도 잘못인 줄 모른다. 아울러 자아가 강하면 진실을 외면하고 남에 대하여서도 가혹한 결정을 내린다. 이것이 가장 큰 허물이지만 유신견이 있으면 이것이 허물인지 모른다.

176 | 도우(道友)

　　수행자가 바른 수행을 하려면 훌륭한 도우를 사귀어야 한다. 수행은 혼자의 힘으로 헤쳐 나갈 수 없으므로 반드시 스승과 도우의 힘이 필요하다. 붓다께서는 수행을 할 때 훌륭한 도우를 만난다면 전부를 얻었다고 말씀하셨다.

　　훌륭한 도우를 구하는 것은 훌륭한 스승을 만나는 것처럼 어렵다. 수행자라고 해서 모두 훌륭한 도우가 아니다. 수행자는 완성을 향해서 가는 과정에 있기 때문에 아직 미완성이다. 그러므로 훌륭한 도우를 구별하는 알아차림을 해야 한다.

　　수행자가 자신을 완성하고 훌륭한 도우가 되기 위해서는 먼저 자기만 옳다는 견해를 갖지 말아야 한다. 자신의 견해는 오직 자신의 것이므로 상대에게 어떤 강요도 하지 말아야 한다. 훌륭한 도우가 되려면 반드시 일정한 규범을 지켜야 한다.

　　같은 수행을 하는 도우끼리는 경계심이 없기 때문에 항상 잘못될 위험이 상존한다. 만약 도우끼리 잘못되었을 때는 그 상처가 크다. 그러므로 유신견이 강하고 남을 비난하는 수행자라면 가깝게 사귀지 말아야 한다.

177 | 선한 마음

선하지 못한 마음은 탐욕, 성냄, 어리석음이 있는 마음이다. 선한 마음은 탐욕이 없는 마음, 성냄이 없는 마음, 어리석음이 없는 마음이다. 탐욕이 없는 마음은 관용이 있는 마음이다. 모든 대상을 있는 그대로 받아들이면 자신이나 상대에게 아낌없이 베푸는 보시를 실천한다.

성냄이 없는 마음은 사랑하는 마음이다. 이는 자신이나 상대나 모든 대상을 사랑하는 마음이다. 사랑하는 마음이 있으면 자신이나 상대를 보호하는 계율을 실천한다. 어리석음이 없는 마음은 지혜가 있는 마음이다. 지혜가 있으면 대상을 있는 그대로 보는 수행을 실천한다.

탐욕이 있어야 할 자리에 탐욕이 없고 관용과 보시가 있으면 선한 마음이다. 성냄이 있어야 할 자리에 성냄이 없고 사랑과 계율을 지키면 선한 마음이다. 어리석음이 있어야 할 자리에 어리석음이 없고 지혜로운 수행을 하면 선한 마음이다.

수행은 진실하고 싶은 사람, 선하고 싶은 사람, 괴롭지 않고 행복하기를 바라는 사람이 한다. 수행은 선한 마음을 키우는 실천방법이다. 그중에 위빠사나 수행은 대상을 분리해서 알아차려 해탈의 지혜를 얻는다.

178 | 자리이타(自利利他)

자신의 문제를 헤아리는 것과 남의 문제를 헤아리는 것에 순서를 정할 수는 없다. 먼저 무엇이 다급한 현안인지가 중요하다. 자신의 문제가 화급하면 먼저 자신의 문제를 해결하기 위해 노력해야 한다. 타인의 문제가 화급하면 먼저 타인의 문제를 해결하기 위해 노력해야 한다.

그러나 일반적인 수순으로 보면 자신의 문제가 우선한다. 누구나 자신의 문제를 해결하기 위해서 행위를 한다. 사실은 남을 위해 봉사하는 것도 자신의 문제다. 먼저 남을 위해 봉사해서 자신의 문제를 해결할 수도 있지만 사실은 행위 하는 자의 문제가 더 우선한다.

자신의 문제에 대한 해결 없이 타인에 대한 봉사만을 우선으로 한다면 진정한 자애가 아니다. 오직 남을 위해서만 일한다는 것은 훌륭하나 현실적이지 못하여 허상에 빠지기 쉽다. 자신의 문제를 해결하여 자애가 생기면 자연스럽게 타인에 대한 자애가 넘쳐흐르기 마련이다.

자신의 문제를 해결하려면 자신이 하고 있는 일을 알아차려야 한다. 지금 어떤 마음으로 일하고 있는가를 알아차린 뒤에 일하는 행위를 알아차리면 궁극에는 자신을 돕고 자연스럽게 남을 돕는다.

179 | 자아와 무아

자아가 있다는 잘못된 견해로 인해 어리석음이 일어난다. 어리석음으로 인해 탐욕이 일어나고, 탐욕으로 인해 성냄이 일어난다. 그러므로 어리석음, 탐욕, 성냄의 배경에는 항상 내가 있다고 하는 잘못된 견해가 자리 잡고 있다. 유신견은 모든 불선심, 불선업, 불선과보의 근원이다.

유신견의 반대가 무아다. 무아라는 바른 견해로 인해 지혜가 일어난다. 지혜로 인해 탐욕대신 관용이 일어나고, 관용으로 인해 자애가 일어난다. 그러므로 지혜, 관용, 자애의 배경에는 항상 무아라는 바른 견해가 자리 잡고 있다. 무아는 모든 선심, 선업, 선과보의 근원이다.

어리석어서 유신견을 가져 탐욕을 부리고 이렇게 생긴 탐욕 때문에 화를 낸다. 내 것으로 만들기 위해서 욕심을 부리다가 소유하지 못하면 화를 낸다. 또 내 뜻과 다르기 때문에 화를 낸다. 이렇듯 모든 다툼에는 '나'라고 하는 자아가 있다.

'나'는 말하기 위한 관용어다. 실제로 나는 단지 정신과 물질의 조합물이다. 이 정신과 물질은 원인과 결과에 의해 생기며, 생긴 순간부터 일어나고 사라지는 과정을 거치면서 지속하므로 나라고 하거나 내 것이라고 할 게 없다.

180 | 수행자의 조건

괴로움은 누가 없애 주지 않으므로 스스로 노력해서 소멸시켜야 한다. 즐거움은 누가 주지 않으므로 스스로 노력해서 얻어야 한다. 번뇌를 소멸시키는 지혜는 누가 주지 않으므로 스스로 노력해서 얻어야 한다. 이처럼 스스로 노력해서 얻는 것이 위빠사나의 지혜다.

위빠사나 수행을 할 때는 바라는 마음으로 하거나 없애려고 하는 마음으로 해서는 안 된다. 단지 대상을 알아차리는 것으로 그쳐야 한다. 이것이 수행자의 의무다. 결과는 내가 만들지 않고 조건이 만들기 때문에 어떤 경우에도 결과를 기대해서는 안 된다.

위빠사나 수행은 없는 것을 얻기 위해서 노력하지 않는다. 사실에 근거하여 분명하게 성취할 수 있는 대상을 알아차려서 확실한 결과를 얻는다. 그래서 오직 정신과 물질을 대상으로 알아차린다. 자신이 가지고 있는 정신과 물질만이 사실에 근거한 가장 확실한 대상이다.

이 길은 자신이 가보지 않은 길이라서 반드시 스승의 가르침이 있어야 한다. 스승의 가르침도 관념에 머물러서는 안 되고 사실에 입각해야 하기 때문에 반드시 면담을 받아야 한다. 이렇게 해야 모든 위험으로부터 보호를 받는다.

181 │ 만남과 헤어짐

사람과 사람의 관계는 일정시간 지속되다 결국 끝나기 마련이다. 인간관계는 조건에 따른 것이기 때문에 언제나 끝이 있다. 인간관계를 유지하는 것은 마음이다. 이 마음은 항상 변하기 때문에 이별도 늘 있는 것이다. 그러므로 인간관계는 인연의 양에 따라 인연의 질에 따라서 변하기 마련이다.

좋을 때는 서로가 좋지만 마음이 변하면 오히려 좋아한 만큼의 적대적 감정이 생긴다. 서로가 바라는 마음이 있어서 잘하지만 원하는 만큼 충족되지 못했을 때는 오히려 반대로 돌아선다. 그러므로 탐욕이 있으면 마음이 어느 순간에 어떻게 변할지 누구도 모른다.

가족은 불가피한 공동체라서 갈등이 생겼다가도 관계가 쉽게 복원되지만 헤어짐이 없기 때문에 더 많은 문제를 안고 있다. 그러므로 사소한 것에서부터 큰 것에 이르기까지 가장 첨예한 다툼은 가족 간에 일어난다. 이는 헤어지지 못하는 구조적인 원인 때문에 생기는 결과다.

세상을 살다보면 많은 사람들과 밥 먹듯이 만나고 또 헤어진다. 이런 만남과 헤어짐에 바라는 마음이 있으면 있는 만큼 상처가 깊다. 그러므로 만남을 기대하지 말고 헤어짐을 슬퍼하지 말아야 한다. 만남은 오직 헤어짐을 전제로 한다.

182 | 부모의 은혜

내가 부모로부터 받은 은혜와 부모가 내게 하는 행위는 다르다. 부모가 나를 낳았다는 사실만으로 나는 큰 은혜를 입었다. 부모에 대해 어떤 효도를 한다 해도 그 은혜를 다 갚을 길이 없다. 그러나 부모가 내게 하는 행위는 내가 갚아야 할 은혜와 구별되어야 한다.

부모가 내게 잘못된 행위를 했다면 이것은 부모의 업이다. 이때 부모가 잘못했다고 해서 내가 해야 할 의무가 없어지는 것은 아니다. 부모가 한 행위에 대한 과보는 부모가 받는다. 그러므로 부모가 내게 한 행위와 내가 부모로부터 받은 은혜는 별개의 것이다.

자식이 부모에게 갚아야 할 은혜는 무조건적이다. 이 세상에 인간으로 태어나서 지혜를 계발할 수 있는 기회를 얻은 것보다 더 소중한 것은 없다. 그러므로 인간으로 태어날 조건을 만들어준 부모의 은혜는 부모의 어떤 과오로도 바뀔 수 없다.

사람은 각자의 도리를 다해야 한다. 자식은 자식의 도리를 해야 하고 부모는 부모의 도리를 해야 한다. 하지만 부모의 도리가 미흡하다고 해서 자식이 부모에게 해야 할 은혜를 저버려서는 안 된다. 자식이 부모에게 은혜를 갚는 결과는 오직 자신이 받는다.

183 │ 생각과 지혜

　무엇이든 생각으로 아는 것은 완전하지 않다. 생각은 자신의 지적 수준을 벗어나지 못한다. 생각으로 내린 결론은 평소의 고정관념으로 내린 판단이다. 생각은 자신의 탐욕과 성냄과 어리석음의 지배를 받는다. 그러므로 자신의 생각을 지나치게 확신해서는 안 된다.

　무엇이든 지혜로 알아야 바르게 안다. 지혜는 생각을 뛰어넘어 대상을 있는 그대로 알아차릴 때 생긴다. 지혜는 대상과 하나가 되지 않고 분리해서 알아차릴 때 얻는다. 이렇게 분리해서 알아차리면 고요함이 생기고 거기서 통찰지혜가 생겨 사물을 바르게 본다.

　생각은 세속의 삶을 지배한다. 세속은 자기중심적인 사고의 틀에서 보기 때문에 언제나 문제를 안고 있다. 지혜는 수행자의 삶을 지배한다. 지혜는 모든 것을 원인과 결과로 보기 때문에, 거기에 나를 내세울 것이 없어 세속의 번뇌가 일어날 여지가 없다.

　세속은 무엇이 바른지 알 수가 없거나, 또는 알았어도 생각으로 알아서 실천하지 못하지만, 지혜로 알면 언제나 바른 실천이 따르기 때문에 잘못을 되풀이하지 않는다. 그러므로 생각의 단계에서 지혜를 얻기 위해서는 위빠사나 수행을 해야 한다.

184 | 수행자

수행자를 폄하해서는 안 된다. 수행자는 완성된 자가 아니고 완성을 향해 가는 사람이다. 그러므로 수행자의 행위를 보고 수행의 가치를 평가해서는 안 된다. '수행을 하는 사람이 그럴 수가 있느냐'가 아니다. 수행을 해서 그나마도 그렇게 된 것이다.

종교인을 폄하해서는 안 된다. 종교인은 완성된 자가 아니고 완성을 향해 가는 사람이다. 그러므로 종교인의 행위를 보고 종교의 가치를 평가해서는 안 된다. '종교를 믿는 사람이 그럴 수가 있느냐'가 아니다. 종교를 믿어서 그나마도 그렇게 된 것이다.

처음부터 완전한 사람은 없다. 모두 괴로움 속에서 살기 때문에 행복을 얻으려고 수행을 하고 신앙을 갖는다. 하지만 더 높은 지혜를 얻기까지는 자신의 축적된 성향이 있어서 잘못을 저지른다. 그러므로 정신적으로 향상될 수 있는 여지를 가졌다는 것만으로 훌륭한 일이다.

모든 사람들은 각자가 선택한 길을 가는 과정에 있다. 선한 목표를 가지고 선한 행위를 완성해가는 과정의 사람이 있고, 선하지 못한 목표를 가지고 선하지 못한 행위를 완성해가는 과정의 사람이 있다. 그러므로 선한 목표를 가졌다는 것에 가치를 두어야 한다.

185 | 알아차림은 시작이다

위빠사나 수행의 알아차림은 문제를 해결하기 위해서 알아차리는 것이 아니고 단지 대상이 있어서 알아차리는 수행이다. 이렇게 알아차릴 때만이 대상에 개입하지 않고 있는 그대로 알아차릴 수 있다. 대상에 개입을 하면 대상의 성품을 볼 수 없어 지혜가 나지 않는다.

미워하는 사람을 알아차렸다고 해서 한 번에 해결되지 않는다. 좋아하는 사람을 알아차렸다고 해서 한 번에 해결되지 않는다. 미워하고 좋아하는 마음은 강하고 알아차리는 힘은 약하기 때문이다. 그래서 수행자는 다시 번뇌가 일어난 것을 알아차려서 받아들여야 한다.

미워하는 것을 알아차려도 미워하는 것이 제어되지 않을 때는 미워하는 마음을 알아차려야 한다. 좋아하는 것을 알아차려도 좋아하는 것이 제어되지 않을 때는 좋아하는 마음을 알아차려야 한다. 미워하고 좋아하는 것은 마음이 하는 것이므로 그 마음을 알아차려야 한다.

원하는 대로 되지 않았다고 해서 화를 내서는 안 된다. 모든 것은 알맞은 조건이 성숙되어야 한다. 만일 수행이 아닌 특별한 방법을 동원해서 원하는 것을 얻었다면 이것은 완전한 해결이 아니다.

186 | 행복, 평화, 자유

행복은 탐욕이 없어야 얻을 수 있다. 평화는 성냄이 없어야 얻을 수 있다. 자유는 무지가 없어야 얻을 수 있다. 행복과 평화와 자유는 연기로부터 탈출해야 얻을 수 있다. 연기로부터 벗어나는 유일한 방법은 느낌이 일어났을 때 단지 느낌으로 알아차려야 한다.

행복과 평화와 자유는 그냥 얻어지는 것이 아니다. 모든 욕망에서 벗어나야 하며, 미움에서 벗어나야 하며, 어리석음에서 벗어나야 얻을 수 있다. 욕망과 미움과 어리석음에서 벗어나려면 원인과 결과를 알아서 의심에서 벗어나야 한다. 이 길로 가기 위해서는 반드시 느낌을 알아차려야 한다.

행복과 탐욕은 함께할 수 없다. 행복이 있는 곳에는 탐욕이 없고 탐욕이 있는 곳에는 행복이 없다. 평화와 성냄은 함께할 수 없다. 평화가 있는 곳에는 성냄이 없고 성냄이 있는 곳에는 평화가 없다. 자유와 무지는 함께할 수 없다. 자유가 있는 곳에는 무지가 없고 무지가 있는 곳에는 자유가 없다.

범부는 모르기 때문에 행복과 탐욕을 함께 가지려하고, 평화와 성냄을 함께 가지려하고, 자유와 무지를 함께 가지려한다. 하지만 성자는 탐욕과 성냄과 무지를 버렸기 때문에 행복과 평화와 자유를 얻는다.

187 | 몸의 현상

수행 중에 몸에서 나타나는 현상은 단지 몸에서 일어나는 현상으로 알아야 한다. 왜 이런 현상이 일어났는가, 하고 원인을 알려고 해서는 안 된다. 원인을 알려고 하면 그 순간에 알아차림을 놓치고 생각에 빠진다. 생각은 대상을 알아차리는 것이 아니라서 수행이 아니다.

몸에서 일어난 현상은 일어날만해서 일어난 것이다. 모든 현상은 그럴만해서 생긴 것이며, 그 원인은 너무나 많다. 그러므로 모든 원인을 알려고 하면 혼란에 빠진다. 그리고 생각으로 안 원인은 지혜로 안 것이 아니라서 바른 원인이 아니다.

몸에는 단단함과 부드러움이라는 땅의 요소가 있으며, 무겁고 가벼운 물의 요소가 있으며, 뜨거움과 차가운 불의 요소가 있으며, 진동하고 움직이는 바람의 요소가 있다. 이 요소들은 서로 상충하고 서로 조화를 이루면서 여러 가지의 느낌으로 나타난다.

수행자는 몸에서 일어난 현상을 단지 느낌으로만 알아차려야 한다. 몸의 여러 가지 느낌은 그럴만한 물질적인 원인과 정신적인 원인이 있어서 생긴다. 하지만 어느 것이나 모두 알아차릴 대상일 뿐이다.

188 | 연기

연기는 존재하는 모든 생명들의 정신과 물질이 원인과 결과라는 조건에 의해 상속되는 과정을 밝힌 것이다. 모든 생명은 과거의 원인으로 현재라는 결과가 있으며, 현재의 원인으로 미래의 결과가 있다, 이러한 흐름의 과정이 연기다. 이때 원인은 연기이고 결과는 연생이다.

나는 전생으로부터 현생으로 오지 않았고 현생으로부터 내생으로 가지 않는다. 단지 과거의 원인으로부터 현재의 결과가 생겼으며 현재의 원인으로부터 미래의 결과가 연속된다, 이처럼 과거로부터 내가 오지 않고 오직 원인이 왔으며, 내가 미래로 가지 않고 오직 결과가 간다.

연기는 경전이나 법문에 있지 않고 자신의 정신과 물질에 있다. 연기는 자연계의 일어나고 사라지는 현상에 있지 않고 자신의 몸과 마음에 있다. 이러한 연기의 법칙을 통하여 모든 생명들의 흐름을 바르게 알 수 있다.

감각기관이 감각대상과 부딪칠 때 생기는 느낌을 좋아하거나 싫어하면 연기가 시작된다. 연기가 시작되면 생각과 말과 몸으로 행위를 하고 다시 그 과보를 받는데, 이것을 순간의 윤회라고 한다. 감각기관이 대상과 부딪칠 때 있는 그대로 알아차리면 연기가 끊어져 순간의 윤회가 멈춘다.

189 │ 정의

　　진리를 모르는 세계에서는 진리의 소리가 들리지 않는다. 세속에서
는 바른 소리가 잘못된 소리라고 핍박을 받을 수 있다. 바르지 못한 마
음은 바른 마음을 거부하고 바르지 못한 마음을 수용한다. 그러므로 선
한 마음은 언제나 선하지 못한 마음 앞에서 핍박을 받는다.

　　진리가 왜곡되는 세상에서는 바른 것이 고독하다. 그렇다고 자신의
정의를 다른 사람에게 구걸해서는 안 된다. 남이 자신의 정의를 수용하
지 않는다고 상대에게 강요해서도 안 된다. 자신의 정의를 남에게 인정
받으려고 하거나 강요한다면 바른 정의가 아니다.

　　정의는 누가 인정하지 않아도 있는 그대로가 정의다. 진정한 정의
는 핍박에서도 자유로워야 한다. 그러므로 어떤 상황에서도 정의로운
불씨는 스스로가 지켜야 한다. 설령 타인에 의해 진실이 왜곡되어도 자
신의 마음에서 타오르는 정의로운 불씨를 꺼트려서는 안 된다.

　　진리는 남을 탓하지 않는다. 그러므로 세상의 소리에 초연해야 한
다. 세상의 소리는 세상의 소리로 두고 오직 자신의 내면에서 일어나는
진실한 소리를 들어야 한다. 정의로운 자는 소리에 놀라지 않는 사자처
럼 오직 자신의 길을 간다.

190 │ 개인의 성찰

위빠사나 수행은 사회운동이 아니다. 많은 사람들이 모여서 수행을 한다고 해도 저마다가 자신의 내면을 통찰하기 때문에 수행은 지극히 개인적인 행위다. 수행을 할 때 사람들이 공유하는 공통의 정신은 있지만 수행은 어디까지나 자신의 정신을 함양하는 행위다.

한 개인의 정신적 함양이 사회의 정신적 함양을 이루고, 더 나아가 인류의 정신적 함양을 이룬다. 그래서 수행은 한 개인의 실천으로부터 출발해야 한다. 그렇지 않고 수행을 사회운동의 일원으로 시작한다면 결코 도과를 성취하는 해탈의 지혜를 얻을 수가 없다.

수행은 개인의 행위라서 사회운동이 아니지만 이러한 개인의 행위로 인해 궁극에는 사회의 변화를 가져올 수 있다. 그러므로 수행자는 먼저 자기 내면을 성찰하여 자신의 정신을 함양 한 뒤에 그 마음을 사회에 환원해야 한다.

사회운동가는 개인의 성찰보다 사회를 바꾸려는 목적을 우선시한다. 이때 자신에 대한 성찰이 없으면 하고자 하는 일이 관념에 빠져서 진실을 왜곡할 위험이 있다. 그러므로 사회운동도 개인의 성찰과 함께 해야 바르게 할 수 있다.

191 | 세 가지 견해

세상에는 자신의 견해와 세상의 견해와 출세간의 견해가 있다. 이때 무엇이 옳고 그름을 따지기에 앞서 이런 세 가지의 견해들이 상존한다는 사실을 알아야 한다. 누구나 자기 주관대로 산다. 그러나 자기 주관만 있고 세상과 출세간의 주관을 모르면 바른 삶을 살지 못한다.

선한 사람은 선한 사람을 좋아하고, 선하지 못한 사람은 선하지 못한 사람을 좋아한다. 사람들은 자기 부류의 사람들과 어울리기를 좋아하고, 자기 부류가 아니면 배척한다. 여기에는 옳고 그름의 이성적 판단이 작용하지 않으며 오직 감성적인 자기 판단만 있다.

선한 사람은 선하지 못한 사람이 불편하여 어울리지 않고, 선하지 못한 사람은 선한 사람이 불편하여 어울리지 않는다. 각자의 입장에서 이것이 자기를 보호하는 것이라고 생각하며 모두가 살아온 관행대로 산다. 이것이 자기 견해를 내세워서 생기는 단절이다.

자신의 견해를 바르게 하기 위해서는 자신의 견해만 고집하지 말고 세상의 견해에 주의를 기울여야 한다. 이것이 사회의 도적적 규범이다. 이러한 사회의 통념을 뛰어넘는 출세간의 견해를 갖기 위해서는 반드시 수행을 해서 지혜를 얻어야 한다.

192 │ 변하는 마음

마음은 매순간 변하기 때문에 사람을 만나고 싶어 하고, 또 만난 사람과 헤어지고 싶어 한다. 마음은 매순간 변하기 때문에 약속을 하고 싶어 하고, 또 약속 때문에 괴로워한다. 마음은 매순간 변하기 때문에 수행을 하고 싶어 하고, 또 수행을 하기 싫어한다.

매순간 변하는 마음을 다잡기 위해서는 하는 일이 재미가 있어야 하며 이익이 있어야 한다. 하는 일이 재미가 있고 이익이 있으면 마음이 쉽게 변하지 않아 대상으로부터 떠나지 않는다.

매순간 변하는 마음을 다잡기 위해서 변하는 마음을 대상으로 알아차려야 한다. 마음이 변한다는 사실을 알면 이 마음이 나의 마음이 아니고 조건에 의해서 일어나고 사라지는 마음이라고 안다. 이것이 무아와 무상을 아는 지혜다. 매순간 변하는 마음을 알아차리는 것이 법을 알아차리는 수행이다.

마음은 나의 의지대로 되지 않는다. 이때 마음이란 원래 변하는 것이라고 알면 변하는 것을 받아들이는 새로운 마음이 일어난다. 이것이 수행을 하는 마음이고, 선한 마음이고, 지혜가 생긴 마음이다. 흔들리는 마음을 지켜보는 마음이 일어나면 마음이 흔들리지 않는다.

193 | 진실

위빠사나 수행은 진실해지기 위해서 한다. 진실할 때만이 두려움 없는 평화를 얻는다. 진실해야 고요함을 얻어 괴로움의 본질을 아는 지혜가 생긴다. 진실은 얻고 싶다고 해서 쉽게 얻는 것이 아니다. 대상을 있는 그대로 알아차려서 법의 성품을 보아야 비로소 진실을 안다.

누구도 궁극의 깨달음을 얻기 전에는 완전하게 진실할 수가 없다. 그렇기 때문에 수행을 해서 진실을 알아가는 과정을 단계적으로 거쳐야 한다. 수행자가 경험하는 정신세계는 가보지 않은 영역이라서 무엇이 바른지 알 수가 없다. 그래서 작은 진실에 만족하고 머물 수도 있다.

진실하려면 실천하는 방법이 진실해야 한다. 수행이라는 이름으로 진실이 아닌 것을 더 진실한 것처럼 위장할 수가 있다. 수행자는 자기 마음이 자기를 속이는 것을 경계해야 한다. 모든 일에는 항상 양면성이 있어서 진실을 추구하는 자가 더 거짓을 일삼을 수가 있다.

이때의 진실은 단지 진실하고 싶은 생각에 불과한 것이거나 어떤 목적을 위해 진실을 가장한 것이다. 그러므로 완전한 진실을 얻기 위해서는 대상에 개입하지 않고 그냥 있는 그대로의 대상을 알아차려야 한다.

194 | 속된 일과 성스러운 일

세상에는 속된 일도 있고 성스러운 일도 있다. 속된 일은 속될만한 조건에 의해 진행되며 성스러운 일은 성스러울만한 조건에 의해 진행된다. 속된 일과 성스러운 일은 서로 섞이지 않는다. 이 두 가지는 각각의 고유한 영역에서 일어나고 사라지는 현상을 거듭한다.

세상의 속된 일에 물들면 나도 속된 사람이다. 세상의 일이 속되더라도 물들지 않는다면 출세간을 사는 청정한 사람이다. 세상의 속된 일을 보고 흥분하는 것은 나도 그와 같은 부류의 정신을 가진 것이다. 상대를 속되다고 비난하면 상대나 내가 다를 것이 없다.

지금은 속되어도 성스러운 것은 존중하면 성스러워질 가능성이 있는 사람이다. 속되기 때문에 성스러운 것을 혐오한다면 온전하게 속된 사람이다. 성스러운 것을 용납하지 못하면 속될 가능성이 있는 사람이다. 성스러우면서도 속된 것을 자애로 용납하면 온전하게 성스러운 사람이다.

세상에는 세상의 일이 있고 나에게는 나의 일이 있다. 이것을 분리하지 못하면 나도 남과 하등에 다를 것이 없다. 세상의 속된 일과 성스러운 일은 따로 있는 것이 아니다. 자신의 마음이 속되면 속되고, 자신의 마음이 성스러우면 성스럽다.

195 │ 중도

위빠사나 수행은 수행 중에 나타난 대상과 대결을 하지 않는다. 수행 중에 나타난 장애를 극복하기 위해 극단적인 방법을 사용해서는 안 된다. 오직 나타난 것을 단지 대상으로 알아차려야 한다. 대상과 싸우면 억누른 만큼의 반발력이 생겨 오히려 역효과가 생긴다.

대상을 좋게 만들려는 마음과 대상을 억눌러서 없애려는 마음에는 탐욕과 성냄이 있다. 탐욕과 성냄으로 문제를 해결하려고 하는 것이 어리석음이다. 그러나 이러한 어리석음을 알아차려서 있는 그대로 보는 것이 지혜다.

좋은 대상을 바라거나 대상을 없애려고 하면 감각적 쾌락에 빠지거나 극단적 고행을 할 수 있다. 이 두 가지의 극단적인 방법으로는 대상의 성품을 바르게 볼 수가 없다. 그러므로 감각적 욕망과 극단적 고행으로는 결코 깨달음에 이를 수 없다.

두 가지 극단을 모두 피하는 것이 중도를 실천하는 것이다. 감각적 쾌락은 정신을 나약하게 하여 스스로의 의지를 꺾어버리고 나태함에 빠지게 한다. 극단적 고행은 정신을 황폐화시키고 공격적으로 만든다. 이 두 가지는 대상을 있는 그대로 받아들이는 중도가 아니다.

196 | 원인과 결과

    성냄은 그냥 일어나지 않고 자신의 탐욕 때문에 일어난다. 탐욕은 그냥 일어나지 않고 자신의 어리석음 때문에 일어난다. 어리석음은 그냥 일어나지 않고 내가 있다는 유신견 때문에 일어난다. 유신견을 원인으로 모든 번뇌의 근원인 어리석음과 탐욕과 성냄이 일어난다.

    모든 것은 원인이 있어서 생기지만 결과가 다시 원인이 되어 더 성장한다. 성냄은 성냄을 먹고 더 성장한다. 탐욕은 탐욕을 먹고 더 성장한다. 어리석음은 어리석음을 먹고 더 성장한다. 유신견은 유신견을 먹고 더 성장한다. 이처럼 번뇌는 자체의 힘으로 더욱 커진다.

    그러므로 성냄이 일어났을 때는 성냄이 일어난 것을 알아차려야 한다. 탐욕이 일어났을 때는 탐욕이 일어난 것을 알아차려야 한다. 어리석음이 일어났을 때는 어리석음이 일어난 것을 알아차려야 한다. 유신견이 일어났을 때는 유신견이 일어난 것을 알아차려야 한다.

    이렇게 알아차려서 유신견이 사라지면 어리석음이 사라진다. 어리석음이 사라지면 탐욕이 사라진다. 탐욕이 사라지면 성냄이 사라진다. 성냄이 사라지면 고요함을 얻는다. 고요함을 얻으면 지혜가 생겨 자유를 얻는다.

197 | 최선

수행을 할 때 경계해야 할 것은 자기가 하는 수행이 최고며 내가 최고라고 하는 생각이다. 자기가 하는 수행을 최고라고 생각하지 마라. 수행에서 최고는 없고 오직 최선만 있다. 수행자는 내가 최고라고 생각하지 마라. 단지 수행하는 과정만 있을 뿐이다.

최고는 있지만 누구나 아직 최고를 영접할 준비가 되어 있지 않다. 최고는 조건이 성숙되면 자연스럽게 오는 것이다. 최선을 다하면 반드시 그에 합당한 결과가 온다. 그러므로 최고를 바라지 말고 자신의 몸과 마음을 알아차리고 알아차림을 지속하는 일에 최선을 다해야한다.

자기가 하는 수행을 그냥 이익이 있어서 한다고 생각하라. 만약 최고라고 생각하면 그 순간부터 바라는 것이 많아진다. 그래서 실망하게 되어 수행을 포기하거나 결국 다른 것을 찾아 헤매게 된다. 이처럼 모르는 상태에서 가치를 부여하면 자기도취에 빠져 혼란을 겪는다.

수행은 비교할 수 없는 정신세계라서 내가 하는 수행이 최고고, 내가 최고라는 아만에 빠질 수 있다. 그러므로 이 두 가지의 견해를 알아차리지 못하면 바른 길로 가기가 어렵다. 수행자가 바람 없이 최선을 다할 때만이 최고가 나타난다.

198 | 속박

별것도 아닌 일을 가지고 공연히 마음을 속박하지 마라. 자신을 괴롭히는 것은 이런 마음의 습관 때문이다. 문제라고 여기는 것의 원인은 밖에 있지 않고 자신의 탐욕과 성냄과 어리석음에 있다. 이런 탐욕과 성냄과 어리석음의 배경에는 항상 나라고 하는 자아가 도사리고 있다.

별것도 아닌 것을 크게 생각하는 것은 자아를 가지고 보기 때문이다. 내가 무시당했다거나, 내가 손해를 보았다거나, 내가 병이 났다고 생각하기 때문에 사소한 일을 확대해서 괴로움에 빠진다. 어리석으면 생사를 결정하는 중요한 일은 소홀히 하고 사소한 것에만 마음을 쓴다.

중요한 일과 중요하지 않은 일을 구별하는 지혜는 위빠사나 수행의 통찰지혜에 의해서만 드러난다. 모든 것을 알아차릴 대상으로 삼으면 어떤 사안에 대해서도 객관성을 유지한다. 그래서 감성적인 판단을 하지 않고 오직 이성적인 판단을 해서 스스로를 속박하지 않는다.

하찮은 일을 크게 생각하는 것은 법의 성품을 보지 못하기 때문이다. 정신과 물질은 나의 것이 아니고 내가 아니고 나의 자아가 아니다. 단지 조건에 의해 일어나고 사라지는 현상만 있다고 알면 사소한 일에 목숨을 걸지 않는다.

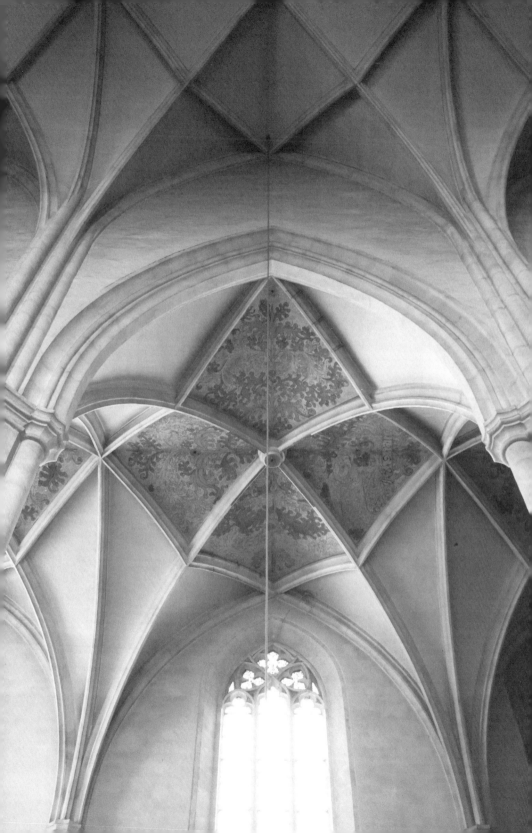

7장

사견과 정견

사견과 정견

사견(邪見)은 잘못된 견해입니다. 잘못된 견해로 인해 괴로움을 겪습니다. 잘못된 견해는 어리석음입니다. 어리석으면 바른 것을 바르지 않게 보고, 바르지 않은 것을 바르게 봅니다. 진실을 왜곡하여 사실이 아닌 것을 사실처럼 생각하면 영원히 괴로움에서 벗어나지 못합니다. 그러므로 모든 괴로움은 밖에서 오는 것이 아니고 자신의 잘못된 견해에서 옵니다.

사견(邪見)은 유신견(有身見), 상견(常見), 단견(斷見), 무인견(無因見)이 있습니다. 유신견은 자아가 있다는 잘못된 견해입니다. 몸과 마음은 단지 조건에 의해 생긴 정신과 물질이지 내가 아니며 나의 것이 아닙니다. 그러므로 몸과 마음은 자신이 소유할 수 없고 자기 마음대로 할 수 없습니다. 그래서 몸과 마음은 있지만 이것이 나의 몸과 마음이 아닙니다.

상견은 존재에 대한 갈애입니다. 상견은 영혼이 지속적으로 존재한다는 믿음입니다. 정신이 언제나 변하지 않고 항상(恒常) 하다는 것은 잘못된 견해입니다. 모든 것은 일어난 순간에 사라집니다. 그러므로 어떤 것도 영원한 것은 없습니다. 그래서 절대적인 것도 없습니다.

단견은 비존재에 대한 갈애입니다. 단견은 죽으면 모든 것이 소멸한다는 믿음입니다. 그러므로 삶이 끝나기를 갈망하거나 때로는 죽음을 선택하기도 합니다. 이번 생으로 끝이라고 생각하면 허무에 빠지기도 하고 바른 규범을 갖기가 어렵습니다.

무인견은 원인과 결과가 없다는 견해입니다. 무인견은 조건에 의해서 일어나고 사라지는 것을 인정하지 않는 믿음입니다. 원인과 결과가 없다고 믿으면 모든 것이 우연히 일어난다고 생각합니다. 원인과 결과라는 지혜가 나지 않는 한 어떤 의문에서도 벗어날 수 없습니다.

정견(正見)은 바른 견해입니다. 바른 견해가 있으면 깨달음을 얻습니다. 바른 견해는 지혜입니다. 지혜가 있으면 사물의 이치를 바르게 알아 바른 것을 바르게 보고 바르지 않은 것을 바르지 않게 봅니다. 진실을 있는 그대로 볼 때만이 번뇌에서 벗어나 행복을 얻습니다.

정견은 팔정도의 계정혜 중에서 지혜에 속하는 진리입니다. 정견은 사성제를(四聖諦)를 있는 그대로 아는 지혜입니다. 네 가지 성스러운 진리는 성인이 되어야 알 수 있는 진리로서 고집멸도(苦集滅道)를 아는 지혜입니다.

사성제는 괴로움이 있는 것을 아는 고성제와, 괴로움의 원인인 집착을 아는 집성제와, 괴로움의 소멸인 열반을 아는 멸성제와, 괴로움의 소멸에 이르는 팔정도를 아는 도성제입니다. 깨달음의 황금의자는 바로 느낌에서 갈애로 넘어가지 않는 도성제입니다.

범부는 사견을 가져 고통뿐인 윤회를 합니다. 성자는 정견을 가져 고통뿐인 윤회에서 벗어납니다. 위빠사나 수행을 하면 사견에서 벗어나 정견을 가져 지고의 행복을 얻습니다.

199 | 허물

어리석으면 잘못된 것을 바르게 보고, 바른 것을 잘못된 것으로 본다. 어리석으면 알아야 할 것은 모르고 몰라도 되는 것은 자세하게 안다. 그러므로 모른다는 것은 자랑이 아니고 허물이다. 어리석으면 자신의 허물을 허물로 보지 못해서 양심이 없고 수치심이 없다.

모르면 내가 최고라는 우월감을 가져서 남을 멸시한다. 모르기 때문에 자기의 잘못을 인정하지 않아 허물이 더 커진다. 모르는 것보다 더 큰 허물은 이것을 인정하는 않는 것이다. 이러한 무지가 있는 한 '내 것', '내 몸', '내 마음'이라는 자아를 강화하여 영원히 허물을 제거할 수 없다.

모르는 상태에서도 자신이 모른다는 것을 인정하면 허물이 되지 않는다. 누구나 모르는 것으로부터 출발했다. 그러므로 모르는 것을 인정해야만 개선의 여지가 있다. 모르면 잘못된 악습을 되풀이 하지만 알면 잘못된 악습을 되풀이 하지 않고 새로운 습관을 길들인다.

가장 큰 허물은 모르는 것이다. 그러나 더 큰 허물은 모르면서도 아는 것처럼 말하는 것이다. 이런 상태는 자신을 속이고 남을 속이기 때문에 영원히 진실할 수 있는 기회를 얻지 못한다. 그래서 어리석음이 가장 큰 허물이다.

위빠사나 수행은 잘하려는 마음 없이 그냥 해야 한다. 수행을 잘 하려고 하면 탐욕으로 하며, 수행이 잘 안 되면 성냄으로 한다. 이것이 어리석음으로 하는 것이다. 위빠사나 수행은 잘 되거나 잘 되지 않거나 나타난 현상을 있는 그대로 알아차리기 위해서 해야 한다.

탐욕은 노력을 하지 않고 좋은 결과만 얻으려는 이기적인 마음이다. 설령 탐욕을 부려 좋은 결과를 얻었다고 해도 결코 만족할 수 없다. 탐욕은 언제나 더 많은 것을 바라는 속성이 있기 때문이다. 탐욕으로 하면 얻어도 만족하지 못하고 얻지 못하면 화를 낸다.

지금까지 모든 사람들은 무슨 일을 하거나 한결같이 바라는 마음을 가지고 해왔다. 이 바라는 마음이 탐욕으로 발전하여 더 나아가 집착을 하기에 이르렀고 그 결과로 욕망의 늪에 빠져서 산다. 그래서 괴로움뿐이 윤회계를 벗어나지 못하고 존재의 세계를 떠돈다.

괴로움뿐인 윤회계를 벗어나려면 수행을 해야 한다. 그리고 수행을 잘하려고 하지 않고 그냥 지켜보기만 해야 한다. 지금까지 수행이 성공할 수 없었던 것은 대상을 있는 그대로 알아차리지 않고 탐욕을 가지고 해왔기 때문이다.

201 | 법(法)

이 세상에 변하지 않는 것은 없고 모든 것이 변한다. 이것을 통찰지혜로 알기 위해서는 반드시 자신의 몸과 마음을 알아차려야 한다. 밖에 있는 대상을 알아차릴 때는 내가 본다는 선입관을 가지고 보기 때문에 대상이 가지고 있는 무상의 성품을 알 수가 없다.

자신의 몸과 마음을 알아차릴 때는 모두 느낌으로 안다. 이 느낌을 통해서만이 대상이 변하는 진정한 성품을 알 수 있다. 몸과 마음의 느낌이 변할 때는 법이 나타난 것이다. 이때 '대상이 변하네' 하고 알아차리면 무상을 아는 지혜가 난다.

변한다는 것은 누구에게나 예외 없이 괴로움이다. 태어나서 늙고 죽는 것이 괴로움이고 사랑하는 사람과 헤어지는 것도 괴로움이다. 그러므로 무상으로 인해 괴로울 때는 괴로움의 법이 나타난 것이다. 이때 '괴로움이 있네' 하고 알아차리면 고를 아는 지혜가 난다.

괴로움에서 벗어나려고 해도 되지 않을 때는 무아의 법이 나타난 것이다. 이때 '내 마음대로 안 되네' 하고 알아차리면 무아를 아는 지혜가 난다. 모든 대상은 저 스스로의 성품을 드러내기 위해서 나타나고 수행은 드러내고 있는 대상을 법으로 알아차리는 것이다.

자신이 알고 있는 이론은 관념적인 것이 많다. 진리라고 하는 것이나 성스럽다고 하는 종교도 사실은 모두 관념이다. 아무리 훌륭한 지식이나 철학이라고 해도 그것은 단지 이론에 불과하다. 자신이 실제로 체험해서 그 상태의 지혜를 얻기 전까지는 모두 관념이다.

상좌불교, 대승불교, 밀교는 관념이다, 천주교, 기독교, 유태교, 이슬람교는 관념이다. 힌두교, 유교, 도교는 관념이다. 실재하는 것은 인간이 가지고 있는 정신과 물질의 성품이다. 관념은 세속에서 살고 있는 사람들의 진리며 실재는 출세간을 살고 있는 사람들의 진리다.

이것들은 무엇이 옳고 그름이 없이 각자가 저마다의 조건에서 선택되고 있는 것들이다. 이처럼 우리가 무엇이라고 부르고 있는 것들은 모두 관념이며 실재하는 것은 오직 한 인간이 가지고 있는 정신과 물질의 느낌이다. 이와 같은 실재를 알 때만이 비로소 진실을 안다.

관념은 관념끼리 충돌하지만 실재는 실재끼리 충돌하지 않는다. 관념은 고유한 특성이 없지만 실재는 고유한 특성이 있어 다툼의 여지가 없다. 관념을 뛰어넘는 실재를 알기 위해서는 반드시 위빠사나 수행을 해서 대상이 가지고 있는 고유한 특성을 알아야 한다.

203 │ 정신과 물질

인간이 가지고 있는 것은 오직 자신의 정신과 물질밖에 없다. 정신은 무엇인가? 정신은 물질이 아니다. 물질은 무엇인가? 물질은 정신이 아니다. 그러므로 위빠사나 수행에서 정신을 알아차릴 때는 오직 정신만을 알아차리고 물질을 알아차릴 때는 오직 물질만을 알아차려야 한다.

정신을 알아차릴 때는 나의 정신이라고 알아차리지 말고 단지 정신으로 알아차려야 하며, 오직 몸이 아닌 실재하는 정신만을 알아차려야 한다. 물질을 알아차릴 때는 나의 물질이라고 알아차리지 말고 단지 물질로 알아차려야 하며, 오직 정신이 아닌 실재하는 물질만을 알아차려야 한다.

대상을 겨냥해서 알아차릴 때는 오직 그 대상 하나만을 알아차려야 한다. 이러한 단순한 과정에 의해서만이 수행의 일차적 목표인 집중력을 키울 수 있다. 이것이 대상을 있는 그대로 보는 청정이다. 이러한 청정에 의해서만이 대상의 고유한 특성을 느껴 법을 볼 수 있다.

정신과 물질은 각각의 고유한 특성을 가지고 있으므로 수행자는 각각의 고유한 특성을 알아차려야 한다. 정신과 물질은 하나가 아니고 정신적인 영역의 특성과 물질적 영역의 특성이 있다. 이것을 알아야 모든 것들이 조건에 의해 일어나고 사라진다는 지혜가 난다.

204 | 업의 적용

　세속에서는 자신이 한 행위에 대한 과보로 행복과 불행, 덤덤한 느낌들이 일어나고 대부분은 이 느낌을 키우며 산다. 이것이 세속의 질서다. 행복할 때는 행복하고, 불행할 때는 불행하고, 덤덤할 때는 덤덤한 것 밖에 모르고 살면 항상 업의 과보로만 산다.

　그렇다고 모든 것이 업의 적용을 받는 것은 아니다. 출세간에서는 자신이 한 행위에 대한 과보로 행복과 불행, 덤덤한 느낌이 일어나지만 그것의 영향을 받지 않는다. 어떤 과보가 와도 알아차리면 이것들은 단지 대상에 불과하여 그 느낌의 영향에서 벗어나서 업의 적용을 받지 않는다.

　업의 과보가 적용되면 연기 속에서 사는 사람이다. 이런 사람은 알아차림이 없는 생활을 한다. 그러나 알아차림이 있으면 업의 과보가 적용되는 연기에서 벗어난 생활을 한다. 그러므로 알아차리는 수행을 하면 그 순간 과거의 원인으로부터 자유로워진다.

　과거의 원인으로부터 자유로우려면 현재의 상황을 있는 그대로 알아차려서 스스로 구속되지 말아야 한다. 이렇게 해야 새로운 원인을 일으켜 과거와 현재의 연결고리를 끊는다. 이럴 때만이 미래라는 새로운 고리를 만들지 않아 모든 번뇌에서 벗어난다.

위빠사나 수행은 감각적 욕망의 물살을 거슬러 가기 때문에 시작하기도 어렵고 지속하기는 더 어렵다. 누구나 오랫동안 감각적 욕망을 추구하면서 살아온 습성이 있어서 욕망을 절제하고 인내하기란 매우 어려운 일이다. 그러나 완전한 행복을 얻으려면 반드시 이 길을 가야한다.

위빠사나 수행이 좋은 줄 알아도 한때의 호기심에 그치기 쉽다. 수행은 욕망을 역행하기 때문에 반드시 선업의 조건이 충족되어야 한다. 수행을 시작할 때도 선업의 과보가 있어야 하지만 수행을 지속할 때도 선업의 과보가 있어야 한다.

그러나 선업의 과보가 없다고 해서 아예 수행을 할 수 없는 것이 아니다. 언제든지 수행을 시작하려는 마음을 새로 내면 새로운 선업의 과보가 생긴다. 그러므로 과거에 만들어놓은 선업의 과보가 없으면 지금 수행을 시작해서 새로운 선업의 과보를 만들어야 한다.

욕망을 거슬러 가려면 확신에 찬 믿음을 가져야 한다. 처음부터 믿음을 갖기가 어려우므로 훌륭한 스승을 만나 법의 이익을 알아야 한다. 그리고 좋은 도우를 사귀어야 한다. 훌륭한 스승과 좋은 도우를 사귀는 것이 욕망을 거슬러 올라가는 힘이다.

206 | 완전한 선심

인간은 선한 마음과 선하지 못한 마음, 두 가지 마음을 함께 가지고 있다. 그래서 항상 두 가지 마음이 섞여있다. 그러므로 세상의 일에는 언제나 좋은 것과 좋지 않은 것이 혼재해 있다. 선악을 따지는 세계에서는 선한 것만이 가치가 있고 선하지 못한 것은 가치를 부여하지 않는다.

깨달음의 세계에서는 선한 마음과 선하지 못한 마음을 모두 하나의 마음으로 알아차린다. 그래서 반드시 선한 마음만 가치가 있고 선하지 못한 마음은 가치가 없는 것으로 여기지 않는다. 왜냐하면 이 두 가지의 마음은 모두 알아차릴 대상에 불과한 것이기 때문이다.

선하지 못한 마음보다 선한 마음을 갖는 것이 좋은 일인 것은 분명하다. 그래서 선한 마음을 갖도록 노력해야 한다. 그러나 선한 마음이라고 해도 선하지 못한 마음을 배척하면 완전하게 선한 마음이 아니다. 선하지 못한 마음을 수용할 때만이 완전하게 선한 마음이 된다.

선한 마음보다 완전하게 선한 마음은 옳고 그름을 따지지 않고 있는 그대로 알아차리는 마음이다. 이 마음은 일어난 모든 대상을 있는 그대로 받아들이는 마음이기 때문에 새로운 원인을 일으키지 않아서 가장 완전한 마음이다.

207 | 사견(邪見)과 정견(正見)

몸을 바르게 보면 단지 몸이 있다는 유신(有身)으로 안다. 그러나 몸을 잘못된 견해로 보면 이것이 나의 몸이라고 아는 유신견(有身見)이 생긴다. 몸은 있지만 나의 몸이라고 생각하면 잘못된 견해가 된다. 몸은 조건에 의해 여러 가지로 결합된 물질에 불과하므로 몸에는 자아가 없다.

마음을 바르게 보면 단지 마음에 불과하다는 무아(無我)로 안다. 그러나 마음을 잘못된 견해로 보면 이것이 나의 마음이라고 아는 자아(自我)가 생긴다. 그래서 개아, 진아, 참나라는 사견(邪見)이 일어난다. 마음은 있지만 나의 마음이 아니고 단지 순간의 마음이라고 알 때 무아(無我)라는 정견(正見)이 일어난다.

내 몸, 내 마음이라고 알면 사견이고, 단지 몸과 마음이라고 알면 정견이다. 사견은 모든 괴로움과 윤회의 원인이며, 정견은 깨달음과 윤회가 끝나는 원인이다. 이러한 사견으로부터 벗어나 정견을 갖기 위해서는 자신의 몸과 마음을 대상으로 알아차리는 수행을 해야 한다.

내 몸이라고 아는 한 영원히 몸에 대한 집착으로부터 자유로울 수 없다. 내 마음이라고 아는 한 영원히 마음에 대한 집착으로부터 자유로울 수 없다. 수행을 통해서 내 몸과 내 마음이 아니라고 알 때 집착이 끊어져 지고의 행복을 얻는다.

어떤 대상이 나타났을 때 좋은 것이라고 판단하면 반드시 그것을 좋아하고 집착한다. 이때 좋아하는 것 하나만 있지 않고 여러 가지의 마음이 뒤따라 일어난다. 첫째, 좋은 것을 보면 그것을 집착하여 내 것으로 만들려고 하고, 또 좋은 것이 그대로 있기를 바란다.

둘째, 좋아하는 것을 소유하지 못하거나 좋은 것이 사라지면 화를 내고, 화를 내는 것을 집착한다. 셋째, 좋아하는 것 때문에 좋지 않은 것은 배척하고, 그것이 나타나서는 안 된다고 생각하는 마음을 집착한다. 넷째, 이상의 것이 어리석음인데 어리석음을 모르고 계속해서 집착한다.

욕망은 좋아하는 것 하나만 집착하지 않고 화내는 것을 집착하며 다시 좋지 않은 것이 나타나지 말기를 집착한다. 이것들이 어리석음인지 모르고 같은 집착을 되풀이한다. 하나의 잘못은 항상 여러 가지의 잘못이 뒤따르기 마련이다. 이것이 윤회하는 세계의 실상이다.

욕망이 있어서 성공도 하고 실패도 한다. 하지만 욕망으로 이룬 성공은 진정한 성공이 아니다. 욕망이 있어서 생긴 실패는 괴로움이다. 욕망으로 인해 생긴 가장 큰 실패는 윤회를 거듭하는 것이다.

사람들은 자신의 생각을 말한다. 자신의 생각은 오랫동안 살면서 생긴 축적된 성향에 의해 일어난다. 그래서 탐욕과 성냄과 어리석음이 많은 사람은 이러한 성향에 따라서 말을 하고, 또 관용과 자애와 지혜가 많은 사람은 이러한 성향에 따라서 말을 한다.

그러므로 말은 말하는 사람의 성향에 따라서 다를 수밖에 없다. 어리석은 사람은 주관적인 말을 하고, 지혜가 있는 사람은 객관적인 말을 한다. 어리석은 사람은 지엽적인 말을 하고, 지혜가 있는 사람은 보편타당한 말을 한다. 이것이 말이 가지고 있는 진실이다.

남의 말을 그대로 믿는가? 남의 말은 단지 남의 말일 뿐이다. 남이 어떤 목적으로 말을 했는지 그 말의 진실성 여부는 누구도 알 수가 없다. 그가 생각해서 한 말을 그대로 믿는다는 것은 매우 위험하다. 그러므로 남의 말은 단지 남의 말로 듣는 것도 지혜다.

탐욕이 있으면 나의 이익에 눈이 멀어 남의 말을 그대로 믿는다. 이것이 항상 괴로움을 일으키는 원인이 된다. 남의 말을 무조건 믿지 마라. 자신의 체험을 통해서 옳다는 믿음이 생길 때 비로소 남의 말을 받아들여야 한다.

210 | 질문과 답변

수행에 대한 질문을 할 때는 질문자의 역할이 있고, 답변을 할 때는 답변자의 역할이 있다. 질문자가 답변자를 설득하려고 해서는 안 되며, 답변자가 질문자를 설득하려고 해서도 안 된다. 각자의 입장에서 오직 있는 사실을 말해야 한다. 그래야 바른 답을 얻을 수가 있다.

질문자와 답변자가 서로 상대를 설득하려고 하면 탐욕으로 말을 하는 것이라서 다툼이 있을 수 있다. 탐욕으로 말하면 학문에서는 논쟁의 요인이 있고, 수행에서는 왜곡의 요인이 있다. 질문과 답변은 해답을 얻으려는 것이지 논쟁과 왜곡을 일삼으려고 하는 것이 아니다.

탐욕으로 질문을 할 때는 옳은 답변을 받아들이지 못한다. 오직 자신의 잣대에 맞는 답변을 원한다. 이것은 유신견을 가지고 질문하는 것으로 바른 질문이 아니다. 이런 질문은 진실을 알고자 하는 것이 아니고 자신의 견해를 강화하려는 의도가 있어서 이익이 없다.

질문자의 자세가 바를 때만이 바른 답변을 들을 수 있다. 그러기 위해서는 유신견을 가지고 질문해서는 안 된다. 유신견은 눈과 귀를 가려서 자신의 견해를 바꾸려 하지 않는다. 바른 말을 듣고도 받아들이지 않는 것처럼 어리석은 것은 없다.

211 | 앉은뱅이와 장님

모든 생명은 원인과 결과에 의해 태어난다. 태어나는 순간 정신과 물질이 결합하여 그 생이 다할 때까지 정신과 물질은 함께 삶을 유지한다. 마지막으로 죽음에 이르면 기능이 다하고 끝난다. 이처럼 정신과 물질은 서로 다르지만 하나로 결합하여 한 일생의 생명을 유지한다.

정신은 물질이 아닌 단지 정신이다. 물질도 정신이 아닌 단지 물질이다. 정신은 정신의 영역이 있어서 자기 역할을 하고, 물질은 물질의 영역이 있어서 자기 역할을 한다. 정신은 정신에 영향을 주고 물질에도 영향을 준다. 물질은 물질에 영향을 주고 정신에도 영향을 준다.

정신은 하고 싶은 것이 있어도 스스로 할 수 없다. 그래서 물질이 없으면 기능을 하지 못한다. 물질은 정신의 의도가 없으면 스스로 할 수 없다. 그래서 정신이 없으면 기능을 하지 못한다. 정신은 스스로 움직일 수 없는 앉은뱅이이며 물질은 스스로 볼 수 없는 장님이다.

한 일생을 시작하는 순간에 정신과 물질이 결합한 이후에 죽기 전까지는 어떤 다른 정신이 물질로 들어와 재결합을 할 수 없다. 그러므로 다른 마음이 자신의 몸으로 들어와 지배하지 못한다. 만약 그런 현상이 있다면 환시와 환청이 나타난 것이다.

212 | 좋은 것

좋은 것이 있다고 해서 모든 사람들에게 다 좋은 것이 아니다. 다만 내가 좋다고 판단해서 좋은 것이다. 내가 좋아하는 것을 다른 사람은 싫어할 수도 있다. 그러므로 내가 좋다고 해서 다른 사람이 싫어하는 것을 무시해서는 안 된다. 좋아하는 것도 바르게 해야 한다.

좋아하는 것이 있으면 그냥 좋아하는 것으로 그치지 않고 반드시 좋은 것을 집착한다. 그래서 좋은 것이 없을 때는 싫어하는 마음이 일어나 괴로움에 빠진다. 그러므로 좋아하는 것이 있기 때문에 반대로 싫어하는 것이 생긴다. 이처럼 좋아하는 것은 그것만으로 끝나지 않는다.

세상을 살면서 좋아하지 않을 수 없다. 허나 좋아하는 것이 싫어하는 것을 만들고 결국에는 괴로움에 빠지므로 좋아하는 것이 남긴 결과를 직시해야 한다. 그래서 좋아할 때 좋아하는 마음을 알아차리면 더 이상의 감각적 쾌락에 빠지지 않으며 싫어하는 것이 생기지 않는다.

좋아하고 싫어하면 새로운 업을 만들어서 그 과보를 받는다. 그러나 좋아하지도 싫어하지도 않고 그냥 느낌으로 알아차리면 새로운 업을 만들지 않는다. 이것이 중도를 실천하는 것이다.

위빠사나 수행의 조건은 대상이 있어야 하고, 아는 마음이 있어야 하고, 마음이 대상을 겨냥하는 알아차림이 있어야 한다. 수행의 시작은 먼저 대상을 알아차려야 하며, 다음으로 알아차림을 지속하여 집중을 해야 한다. 이러한 조건이 충분하게 갖추어졌을 때 바르게 수행을 한다.

알아차릴 대상은 몸과 마음이다. 수행자는 대상이 나타났을 때 처음부터 알아차릴 수 있고, 중간에 알아차릴 수 있으며, 지나고서 알아차릴 수도 있다. 누구나 처음부터 모든 대상을 즉시 알아차릴 수는 없다. 그러므로 어느 때나 알아차렸다는 것은 매우 바람직한 일이다.

처음 수행을 시작하면 지나고서 알아차리기 마련이며, 이런 알아차림이 거듭되다가 차츰 중간에 알아차릴 수 있으며, 지혜가 성숙되면 처음부터 알아차릴 수 있다. 그러므로 지나고 나서 알아차리는 것은 잘못된 것이 아니다. 누구도 알아차려본 적이 별로 없기 때문이다.

대상이 나타날 때마다 바로 알아차리면 좋겠지만 알아차림은 전에 해보지 않은 것이라서 쉽지가 않다. 그러므로 알아차리지 못했다고 걱정할 것 없다. 늦게라도 알아차렸다면 다음에 더 빨리 알아차릴 수 있는 기회가 온 것이다.

범부가 세상을 살아갈 때는 여섯 가지 감각기관이 온통 즐길 거리를 찾아다니는 일을 한다. 범부의 이러한 성정을 발정한 코끼리에 비유하기도 한다. 그러다 보니 범부의 감각기관은 항상 역기능을 한다. 그 결과로 인해 범부는 항상 괴로움에서 벗어나지 못한다.

수행자가 세상을 살아갈 때는 여섯 가지 감각기관이 감각대상을 알아차리는 일을 한다. 수행자의 이러한 자세는 감각기관의 문을 지키는 문지기에 비유한다. 그래서 수행자의 감각기관은 항상 순기능을 한다. 알아차림은 필요한 것만 알맞게 취하기 때문에 괴로움이 없다.

위빠사나 수행의 알아차림은 대상을 바꾸려 하지 않고 근심을 근심으로, 슬픔을 슬픔으로, 비탄을 비탄으로, 괴로움을 괴로움으로, 고난을 고난으로, 행복을 행복으로, 덤덤함을 덤덤함으로 있는 그대로 알아차린다. 수행의 알아차림은 가장 이상적인 순기능의 역할을 한다.

범부는 알아차림이 없기 때문에 오직 과보의 힘으로 산다. 수행자는 알아차려도 아직 완전하지 않기 때문에 과보의 힘을 줄이며 산다. 성자는 완전하게 알아차리기 때문에 과보의 힘으로부터 벗어나 자유롭게 산다.

215 | 단순하게

대상을 복잡하게 보면 생각을 하는 것이다. 생각은 또 다른 생각을 낳아 끝이 없는 방황을 한다. 대상을 복잡하게 보면 대상이 가지고 있는 본질을 볼 수가 없어 명확한 답을 얻을 수 없다. 복잡하면 의심을 하게 되고 의심을 하면 믿음이 생기지 않아 고요함을 얻지 못한다.

생각의 근저에는 자신의 축적된 성향에 의한 고정관념이 자리 잡고 있다. 이러한 선입관이 자신을 지배하고 있는 한 결코 바른 견해를 갖기가 어렵다. 자신의 생각은 어떤 일에서나 자기를 합리화한다. 그리고 타인과의 관계에서 자신을 방어하는 것에 몰두한다.

대상을 단순하게 알아차리는 것이 위빠사나 수행이다. 대상을 단순하게 알아차리면 법의 성품을 보는 지혜가 난다. 수행을 할 때는 아무 조건 없이 단지 대상으로 알아차려야 한다. 이것이 바라지 않고 없애려고 하지 않는 것이며 있는 그대로 알아차리는 것이다.

대상을 복잡하게 보면 문제를 해결하려고 하는 탐욕으로 본다. 그러나 대상을 단순하게 보면 탐욕이 없이 있는 그대로의 상태를 본다. 이렇게 단순하게 지켜보는 것에 궁극의 지혜가 있다.

216 | 자유

속박에서 벗어나는 자유는 저절로 얻는 것이 아니다. 자유는 의무를 다할 때 얻는다. 먼저 자신이 해야 할 의무를 다하고 고요한 마음으로 사물의 이치를 알면 모든 번뇌로부터 벗어나는 자유를 얻는다. 의무를 다하지 않고 권리만 주장하면 자유가 아니고 방종이다.

진정한 자유를 얻기 위해서는 나의 것, 나의 몸, 나의 자아라는 소유로부터 자유로워야 한다. 이렇게 되었을 때만이 완전한 자유를 얻을 수 있다. 내가 소유한 것들이 나의 것이고, 내 몸이고, 내 마음이라고 알면 자아에 속박되어 영원히 자유를 얻을 수 없다.

감옥에서 해방되었다고 자유를 얻은 것이 아니다. 종속적 관계에서 평등한 관계로 바뀌었다고 해서 자유를 얻은 것이 아니다. 사람들 위에 군림할 수 있는 지위를 얻었다고 해서 자유를 얻은 것이 아니다. 탐욕, 성냄, 어리석음의 번뇌에서 벗어난 지혜를 얻어야 자유를 얻은 것이다.

통찰지혜는 사물의 이치를 알아 모든 번뇌를 끊어버리기 때문에 걸림이 없는 행복을 얻는다. 어떤 것도 바라지 않고 오직 대상과 아는 마음만 가진 상태에서 집착이 끊어져야 완전한 해탈의 자유를 얻는다.

217 | 인과응보(因果應報)

누구나 자신이 과거에 일으킨 선하지 못한 행위에 대한 과보를 받으며 산다. 그러나 똑같은 잘못을 했어도 어떤 사람은 그 과보를 받아 불행하고, 어떤 사람은 그 과보를 통해서 지혜를 얻는다. 과보를 통하여 지혜를 얻는 사람은 과보에 걸리지 않아 과보를 잘 수용한 사람이다.

자신의 행위를 알아차리지 못하면 잘못된 과보를 받고 그 과보로 인해 더 큰 잘못을 저지른다. 그러나 잘못된 과보로 인한 괴로움을 알아차리면 오히려 지혜가 성숙되어 전화위복이 된다. 이것이 위빠사나 수행을 하지 않는 사람과 수행을 하는 사람의 차이다.

모든 사람들은 항상 선하지 못한 행위를 하기도 하고 때로는 선한 행위를 하기도 한다. 모르는 마음일 때는 알아차리지 못해 불선 행위를 하여 고통으로 날을 지새워야 한다. 아는 마음일 때는 알아차려서 선한 행위를 하여 행복한 날을 지낸다.

잘못된 과보가 나타나도 과보에 걸리지 않는 사람은 거미줄에 걸리지 않는 바람과 같다. 이런 사람은 나타난 과보를 그대로 알아차려서 수용하는 사람이다. 잘못된 과보를 받아들이면 이미 과보가 아니고 단지 수행의 대상에 불과하다.

인류사에 가장 훌륭한 스승은 붓다이시다. 모든 사람들에게 괴로움을 해결하는 훌륭한 가르침을 주셨기 때문이다. 스승께서는 오랜 고행 끝에 감각적 욕망과 극단적 고행이 무의미하다고 아시고 중도를 취하셨다. 그리고 원인과 결과라는 구조로 순환하는 연기를 발견하셨다.

이 지혜로 자신의 정신과 물질을 통찰하시어 무상, 고, 무아의 법을 보셨다. 그리하여 모든 집착을 여의고 완전하게 번뇌에서 해방되셨다. 스승께서는 모든 사람들에게 자신이 직접 체험한 이 길로 오라고 말씀하셨다. 이 길은 오직 붓다에 의해서만 처음 발견되는 길이다.

이와 같이 위대한 가르침을 주시는 붓다의 정법이 있는 시대에 태어나기 어렵고, 정법시대에 태어났다고 해도 붓다의 정법을 만나기 어렵다. 정법을 만났다고 해도 바르게 지도하는 스승을 만나기 어렵고, 바른 스승을 만났다고 해도 정법수행을 지속하기가 어렵다.

이처럼 만나기 어려운 것을 만나거나 만났다고 해도 바르게 받아들일 수 있는 것이 모두 우연히 이루어지는 것이 아니다. 반드시 바라밀 공덕을 쌓은 선한 과보가 있어야 한다. 그러므로 훌륭한 법을 만나기 위해서는 항상 선업을 쌓아야 한다.

219 | 사람의 관념과 실재

사람은 관념이고 사람이 가지고 있는 성품은 실재다. 사람은 관념적 진리고 사람의 성품은 궁극적 진리다. 지혜를 얻기 위해서는 사람이라는 관념에 머물러서는 안 된다. 사람이 가지고 있는 실재를 알아야 한다. 사람의 모양은 관념이며 실재는 정신과 물질의 느낌이다.

사람을 보지 말고 사람이 가지고 있는 실재를 보아야 법의 성품을 알 수 있다. 이렇게 알아차려야 사물을 관통하는 혜안이 생긴다. 이런 지혜의 힘이 생겼을 때 일상을 살아가면서 대하는 많은 일들에 대해 그것들이 가지고 있는 진정한 의미를 알 수 있다.

보는 힘이 없으면 무지하여 사람이나 사건을 표피적으로 본다. 그러나 보는 힘이 있으면 지혜로 보기 때문에 대상의 실재를 본다. 사람의 겉모습은 존재지만 실재는 인식이다. 인식할 수 있는 느낌을 통하여 원인과 결과와 무상, 고, 무아라는 법을 안다.

겉으로 드러난 것에 연연하면 번뇌가 생기지만 실재하는 것을 알아차리면 단지 대상일 뿐이므로 걸림이 없다. 수행 중에 생긴 장애는 모두 관념이 만들어낸 것이다. 그러므로 사람의 실재를 알아차려서 걸림이 없어야 한다.

220 | 화

하는 일이 잘 안된다고 화를 내지 마라. 무엇이 되기 위해서 일하거나, 무엇을 얻으려고 일하지 마라. 얻으려고 하는 것이 탐욕이다. 탐욕으로 얻으려고 해서 화를 낸다. 항상 자신의 생각이 바르다고 해도 단지 자신의 생각이다. 모든 것을 내 마음대로 할 수는 없다.

어떤 일이나 그냥 할 일이라서 해라. 모든 일은 조건이 성숙되어야 한다. 조건이 성숙되지 않았는데도 결과를 바라는 것이 탐욕이다. 탐욕으로 하는지 몰라서 화를 낸다. 탐욕과 성냄으로 하는지 모르는 것이 어리석음이다. 좋은 일을 하려다가 더 나빠져서는 안 된다.

누구나 자신이 하는 일이 여의치 않을 때는 짜증을 낸다. 이때 짜증의 대상은 누구를 가리지 않는다. 그래서 먼저 자신에 대해 짜증을 내지만 가까이 있는 사람이 대상이 될 수도 있다. 그러므로 상대가 나에게 화를 낼 때도 상대의 문제이지 나의 문제가 아니다.

상대가 내게 화를 낼 때 반드시 나를 보고 화를 내는 것만은 아니다. 상대는 단지 자신의 감정을 표현하는 것일 뿐이다. 그래서 누군가가 내게 화를 내면 받아주어야 한다. 내가 받아주지 않으면 누가 받아주겠는가?

221 | 두 가지 윤회

과거생의 내가 현생의 나로 태어나고, 다시 현생의 내가 미래생의 나로 태어난다고 보는 견해가 있다. 이 견해는 항상 하는 마음이 있으며 변하지 않는 실체가 있다고 안다. 이것이 힌두교의 윤회다. 이때 항상 하는 마음이 몸만 바꾸어 태어나는 것을 환생이라고 한다.

과거생의 내가 현생의 나로 태어나지 않고, 다시 현생의 내가 미래생의 나로 태어나는 것이 아니라는 견해가 있다. 이 견해는 항상 하지 않고 모든 것이 조건에 따라 변하기 때문에 실체가 없다고 안다. 이것이 불교의 윤회다. 이렇게 태어나는 것을 재생이라고 한다.

사람에게 전생이 있는 것이 아니다. 전생이 있다면 자아가 있다. 과거의 내가 현생의 나로 연결될 때 편의상 전생이라고 말할 뿐이다. 일반적인 용어로 쓰이는 전생의 정확한 의미는 원인이다. 과거의 원인으로 인해 현재의 결과가 있는 것이 불교의 윤회관이다.

과거의 내가 현생의 나라고 할 때는 변하지 않는 자아가 있어서 참나가 있다. 그러나 과거의 원인으로 현재의 결과가 있다고 할 때 자아가 없어서 무아다. 이러한 참나와 무아의 구별이 궁극의 깨달음을 얻는 가장 중요한 요소다.

222 | 궁극의 목표는 지혜다

인간의 궁극의 목표는 부귀영화가 아니고 지혜다. 부귀영화란 얻어도 만족할 수 없으며 또 영원히 지속되지 않는다. 지혜는 부귀영화를 얻었다 해도 만족할 수 없고, 또 무상하다는 것을 알아 집착하지 않는다. 그리고 이것이 나의 것이 아니라는 것을 안다.

이러한 지혜를 얻으려면 일정한 과정을 거쳐야 한다. 누구나 처음부터 완전한 지혜를 얻을 수 없다. 어린아이가 하나둘씩 배우기 시작하여 성장하면서 더 높은 단계의 지혜를 얻는 것처럼 수행자도 여러 단계의 과정을 거치면서 차츰 더 큰 지혜가 성숙한다.

시냇물이 모여 강물을 이루고 강물이 모여 바다를 이루듯이 작은 지혜가 모여 큰 지혜가 되고 큰 지혜가 어느 날 가장 완전한 지혜가 된다. 한그루의 작은 나무가 많은 낙엽을 거름으로 삼아 훗날 거대한 나무가 되듯이 모든 것들은 일정한 과정을 거치면서 성숙한다.

어느 날 홀연히 큰 깨달음을 얻었다면 이미 무수한 과정을 거쳐 큰 지혜에 이른 것이다. 누구나 처음에는 부모나 스승을 통해서 지식을 배우고, 사유를 통하여 정신을 살찌우고, 많은 실패를 통하여 마지막에 통찰지혜를 얻는다.

223 | 원인과 결과를 아는 지혜

괴로움을 겪는 것은 어리석음 때문이며 두려움을 겪는 것은 의심 때문이다. 어리석으면 바른 견해를 갖지 못해서 괴로움을 자초한다. 의심이 많으면 믿음이 없어서 두려움에 빠진다. 어리석음과 의심에서 해방되기 위해서는 반드시 원인과 결과를 아는 지혜를 얻어야 한다.

어리석기 때문에 원인과 결과를 몰라서 잘못된 견해를 갖지만, 원인과 결과를 알면 잘못된 견해가 생기지 않는다. 잘못된 견해인 유신견, 상견, 단견은 모두 원인과 결과를 부정하기 때문에 생긴다. 내가 있다는 유신견은 원인과 결과를 부정하고 자아가 있다고 생각한다.

모든 것이 항상 하다는 상견은 원인과 결과를 부정하고 정신과 물질이 변하지 않고 영원하다고 생각한다. 이번 생으로 끝이라고 하는 단견은 원인과 결과를 부정하고 허무하다고 생각한다. 모든 것은 원인이 있어서 결과가 생긴다. 이것을 알아야 어리석음에서 벗어난다.

원인과 결과를 알면 의심에서 해방되어 미래의 두려움에 떨지 않는다. 그리고 지나간 과거의 일을 후회하지 않는다. 모든 것은 자신이 한 행위에 의해서 생긴 과보라고 알면 안개가 걷히듯이 사물의 이치가 드러난다.

224 | 목표

지나치게 목표에 집착하면 목적을 성취하기 위해서 진실이 아닌 것도 진실처럼 생각하기 쉽다. 오직 목표만 있고 일하는 과정이 무시되면 탐욕이 눈을 가려 거짓이 진실처럼 된다. 그러므로 일이 진행되는 과정을 소홀히 하면 결코 좋은 결과를 얻을 수 없다.

좋은 목표를 이루려면 일하는 과정이 좋아야 한다. 그래야 결과가 좋다. 시작과 중간과 끝이 모두 좋으려면 항상 마음이 균형을 잃지 않아야 한다. 누구나 높은 이상과 훌륭한 목표를 가져야하지만 일을 할 때는 아무런 바람 없이 단지 할 일이라서 해야 한다.

세상은 온갖 목표를 가진 사람들이 저마다의 성취를 위해서 진실을 외면한다. 이렇게 해서 목표에 이르렀다면 그것은 바른 성취가 아니다. 오히려 얻은 것으로 인해 나쁜 과보를 받는다. 그러므로 목표에 함몰된 자기 마음이 자기를 속이고 있지 않은지 알아차려야 한다.

누구나 원하는 것을 얻으려 해도 반드시 얻는 것이 아니다. 상황에 따라 얻을 수도 있고 얻지 못할 수도 있다. 그럼에도 반드시 얻으려한다면 스스로 괴로움을 자초하기 마련이다. 목표는 있되 행함에서는 목표를 집착하지 말아야 한다.

225 | 무아

무아를 모르면 모든 번뇌에서 벗어나는 깨달음을 얻지 못한다. 그러나 처음부터 무아를 알기가 어렵다. 태어나서 죽을 때까지 보고 듣고 배운 것이 나라고 하는 자아를 강화하는 것밖에 없었기 때문이다. 인류는 예나 지금이나 자아를 강화하는 유신견의 역사를 진행시켜왔다.

무아를 이해하려면 지금까지 살아온 방식이 아닌 전혀 새로운 방식을 배워야 한다. 지금까지는 대상과 하나가 되는 집중을 해왔지만 이것으로는 무아를 알기가 어렵다. 대상을 분리해서 아는 위빠나사 수행을 해야 존재하는 것들의 실재하는 무아의 법을 안다.

무아는 존재의 차원이 아니고 인식의 문제다. 마음은 있지만 그 마음을 바르게 인식하지 못하기 때문에 내 마음이 있는 것으로 안다. 먼저 자신의 몸과 마음을 통하여 모든 것이 변한다는 것을 인식해야 한다. 그 뒤에 변하는 것으로 인해 생기는 괴로움을 인식해야 한다.

다시 괴로움을 없애려고 해도 내 마음대로 되지 않는 것을 알 때 비로소 무아의 지혜가 난다. 마음은 있지만 내 마음이 아니고 단지 순간의 마음이다. 마음이 항상 하지 않고 변한다는 사실을 알면 집착에서 벗어나 궁극의 자유를 얻는다.

226 | 어리석음의 원인

모든 괴로움의 원인은 어리석음이고, 어리석음을 갖게 하는 것이 유신견이다. 유신견은 몸과 마음이 나의 소유고, 나라고 하는 견해다. 깨달음의 세계에서는 이것을 잘못된 견해라고 한다. 누구든 몸과 마음을 내 몸과 마음이라고 하는 한 결코 자신으로부터 자유로울 수 없다.

사람들이 겪는 괴로움의 원인은 자아를 집착하기 때문이다. 나라는 생각과 내 것이라는 생각에 화를 내고 욕심을 부린다. 내 일이 아니면 화를 내고 욕심을 부릴 필요가 없다. 이러한 유신견을 제거하기 위해서는 위빠사나 수행을 해서 무상, 고, 무아의 법을 알아야 한다.

위빠사나 수행을 해서 도과를 성취하기 전까지는 유신견을 버리지 못한다. 때로는 수행을 하면 오히려 유신견이 드러나서 더 괴롭기도 하다. 이때 유신견으로 인해 나타나는 괴로움은 알아차릴 좋은 법이다. 괴로움이 있어야 괴로움의 원인을 아는 지혜가 나기 때문이다.

자신이 왜 괴로운지 알기가 어려운데 수행자는 괴로움을 통하여 괴로움의 원인인 유신견을 발견해야 한다. 위빠사나 수행을 하여 자신을 괴롭히는 자아가 실재하지 않는다는 것을 알아야 해탈의 자유를 얻는다.

227 | 분리

위빠사나 수행은 지금까지 있었던 기존의 모든 수행과 전혀 다른 수행이다. 붓다가 출현하기 이전의 모든 수행은 대상과 하나가 되어서 집중력을 얻는 것이 전부였다. 그러나 위빠사나 수행은 대상과 하나가 되지 않고 대상을 분리해서 알아차리는 전혀 다른 수행방법이다.

모든 대상을 분리해서 알아차려야 대상이 가지고 있는 성품인 무상과 고와 무아를 알 수 있다. 이때는 근본집중이 아닌 찰나집중을 해서 법의 성품을 본다. 대상과 하나가 될 때는 번뇌를 억제하여 고요함을 얻지만 대상을 분리해서 알아차리면 번뇌를 말리는 지혜를 얻는다.

위빠사나 수행은 대상을 있는 그대로 알아차리는 수행이다. 싸워서 이기는 수행이 아니다. 대상에 개입하지 않고 있는 그대로 알아차려서 대상을 받아들이는 수행이다. 수행에는 이기고 지는 것이 없다. 이렇게 되기 위해서는 반드시 대상을 분리해서 알아차려야 한다.

대상을 분리해서 알아차리는 것이 중도며 팔정도다. 그래서 어떤 대상이 나타나건 반발하지 않고 인내하면서 알아차려야 한다. 만약 그렇지 못하다면 나라고 하는 자아를 가지고 수행을 하는 것이라서 궁극의 법을 보지 못한다.

연기가 회전하여 윤회를 하는 근본원인은 무명과 갈애다. 과거에는 무명을 우두머리로 살고 현재는 갈애를 동반자로 살아서 연기가 회전한다. 위빠사나 수행의 알아차림이 없을 때는 무명과 갈애가 있고, 알아차림이 있을 때는 무명과 갈애가 없어 연기가 회전하지 않는다.

사마타 수행의 알아차림은 갈애가 있어 연기가 회전한다. 하지만 위빠사나 수행의 알아차림은 갈애가 없어 연기가 회전하지 않는다. 위빠사나 수행의 알아차림은 아무 것도 바라지 않고, 없애려고 하지 않고 나타난 것을 단지 대상으로 알아차리기 때문에 갈애가 일어나지 않는다.

알아차림이 처음부터 쉽게 되는 것이 아니다. 누구나 처음에는 일이 끝나고 나서 알아차리기 쉽다. 그러나 알아차리는 힘이 생기면 차츰 하고 있는 일의 중간에 알아차릴 수 있다. 다시 알아차림이 지속되어 집중력이 생겨 지혜가 나면 처음부터 알아차릴 수 있다.

알아차림에는 늦고 빠른 것이 없다. 시간에 상관없이 언제고 알아차리면 된다. 늦게라도 알아차리면 다음에 좀 더 빨리 알아차릴 수 있는 힘이 생긴다. 일이 끝난 뒤에 알아차렸다면 가장 빨리 알아차린 것이다.

229 | 무상은 과정이다

모든 것은 진동한다. 진동하는 것은 변하고, 변하는 것이 바로 무상이다. 모든 것은 한번만 변하지 않고 계속해서 변한다. 그러므로 존재하는 것은 모두 변하는 과정에 있다. 이러한 무상을 바르게 알기 위해서는 오직 자신의 몸과 마음을 알아차려야 한다.

자신의 몸과 마음이 아닌 외부의 현상에도 무상은 있다. 하지만 외부에 있는 대상을 알아차릴 때는 내가 본다는 유신견을 가지고 보기 때문에 대상이 가지고 있는 실재하는 성품을 알 수 없다. 그러므로 오직 자신의 몸과 마음을 알아차려야 무상의 지혜를 얻을 수 있다.

몸이 한순간에 한 번 변할 때 마음은 열일곱 번 변한다. 자신의 몸과 마음도 매순간 변하지만 몸과 마음에 부딪힌 대상도 매순간 변한다. 변하는 몸과 마음이 대상을 받아들이기 때문에 대상도 다를 것이 없다. 그래서 몸과 마음을 알아차려야 무상의 진실을 알 수 있다.

존재하는 모든 것들의 무상은 한 번에 그치지 않고 계속된다. 그러므로 무상은 현상계의 질서이면서 과정이다. 이것을 알아야 영원한 것이 없다는 사실을 자각하여 무상의 지혜가 난다. 이 세상에서 무상이 아닌 것이 없듯이 과정이 아닌 것이 없다.

230 | 혼자서 가는 길

누구나 혼자 태어나서 혼자 살다가 혼자 죽는다. 태어남과 삶과 죽음을 동행할 사람은 아무도 없다. 가족이 있고 사회가 있지만 혼자서 가는 길에 잠시 스쳐지나가는 인연으로 만났다. 수행을 할 때도 스승과 도반이 있지만 결국 혼자서 지혜를 얻고 혼자서 자유를 얻는다.

혼자서 가는 길에 다른 것을 의지하지마라. 오직 스승에 의지하고 스승의 가르침에 의지해야 한다. 그리고 자신의 몸과 마음에 의지해야 한다. 스승의 가르침은 자신의 몸과 마음을 알아차리는 방법에 국한되어야 한다. 이런 가르침 외에 스승의 초월적 힘에 의지해서는 안 된다.

만약 스승의 능력에 의지한다면 자신의 몸과 마음이 가지고 있는 진실을 알지 못한다. 또 자신의 몸과 마음에 의지하지 않고서는 자신이 가지고 있는 번뇌의 실체를 알지 못한다. 자신의 몸과 마음이 있어서 생긴 번뇌는 오직 자신의 몸과 마음을 통찰해야 해결할 수 있다.

혼자서 가는 길에 누구도 나를 기다려 주는 사람은 없다. 마찬가지로 나도 남을 기다려 줄 수 없다. 자신도 기다리지 못하면서 누구에게 기다려 달라고 말할 수 있겠는가? 이제 누군가에게 손을 내밀지 말고 스스로의 길을 가라.

231 | 마음가짐

마음가짐이 바르면 옳은 일은 잘된 일이라고 칭찬하고, 옳지 않은 일은 몰라서 그렇다고 이해한다. 옳은 일만 수용하고 옳지 않은 일은 배척하면 극단에 빠지기 쉽다. 그러므로 옳은 일도 수용하고 옳지 않은 일도 몰라서 그런 것이라고 수용해야 한다.

마음가짐이 바르지 못하면 옳은 일을 잘못이라고 비난하고, 옳지 않은 일을 바른 것으로 칭찬한다. 그러므로 옳은 일이라고 해서 꼭 칭찬이 따르는 것은 아니며, 옳지 않은 일이라고 해서 비난을 받는 것도 아니다. 옳고 그름의 기준은 어떤 마음을 가졌느냐에 따라 다르다.

자신이 옳다고 판단하는 것은 어디까지나 자신의 견해일 뿐이다. 그러므로 정의라는 이름으로 자신의 축적된 성향을 포장하지 말아야 한다. 상대의 입장에서는 상대가 옳을 수도 있다. 세간에서는 일의 시비를 가리지만 출세간에서는 먼저 판단하는 자신의 마음을 알아차린다.

옳은 일을 하면서 바라는 마음으로 하면 칭찬받지 못한다. 옳지 않은 일을 했어도 자신의 잘못을 알아차리면 비난을 받지 않는다. 바른 마음가짐을 갖기 위해서는 옳은 일도 알아차리고, 옳지 않은 일도 알아차려야 한다.

8장

행복과 불행

행복과 불행

　누구나 행복하기를 바랍니다. 범부(凡夫)의 행복과 성자(聖者)의 행복은 다릅니다. 범부가 바라는 행복은 감각적 욕망에 대한 충족입니다. 감각적 욕망은 아무리 가져도 만족할 수 없어서 행복하지 못합니다. 오히려 더 행복하지 못해서 불행합니다. 범부의 행복은 무지개와 같습니다. 무지개를 잡으려고 건너편 산으로 가도 무지개는 다시 건너편에 있습니다. 이처럼 범부의 행복은 잡을 수가 없는 것입니다. 범부는 감각적 욕망을 행복이라고 잘못 알고 있습니다.

　성자의 행복은 모든 욕망으로부터 벗어난 해탈입니다. 위빠사나 수행으로 자신의 몸과 마음을 알아차리면 모든 것이 변하고 괴로움이며 자아가 없다는 것을 압니다. 이런 결과로 집착을 끊어 열반에 이릅니다. 그러면 성자의 지혜가 생깁니다. 성자의 행복은 소유에 대한 만족이 아니기 때문에 불만족이 없습니다. 모든 걸림으로부터 벗어나면 지고의 행복을 얻습니다.

　행복과 불행은 동전의 양면과 같습니다. 행복의 이면에는 항상 불행이 도사리고 있고 불행의 이면에는 항상 행복이 가까이 있습니다. 사람들은 행복하지 못해서 불행하고 불행하기 때문에 행복을 찾습니다. 행복을 얻었다고 해도 감각적 욕망을 가지고 있으면 한순간에 머무는 행복에 그칩니다. 그러나 바라는 마음 없이 행복을 얻으면 걸림이 없기 때문에 오래도록 평화로운 행복을 얻습니다.

　행복과 불행은 누가 주는 것이 아닙니다. 오직 자신이 선택합니다.

행복이 있어도 만족하지 못하면 불행이 됩니다. 불행이 있어도 있는 그대로 받아들이면 행복이 됩니다. 조금 부족하더라도 스스로가 만족하면 행복합니다. 매우 풍족하더라도 스스로가 만족하지 못하면 불행합니다. 그러므로 행복과 불행은 자신의 마음이 결정합니다.

행복을 얻기 위해서는 현재를 알아차려야 합니다. 지금 여기에 있는 자신의 몸과 마음을 알아차리면 과거나 미래로 가지 않아서 행복합니다. 이미 지나간 과거는 불만족과 후회로 얼룩져 있습니다. 아직 오지 않은 미래는 불안과 두려움을 줍니다. 자신의 몸과 마음을 알아차리는 현재에 머물 때만이 모든 번뇌로부터 벗어난 행복을 얻습니다.

행복과 불행은 느낌입니다. 느낌은 감각기관이 느끼는 것이지 나의 느낌이 아닙니다. 그러므로 행복과 불행도 나의 것이 아닙니다. 느낌은 일어난 순간에 사라집니다. 그러므로 행복과 불행도 일어난 순간에 사라집니다. 행복과 불행을 기억하여 품에 안고 살면 실재가 아닌 관념을 안고 사는 것입니다. 이미 사라진 것을 붙들고 사는 것은 어리석은 일입니다. 그러니 행복에 취하지 말고 불행에 괴로워하지 말고 한순간의 느낌으로 알아차려야 합니다. 그러면 진정한 행복을 얻어 불행으로부터 자유로워집니다.

232 | 가속도

세사람들은 항상 무엇인가를 도모한다. 그 일이 좋은 일이든 나쁜 일이든 언제나 일을 꾸미며 산다. 이때 선한 의도가 있으면 선한 행위를 하여 선과보가 따른다. 이처럼 선과보의 힘이 생기면 지속적으로 선한 일을 하도록 유도한다. 그래서 선한 일을 하는 가속도가 붙는다.

불선한 의도가 있으면 불선한 행위를 하여 불선과보가 따른다. 이처럼 불선과보의 힘이 생기면 지속적으로 불선한 일을 하도록 유도한다. 그래서 불선한 일을 하는 가속도가 붙는다. 이처럼 모든 일은 한순간의 의도로 시작하지만 결과는 지혜와 어리석음으로 나뉜다.

선한 일을 하는 사람은 선한 일을 그만둘 수가 없다. 선한 과보심이 지속적으로 선한 마음을 증장시키기 때문이다. 이런 사람은 선한 힘의 가속도가 멈추지 않아 반드시 수행을 해서 통찰지혜를 얻는다. 그래서 도과를 성취하여 윤회를 끝낸다.

나쁜 일을 하는 사람은 나쁜 일을 그만둘 수가 없다. 불선과보심이 지속적으로 불선한 마음을 증장시키기 때문이다. 이런 사람은 불선한 힘의 가속도가 멈추지 않아 수행을 하지 못한다. 그래서 어리석음으로 인해 사악도에 떨어지는 윤회를 계속한다.

233 | 인과응보

　　과거에 만든 많은 불선과보가 언제부터 시작되었는지 알 수 없으며 그 양이 얼마나 되는지 도 측정할 수 없다. 과보는 연기의 시작과 같아서 그 최초의 시작과 양을 알 수가 없다. 그러므로 단지 과거의 행위는 반드시 과보가 되어 현재에 다시 나타난다는 사실 하나만을 주목해야 한다.

　　헤아릴 수 없이 많은 과보가 원인이 되어 현재의 태어남을 가져왔고 그 결과로 현재에도 괴로움 속에서 살아야 하며 미래에도 이 괴로움이 그대로 상속된다. 이때 내가 윤회하는 것이 아니고 과거의 원인이 현재의 결과를 만들고 다시 현재의 원인이 미래의 결과를 만든다.

　　이와 같은 과보는 예정되어 있지만 아무 때나 생기지 않고 반드시 조건이 성숙되면 나타나서 상속을 받는다. 그러나 바른 마음가짐으로 알아차리는 노력을 기울인다면 과거에 만들어진 업의 과보에 구속되지 않는다. 설령 과보가 온다고 해도 알아차리면 단지 대상일 뿐이다.

　　과거에 한 불선한 행위는 불가피한 것이다. 이미 과거이기 때문이다. 또 그 결과를 받는 것도 불가피한 것이다. 이미 생길 수밖에 없는 것이기 때문이다. 이처럼 불가피한 것을 알아차려서 받아들인다면 이것이 지혜다.

234 | 바른 수행

위빠사나 수행은 자신의 몸과 마음에서 나타난 현상을 있는 그대로 알아차려야 한다. 수행을 할 때 수행을 잘 하려는 욕망을 가지고 해서는 안 되며, 수행이 잘 안된다고 화를 내서도 안 된다. 이렇게 알아차릴 때만이 어리석지 않게 있는 그대로 알아차릴 수 있다.

수행은 반드시 법이 요구하는 방식으로 알아차려야만 한다. 법은 와서 보라고 나타났으며 수행자는 단지 나타난 현상을 지켜보아야 한다. 이렇게 대상을 객관적으로 분리해서 알아차려야만 대상을 있는 그대로 볼 수 있다. 대상과 하나가 되어서는 바른 성품을 볼 수 없다.

대상이 드러내고 있는 성품을 알아차리지 않고 자기 견해대로만 수행을 하려고 한다면 유신견을 가지고 대상에 개입한 것이다. 수행자가 대상에 개입해서는 대상이 가지고 있는 진정한 성품을 알 수 없다. 그러므로 유신견을 가진 자는 법의 길에 들어설 수 없는 장님이다.

이 세상에서 가장 불행한 사람은 내가 무엇이나 다 할 수 있다고 공언하는 사람이다. 이런 사람은 항상 자기가 최고라고 여긴다. 유신견을 가지고 있으면 무지가 눈을 가려 영원히 고통을 해결하는 가르침을 받아들이지 못한다.

괴로움은 불만족이다. 불만족은 만족하기를 바라서 생긴다. 누구나 항상 최상의 만족을 바라지만 자기 생각만큼 되지 않기 때문에 불만족이 생긴다. 그러므로 불만족은 누구에게나 있을 수밖에 없다. 이와 같은 불만족을 일으키게 한 갈애를 알아차리는 것이 위빠사나 수행이다.

만족하지 못할 때는 만족하지 못한 것을 알아차리고, 다음에 만족하지 못해서 괴로워하는 마음을 알아차려야 한다. 괴로워하는 마음을 알아차리면 있던 괴로움은 순간적으로 소멸한다. 괴로움을 알아차리면 괴로움은 소멸하고, 괴로움을 알아차리지 못하면 괴로움이 더 커진다.

자신이 행복하다고 느끼지만 행복은 순간적인 것이며 감각적 쾌락이라서 진정한 행복이 아니다. 자신의 고통이 싫어서 생각하지 않고 피하면 괴롭지 않을 수도 있다. 이것은 괴로움을 감추고 있는 것이다. 괴로움이란 두려움, 불안함, 들뜸, 후회, 의심을 포함한 모든 것이다.

그러므로 괴롭지 않은 사람이 없다. 이런 괴로움을 피하려고 하지 말고 있는 그대로 알아차리는 것이 괴로움으로부터 벗어나는 유일한 길이다. 이렇게 알아차리면 괴로움은 단지 대상일 뿐이므로 이미 괴로움이 아니다.

236 | 자아

　자아가 강하면 자신과 관계된 일에 대해서 필요이상으로 반응한다. 별 것도 아닌 일에 자존심이 상했다고 느끼면 그 순간에 감정을 주체하지 못하고 이성을 잃는다. 그래서 자아가 강하면 중요한 일을 대수롭지 않게 여기고 오히려 사소한 일에 강하게 반응한다.

　자아가 강하면 사소한 일이 큰 일이 되고 정작 중요한 일이 사소한 일이 된다. 그러므로 자신이 괴로울 때 별로 괴롭지도 않은 일을 가지고 공연히 괴로워하고 있는지 알아차려야 한다. 두려울 때 별로 두렵지도 않은 일을 가지고 공연히 두려워하고 있는지 알아차려야 한다.

　모든 일의 근본원인은 어리석음과 갈애로 인한 것이다. 어리석음과 갈애가 있어서 태어났고, 어리석음과 갈애로 살다가 죽으면 또 다시 어리석음과 갈애를 가지고 태어난다. 이처럼 괴로움뿐인 태어남과 죽음의 배경에는 항상 내가 있다고 하는 자아가 있다.

　어리석음으로 사는 정신세계에서는 자아가 생명을 유지해주는 큰 힘이다. 그러나 깨달음의 세계에서는 무아가 괴로움을 끊는 가장 큰 힘이다. 생명을 지탱하는 자아가 가장 어리석은 마음이라는 것을 알기 위해서는 위빠사나 수행을 해야 한다.

237 | 바른 법

선한 행위를 하고 선한 결과를 기대하지 마라. 선한 행위를 하고 좋은 결과를 바라면 그 순간 새로운 욕망의 노예가 된다. 좋은 일을 하고 결과를 기대하기 때문에 좋은 일의 의미가 반감된다. 선한 일을 하고 아무 것도 바라지 않을 때만이 선한 결과가 생긴다.

선한 일을 하고 바라는 마음이 있다가 좋은 결과가 없으면 선한 일을 한 것을 후회할 수도 있다. 선한 행위는 내가 하는 것이 아니고 그 순간의 마음이 한 행위다. 그러므로 그 과보를 받을 나도 없다. 단지 선한 마음과 선한 행위만 있을 때라야 완전한 선이라고 할 수 있다.

내가 선한 과보를 받지 않는다고 해서 선한 행위를 멈추어서는 안 된다. 선한 행위를 하는 순간의 마음이 행복하기 때문이다. 한순간의 마음이 행복하면 그 순간의 마음이 상속되어 다음 순간에도 행복하다. 행복한 순간에는 불행이 침범할 수 없어 두 배의 이익이 있다.

바른 법을 말할 때도 좋은 결과를 기대하지 말고 해야 한다. 아무 것도 바라지 않고 하는 것이 바른 법이다. 좋은 결과를 기대하면서 말하면 바른 법이 과장되어 그 뜻이 왜곡되기 마련이다. 수행자는 항상 있는 그대로의 법을 실천해야 한다.

238 | 초능력

위빠사나 수행은 초능력을 얻으려고 하지 않고 통찰지혜를 얻어 괴로움에서 해방되기 위해서 한다. 초능력을 얻으려고 수행을 하면 바라는 마음이 있어 욕망의 굴레에서 벗어날 수 없다. 인간이 아무리 뛰어난 능력을 얻는다고 해도 자연의 섭리를 거스를 수는 없다.

모르면 눈에 보이는 초능력을 집착하고, 보이지 않는 지혜는 가볍게 생각한다. 이러한 초능력은 탐욕으로 발전할 위험이 있어서 위빠사나 수행의 목표가 될 수 없다. 말을 타면 견마 잡히고 싶듯이 특별한 초능력을 가지면 휘두르고 싶어지기 마련이라서 삿된 길로 갈 위험이 있다.

초능력은 집중에 의해 나타나는 정신현상에 불과하여 지혜가 아니므로 번뇌를 해결할 힘이 없다. 능력을 가지면 자신을 과시를 할 위험이 있어 바르지 못할 뿐만 아니라, 능력에 기대어 교만해질 수 있다. 그러므로 능력보다는 지혜를 얻어 사물의 이치를 파악해야 한다.

대상과 하나가 되는 사마타 수행을 하면 처음에는 근접집중에 이르게 되고 다음에 근본집중에 이르게 된다. 이 상태에서 초능력이 계발될 수 있다. 그러나 이러한 초능력보다는 번뇌를 해결할 수 있는 궁극의 지혜를 계발해야 한다.

239 | 윤회의 끝

과거의 어리석은 마음으로 인해 현재에도 어리석은 행동을 하며, 미래에도 어리석게 살도록 예정되어있다. 과거의 지혜로운 마음으로 인해 현재에도 지혜로 행위를 하며, 미래에도 지혜롭게 살아가도록 예정되어 있다. 과거가 현재가 되고 현재가 미래로 지속되는 것이 윤회다.

자신이 한 행위에 따라서 결과가 있으며, 그 결과가 다시 원인이 되어서 미래를 만든다. 이러한 원인과 결과는 이 세상의 질서다. 누구도 이 질서를 벗어나지 못한다. 일어난 것은 사라지고 태어났으면 죽어야 하듯이 원인과 결과를 벗어날 수 없다.

그러나 과거의 어리석은 마음으로 현재에도 어리석은 마음으로 살고, 반드시 미래에도 어리석은 마음으로 살아야 하는 것이 아니다. 과거에는 어리석은 마음이 있었지만 현재 새로운 지혜가 일어나면 현재에도 지혜롭게 살 수 있으며 미래에도 지혜롭게 살 수 있다.

원인과 결과대로 사는 것이 세속의 삶이고, 원인과 결과를 벗어난 것이 출세간의 삶이다. 과거의 원인으로 현재가 있지만 현재 수행을 해서 괴로움의 원인이 되는 갈애를 일으키지 않으면 미래의 결과가 없다. 원인이 소멸하면 결과가 없어 윤회가 끝난다.

240 | 무지의 특성

모든 현상은 저 스스로 법을 드러내고 있지만 지혜가 없으면 법의 성품을 알지 못한다. 무지가 눈을 가렸기 때문이다. 무지하면 드러난 법을 있는 그대로 보지 않고 자기 견해로 본다. 이러한 견해는 오랫동안 탐욕과 성냄과 어리석음의 축적된 성향으로 만들어진 고정관념이다.

무지의 특성은 무지를 좋아하여 벗어나려고 하지 않는다. 무지는 지혜를 싫어하기 때문에 바른 것을 배척하고 바르지 못한 것을 선호한다. 무지는 무지 안에 있을 때 행복을 느끼기 때문에 오히려 무지의 보호를 받으려고 한다. 이것이 무지가 가지고 있는 실재하는 특성이다.

세상에서 일어난 모든 문제는 일어날 만해서 일어난 것이다. 문제는 항상 그것 스스로가 해답을 제시하고 있지만 보는 눈이 없어서 알지 못한다. 그래서 낡은 관념을 깨는 아픔 없이는 지혜를 얻을 수 없다. 안일에 빠져 변화를 두려워하는 게으름으로는 괴로움에서 벗어날 수 없다.

대상이 드러내고 있는 객관적 진실을 알기 위해서는 위빠사나 수행의 알아차림이 필요하다. 알아차림은 좋아하거나 싫어하지 않고 대상을 있는 그대로 지켜보는 행위이기 때문에 무지로부터 벗어나 행복으로 가는 표와 같다.

241 | 행복과 불행

　　행복과 불행은 자신의 마음이 만든다. 행복과 불행은 누가 주는 것이 아니고 스스로가 결정한다. 같은 일이라도 바른 마음으로 보면 행복하고, 바르지 못한 마음으로 보면 불행하다. 행복도 집착하면 이내 불행해지고, 불행도 알아차리면 지혜가 나서 이내 행복해진다.

　　행복과 불행은 느낌이다. 느낌은 나의 느낌이 아니고 감각기관이 느끼는 것이므로 나의 것이 아니다. 단지 마음이 있어서 행복과 불행을 아는 것이지 이것을 소유하는 자아는 없다. 행복과 불행을 나의 느낌이라고 생각하면 작은 행복에 들뜨고, 작은 불행에 괴로움을 겪는다.

　　행복과 불행은 한 순간에 일어났다가 일어난 순간에 빛보다 빠르게 사라지는 느낌이다. 어떤 대상이나 변하기 때문에 무상하다. 행복과 불행도 일어났다가 사라지기 때문에 고통이 있다. 또 이러한 현상들이 자기의 의지대로 작용되지 않기 때문에 무아다.

　　감각기관을 통해서 들어오는 모든 느낌을 느낌으로 알아차릴 때만이 번뇌가 일어나지 않는다. 느낌을 느낌으로 알아차리지 못하면 나의 느낌으로 착각하며, 한순간의 느낌을 영원한 것으로 알아 괴로움에서 벗어나지 못한다.

한번 알아차렸다고 해서 즉시 괴로움이 소멸되지 않는다. 괴로움의 힘은 항상 크기 마련이고 알아차리는 힘은 항상 작기 때문이다. 알아차렸을 때는 알아차리는 마음이 새로 일어났기 때문에 있던 괴로움은 사라진다. 그러나 이 소멸은 완전한 소멸이 아니고 일시적인 것이다.

오십 년 동안 탐욕을 가지고 괴롭게 살아왔으면 오십 년 동안 알아차려야 괴롭지 않다. 백 년 동안 탐욕을 가지고 살아왔으면 백 년 동안 알아차려야 괴롭지 않다. 살아온 날들이 길면 알아차리는 날들도 그만큼 필요하다. 이러한 노력 없이 결과를 얻으려고 하는 것이 탐욕이다.

그러나 지혜가 있는 알아차림은 살아온 날들만큼의 시간을 필요로 하지 않는다. 이때 대상을 정확하게 겨냥해야 하고 알아차림을 지속해야 한다. 이렇게 해서 지혜가 생기면 번뇌가 즉시 소멸한다. 알아차림으로 대상을 겨냥한 만큼, 지속한 만큼, 지혜가 생긴 만큼 번뇌가 소멸한다.

씨를 뿌리지도 않고 거두려 하고, 씨를 뿌리고 기다리지도 않고 거두려 해서는 안 된다. 탐욕으로 알아차리면 산 날만큼 알아차렸다고 해도 번뇌가 소멸되지 않는다. 바라지 않고 분명하게 알아차릴 때만이 시간을 뛰어넘는 결과를 얻는다.

243 | 마음의 계발

수행은 마음을 계발하는 행위다. 선하지 못한 마음을 선한 마음으로 계발하기 위해서는 반드시 실천을 해야 한다. 탐욕이 있는 마음을 알아차려서 관용을 계발하고, 성냄이 있는 마음을 알아차려서 자애를 계발하고, 어리석은 마음을 알아차려서 지혜를 계발해야 한다.

수행은 불가능한 것을 가능하게 만드는 특별한 것이 아니다. 실현 가능한 것을 목표로 삼아 실천을 하는 단순한 행위다. 누구나 이상을 가지고 살지만 이상만으로는 결코 좋은 결과를 얻을 수 없다. 이상을 구현하기 위해서는 반드시 그만큼의 실천이 따라야 한다.

수행자가 자신의 몸과 마음을 가지고 생긴 문제를 해결하기 위해서는 반드시 자신의 몸과 마음을 알아차리는 제한된 선택을 해야 한다. 그렇지 않으면 대상의 본질에서 벗어나서 왜곡하기 마련이다. 그러므로 수행자는 오직 몸과 마음을 알아차리는 일에 최선을 다해야 한다.

몸과 마음은 축적된 성향에 따라 작용하기 때문에 처음부터 자기가 원하는 대로 알아차리기가 어렵다. 그래서 수행이 잘 될 수가 없다. 그러므로 먼저 수행이 잘 안 되는 것을 받아들이고, 자기 수준에서 알아차릴 수 있는 만큼만 알아차려야 한다.

244 | 현재

좋은 과거는 좋은 현재가 되고 다시 좋은 미래가 된다. 나쁜 과거는 나쁜 현재가 되고 다시 나쁜 미래가 된다. 그러나 좋은 일이나 나쁜 일이나 상관없이 현재의 몸과 마음을 알아차리면 좋은 일이 더 좋아지며, 나쁜 일이라고 할지라도 알아차리는 순간에 새로 좋아진다.

자신의 몸과 마음을 알아차리면 과거에 상관없이 현재가 좋고 미래도 좋다. 그러나 자신의 몸과 마음을 알아차리지 못하면 과거에 상관없이 현재가 나쁘고 미래도 나쁘다. 수행자가 할 일은 언제나 현재의 몸과 마음을 알아차려서 새로운 선한 원인을 만드는 것이다.

행복은 현재 자신의 몸과 마음을 알아차릴 때만 있다. 과거는 아쉬움이고 미래는 두려움이라서 모두 고통을 준다. 자신이 살고 있는 가장 진실한 세계는 오직 현재에 있으며 이것을 자신의 몸과 마음에서 발견한다. 과거는 기억이고 미래는 상상이라서 실재하는 것이 아니다.

현재는 과거의 연속으로부터 왔으며 다시 미래의 결과의 연속으로 간다. 하지만 실재하는 것은 오직 현재밖에 없다. 모든 것들이 이루어지고 있는 현재로 오기 위해서는 항상 자신의 몸과 마음을 알아차려야 한다.

245 │ 열 가지 번뇌

위빠사나 수행을 해서 집중력이 생기면 단계적인 지혜가 난다. 수행자는 지혜가 생길 때마다 스스로 도를 얻었다고 자만에 빠지기 쉬우므로 오히려 이러한 발전을 번뇌라고 규정한다. 한 단계의 지혜에 머물면 다음 단계의 지혜로 발전하기 어렵기 때문에 지혜도 알아차려야 한다.

위빠사나 수행을 하면 열 가지 단계적 과정의 지혜가 성숙되는데 이것이 바로 열 가지의 번뇌다. 지혜를 번뇌로 규정하는 것은 더 높은 도를 향해 나아가기 위한 것이다. 궁극의 깨달음을 얻으려면 어떤 지혜에도 만족하지 않고 번뇌로 여겨 오직 대상으로 알아차려야 한다.

열 가지의 번뇌는 다음과 같다. 첫째, 마음속에서 강한 빛이 나타난다. 둘째, 예리한 이해력이 생겨 교리를 꿰뚫어본다. 셋째, 몸에 전율이 일어나는 등의 희열이 생긴다. 넷째, 몸과 마음이 안정되고 평온해진다. 다섯째, 강렬한 행복을 느낀다. 여섯째, 강한 믿음과 신심이 생긴다.

일곱째, 수행에 전념하여 정진력이 생긴다. 여덟째, 흔들림이 없이 알아차림이 뚜렷해진다. 아홉째, 일어나고 사라지는 모든 현상들에 대해 평등한 마음이 생긴다. 열째, 모든 현상들에 대해 미세한 집착과 욕망이 일어난다.

246 | 위빠사나 수행의 대상

위빠사나 수행은 진리의 성품을 알기 위해서 네 가지 대상을 알아
차리는 수행이다. 네 가지 대상은 몸과 마음이지만 세분화해서 몸, 느낌,
마음, 법으로 나눈다. 첫째, 몸을 알아차린다. 몸에서 일어나고 사라지는
호흡과 신체현상을 통하여 매순간 변하는 무상의 성품을 안다.

둘째, 느낌을 알아차린다. 몸과 마음에서 일어나고 사라지는 느낌
을 통하여 모든 것은 무상하고 이것들이 고통이라는 성품을 안다. 셋째,
마음을 알아차린다. 마음은 매순간 변하기 때문에 항상 하지 않으며 내
마음대로 되지 않아 자아가 없다는 무아의 성품을 안다.

넷째, 법을 알아차린다. 법은 마음의 대상이며 진리다. 세 가지 대상
인 몸과 느낌과 마음을 알아차려서 존재하는 것들의 일반적 특성인 무
상, 고, 무아의 법을 안다. 이상의 몸, 느낌, 마음, 법이라는 네 가지 대상
을 바르게 알아차릴 때만이 궁극의 진리를 알 수 있다.

무상, 고, 무아의 세 가지 자각이 일어나면 갈애가 끊어져 해탈의
자유를 얻는다. 모든 것은 변하고, 변하는 것은 괴로움이며, 괴로움을 해
결하는 자아가 없다는 것을 알면 집착이 끊어진다. 그러면 새로운 갈애
가 일어나지 않아 윤회가 끝난다.

247 | 가보지 않은 길

위빠사나 수행은 경험하지 않은 정신세계를 계발하는 것이라서 지금까지 가보지 않은 길을 가는 수행이다. 수행은 자기가 아는 길을 가는 것이 아니고 모르는 길을 가기 때문에 반드시 스승의 가르침이 있어야 한다. 혼자서 갈 수 있는 사람은 오직 붓다밖에 없다.

붓다는 오랜 세월동안 바라밀 공덕을 쌓은 선한 과보의 힘으로 최고의 지혜를 얻어 스스로 붓다가 되셨다. 붓다가 될 수 있는 선한 과보를 받아서 태어났지만 그렇다고 저절로 붓다가 된 것은 아니다. 붓다는 누구보다도 더 처절한 자기 성찰을 통해서 스스로 깨달음을 얻었다.

수행은 새로운 정신세계를 계발하는 것이라서 처음에는 잘 안 된다. 이는 기존의 고정관념이 아닌 새로운 진리의 세계를 경험하는 것이기 때문이다. 그러므로 수행이 잘 안될 때는 안 되는 것을 알아차려야 한다. 그렇지 않고 무조건 수행을 잘하려고 해서는 안 된다.

수행을 잘하려고 하는 것은 욕망이고 잘 안 되는 것을 알아차리는 것은 관용이다. 수행이 안 될 때는 안 될 만한 조건이 있다. 그래서 먼저 잘 안 되는 것을 알아차려야 한다. 수행은 언제나 관용으로 현재를 받아들이는 것이다.

248 │ 두 개의 날개

    새가 두 개의 날개를 움직여서 하늘을 날듯이 위빠사나 수행도 반드시 두 가지의 조건이 성숙되어야 한다. 하나는 알아차림이고 다른 하나는 분명한 앎이다. 수행은 알아차림 하나만으로는 되지 않고 분명한 앎이 함께 작용을 해야 비로소 바르게 할 수 있다.

    알아차림은 대상을 겨냥해서 아는 적극적인 행위다. 먼저 몸과 마음을 깨어서 지켜보아야 하며, 그런 뒤에 알아차림을 지속시켜야 한다. 대상을 알아차리지 못할 때는 알아차리는 것을 기억해야 한다. 자신이 무엇을 하거나 할 때 하는 것을 알아차려야 수행이라고 할 수 있다.

    알아차림은 일차적 행위고 알아차림을 지속하고 보완하기 위해서는 분명한 앎이 함께 해야 한다. 분명한 앎은 대상을 받아들여서 이해하고 분별하는 행위다. 분명한 앎은 네 가지가 있다. 첫째, 목적에 대한 분명한 앎으로 무엇이 이익인지를 알아야 한다.

    둘째, 적합성에 대한 분명한 앎으로 시기와 상황을 고려해야 한다. 셋째, 수행의 대상에 대한 분명한 앎으로 올바른 대상을 선택하고 있는지 알아야 한다. 넷째, 실재에 대한 분명한 앎으로 어리석은 마음으로 수행을 하는지 알아야 한다.

249 | 즐거움과 괴로움

누구나 즐겁기를 바란다. 그러나 진정으로 즐겁기를 바란다면 즐거울 때 즐거워하는 것을 알아차려야 한다. 즐거움을 알아차리지 못하면 즐거움이 사라질 때 괴로워진다. 또 즐거움을 집착하면 더 즐겁기를 바라는데 이것이 괴로움이다. 원하는 만큼 즐겁지 않으면 괴로워진다.

누구나 괴로움을 원하지 않는다. 괴롭지 않기를 바란다면 괴로워하는 것을 알아차려야 한다. 괴로움을 알아차리지 못하면 슬픔과 비탄에 빠지고 자신을 학대한다. 어리석은 사람은 자신을 비하하고 학대하는 것을 즐겨 더 괴로움에 빠진다. 그래서 괴로워하는 것을 일로 삼는다.

즐거움이나 괴로움이나 모두 원인이 있어서 생긴 결과다. 어떤 상태에서나 있는 그대로 알아차려야 한다. 즐거움을 집착하지 말고 괴로움을 부정하지 말아야 한다. 즐거움을 집착할수록 괴로움이 커지며, 괴로움을 부정할수록 괴로움이 더욱 커진다.

즐거움과 괴로움은 동전의 양면과 같아서 항상 함께 붙어있다. 있는 그대로 알아차리면 즐거움과 괴로움이 고요함으로 바뀐다. 만일 알아차리지 못하면 둘 다 더 큰 괴로움으로 바뀐다. 모두 알아차려서 받아들여만 괴로움이 소멸한다.

세상을 탓하지 마라. 세상은 원래 그렇다. 원래 그런 세상을 탓해봐야 아무 소용이 없다. 나도 세상의 일원으로 살면서 세상 사람들처럼 생각하고 말하고 행동했다. 세상이 원래 그렇다고 알아차리고, 나도 세상 사람들과 같았다고 알아차리면 된다. 더 이상 바라지 마라.

남을 탓하지 마라. 남은 원래 그렇다. 원래 그런 남을 불평한다고 해결되지 않는다. 나의 문제도 해결하지 못하면서 남을 탓해서 무엇을 하겠는가? 사람은 원래 그렇다고 알아차리고, 나도 남과 다를 것이 없다고 알아차리면 된다. 더 이상 바라지 마라.

자신을 탓하지 마라. 자신은 원래 그렇다. 내가 있어서 나를 지배하는 것이 아니니 후회하지 마라. 내가 사는 것이 아니고 과거의 원인으로 현재의 결과가 주어져서 사는 것이다. 과보의 굴레가 현재의 자신을 지배하고 있는 것을 알아차리면 된다. 더 이상 바라지 마라.

모든 것은 조건에 의해 일어났기 때문에 조건이 바뀌지 않는 한 변하지 않는다. 바꿀 수 없는 것을 탓해봐야 괴로움만 늘어난다. 진정으로 바꾸려면 모든 것을 있는 그대로 알아차려서 자신의 마음을 바꾸어야 한다.

251 | 무상과 무아

걷는 수행을 하면서 한 걸음씩 발을 내디딜 때마다 같은 발걸음은 하나도 없다. 발을 내디디려는 의도가 다르고, 발의 움직임도 다르고, 닿는 곳도 다르다. 걸을 때 모두 같은 발걸음이라고 보면 바르게 안 것이 아니다. 시간이 다르고, 아는 마음도 달라서 모두 새로운 것만 있다.

걸을 때 내가 걷는 것이 아니다. 걸으려는 의도가 있어서 발의 움직임이 있다. 들으려는 의도가 있어서 드는 행위가 있고 내리려는 의도가 있어서 내리는 행위가 있다. 서려는 의도가 있어서 서는 행위가 있고 돌려는 의도가 있어서 도는 행위가 있지 내가 움직이는 것이 아니다.

일어나고 꺼지는 호흡도 같은 호흡이 하나도 없다. 먼저 일어난 호흡과 나중에 일어난 호흡은 같은 호흡이 아니다. 호흡은 의도도 같지 않고, 시간도 같지 않고, 일어난 모양도 같지 않다. 시간이 흐르고, 그것을 보는 마음도 흐르고, 호흡도 모두 새로운 것이다.

호흡을 할 때 내가 호흡을 하는 것이 아니다. 생명력이 있고, 단지 호흡을 하려는 의도가 있어서 호흡을 한다. 만약 내가 있어서 호흡을 한다면 죽을 때 마지막 호흡을 더 지속시켜 죽지 않고 살 수 있어야 한다.

252 | 옳고 그름

옳은 것을 말할 때는 단지 옳은 것을 말하면 된다. 옳은 것이라고 해서 극단적인 주장을 하면 옳지 않은 것을 배척하기 때문에 오히려 나쁜 결과를 가져온다. 옳지 않다고 말할 때도 단지 옳지 않은 것을 말하면 된다. 옳지 않다고 해서 극단적인 주장을 하면 오히려 옳은 것에 대한 반감만 생긴다.

옳은 것을 말할 때나 옳지 않은 것을 말할 때나 모두 상대를 배려하는 예절이 있어야 한다. 예절이 없으면 자기만 옳다고 주장하여 상대를 비난하는 것이 된다. 무조건 내가 옳고 네가 잘못되었다고 말하면 말하는 자신도 옳지 않다.

옳은 것도 두 가지가 있는데 단지 자신이 옳다고 판단해서 옳은 것이 있고, 또 객관적 진실에 비추어서 옳은 것이 있다. 자신이 옳은 것이라고 극단적으로 주장하면 자신의 기준에서만 옳은 것이다. 객관적 진실에 비추어서 옳다고 여길 때는 극단적으로 주장을 하지 않는다.

옳고 그른 것을 극단적으로 주장하는 것은 자아를 가지고 말하기 때문이다. 옳은 것과 그른 것은 단지 행위일 뿐이다. 여기에 나와 네가 없다. 나와 너라는 개아로 사물을 보면 항상 욕망을 가지고 하기 마련이라서 극단에 빠지기 쉽다.

253 │ 바뀌지 않는 성향

누구나 자신의 축적된 성향은 바꿀 수 없다. 바뀌지 않는 성향을 바꾸려 해서 괴로움이 따른다. 그러나 바꿀 수 있는 방법이 전혀 없는 것이 아니다. 바꾸려 하지 않고 축적된 성향을 있는 그대로 알아차리는 것이다. 이것이 축적된 성향을 바꿀 수 있는 단 하나의 방법이다.

오랫동안 쌓여온 성향을 그대로 두고 '그렇네' 하고 대상을 분리해서 알아차려야 한다. 바꾸려하는 것은 욕망이고 '그렇네' 하고 지켜보는 것은 지혜다. 이것이 도저히 떼어낼 수 없는 성향으로부터 자유로워지는 유일한 방법이다. 이렇게 할 때만이 개선의 여지가 있다.

바뀔 수 없는 축적된 성향을 바꾸려고 하면 바꾸려 한만큼 반발력이 생겨 더 강해진다. 무엇이나 바꾸려 한다고 해서 바뀌는 것이 아니다. 바꾸는 것을 집착하면 오히려 바꾸려고 하는 욕망만 더 커진다. 그래서 괴로움뿐인 악순환이 계속되어 끝없는 윤회를 계속해야 한다.

지금 이순간의 마음은 일어나서 사라지고 없지만 마음속에 있는 종자가 다음 마음에 상속되어 흐름이 지속된다. 그러나 알아차리는 마음에는 알아차리는 마음의 종자가 있어서 다음 순간에 축적된 성향이 전해지지 않는다.

254 | 괴로움의 통로

괴로움은 외부로부터 들어오는 괴로움과 내부에서 일어나는 괴로움이 있다. 외부로부터 들어오는 괴로움은 감각기관을 통해서 들어온다. 내부의 괴로움은 자신의 마음에 있는 탐욕과 성냄과 어리석음을 통해서 일어난다. 수행자는 괴로움이 어느 곳으로 들어오는지 알아차려야 한다.

눈이 대상을 볼 때 괴로움이 일어난다. 귀가 소리를 들을 때 괴로움이 일어난다. 코가 냄새를 맡을 때 괴로움이 일어난다. 혀가 맛을 볼 때 괴로움이 일어난다. 몸이 접촉을 할 때 괴로움이 일어난다. 마음이 생각을 할 때 괴로움이 일어난다. 이것이 외부로부터 들어오는 괴로움이다.

마음에 있는 탐욕이 일어날 때 괴로움이 생긴다. 성냄이 일어날 때 괴로움이 생긴다. 어리석음이 일어날 때 괴로움이 생긴다. 관용이 일어날 때도 괴로움이 생긴다. 자애가 일어날 때도 괴로움이 생긴다. 지혜가 일어날 때도 괴로움이 생긴다. 이것이 내부로부터 일어나는 괴로움이다.

어느 감각기관을 통해서 들어오는 괴로움일지라도 괴로움이 일어날 때마다 알아차리면 소멸한다. 그러나 오랫동안 지속된 괴로움은 알아차렸다고 해서 완전하게 소멸하지는 않고 충분한 조건이 성숙되어야만 소멸된다.

255 | 마음의 대상

법은 마음의 대상이다. 법은 대상의 법과 진리의 법이 있다. 범부는 감각기관이 감각대상과 부딪칠 때 알아차리지 못해서 법이 없다. 그러나 수행자는 감각기관이 감각대상에 부딪칠 때 알아차리기 때문에 법이 있다. 법은 항상 있지만 대상을 알아차리는 자에게만 성립된다.

수행자에게는 어느 것이나 알아차릴 대상에 속한다. 수행자에게 알아차릴 것이 따로 있는 것이 아니고 정신과 물질을 가지고 마주치는 모든 것이 대상이다. 그래서 법이 아닌 것이 없다. 이러한 법은 항상 있지만 법을 보는 눈이 없기 때문에 법이 없는 것이다.

대상의 법을 충분하게 알아차려서 조건이 성숙되면 차츰 진리의 법이 드러난다. 대상의 법을 알아차리기 위해서는 먼저 자신의 몸과 마음을 알아차려야 한다. 그래서 고요함을 얻어야 한다. 고요함을 얻으면 대상에 숨겨져 있는 무상, 고, 무아의 진리의 법이 드러나기 시작한다.

수행의 시작은 대상의 법을 맞이하는 것이며 수행의 결과는 진리의 법을 맞이하는 것이다. 모든 것이 법이 아니다. 법은 알아차리는 사람에게만 법이다. 알아차리지 않는 사람에게는 법이 아니다.

256 | 말의 기능

말에는 말하는 자의 입장과 듣는 자의 입장이 있다. 말을 할 때는 상대를 바꾸려고 말해서는 안 된다. 단지 있는 사실을 말해야 한다. 자신의 목적을 위해 일방적으로 말하면 말의 기능이 떨어진다. 그러면 상대에게 뜻을 전할 수 없으며 자신의 말로 인해 괴로움을 겪는다.

옳은 것을 말하기 위해서 다른 사람의 말을 틀렸다고 배척해서는 안 된다. 상대가 틀렸다고 판단되었을 때도 상대가 몰라서 그런 것이라고 이해해야 한다. 자신이 옳다는 것은 단지 자신의 생각이다. 자신이 옳다는 확신으로 상대를 차별한다면 오히려 바르지 못한 것이다.

상대의 잘못을 핍박하면 상대나 자신이나 다를 것이 없다. 그렇다면 모르기는 서로 마찬가지다. 자신의 말이나 상대의 말이나 모두 알아차릴 대상이다. 무슨 말이나 오직 '그렇네' 하고 알아차려야 한다. 이렇게 대상을 분리해서 알아차리는 것이 위빠사나 수행이다.

남이 말하면 듣고, 남이 물으면 대답하고, 남이 좋은 말을 하면 받아들여야 한다. 때로는 말을 하는 것보다 말을 하지 않는 것이 더 많은 뜻을 전할 수 있다. 그래서 알아차리면서 말하고 알아차리면서 들어야 한다.

257 | 정신과 물질을 구별하는 지혜

위빠사나 수행은 몸과 마음에서 일어나는 물질적 현상과 정신적 현상을 알아차리는 수행이다. 이때 이 두 가지를 연결하는 알아차림이란 행위가 있어야 수행을 하는 것이다. 위빠사나 수행의 알아차림이란 깨어 있는 마음이 몸이라는 대상과 마음이라는 대상을 아는 행위다.

만약 몸에서 일어나는 현상에 알아차림이란 행위가 없으면 깨어서 아는 마음이 없기 때문에 수행을 한다고 할 수 없다. 몸이라는 대상과 그것을 알아차리는 행위에 의해 깨어서 아는 마음이 생긴다. 그래서 위빠사나는 정신과 물질의 알아차림을 확립하는 수행이다.

인간의 구성요소는 정신과 물질의 결합으로 이루어졌다. 하지만 정신은 정신의 고유한 영역에서 하는 기능이 있으며 물질은 물질의 고유한 영역에서 하는 기능이 있다. 이것들이 서로 자기의 영역에서 자기의 기능을 하도록 분리해서 알아차리는 것이 위빠사나 수행이다.

몸이 아플 때 아픈 것은 몸이지 마음이 아니다. 이때 마음이 아픈 몸을 있는 그대로 분리해서 알아차리는 것이 정신과 물질을 구별하는 지혜다. 몸이 아플 때 마음까지 아프면 정신과 물질을 구별하지 못한 것이다.

누구나 후회를 하면서 산다. 후회를 한 뒤에 똑같은 행위를 되풀이하고 다시 후회를 한다. 그래서 후회가 생활의 일부가 되어서 산다. 후회는 선하지 못한 행위로 성내고 있는 마음과 함께 일어난다. 이것뿐만이 아니고 후회는 질투와 인색과 결합하여 함께 나타나기도 한다.

후회는 지난 일로 자기를 학대하는 행위다. 후회는 과거에 얻지 못한 것을 아쉬워하는 욕망이라서 어리석음까지 포함되어 있다. 후회는 선하지 못한 행위라서 하면 할수록 개선되지 않고 괴로움만 남긴다. 후회는 이미 지난 것에 대한 회한과 자책이라서 아무 소득이 없다.

참회는 선한 행위다. 참회는 믿음과 알아차림을 가지고 하기 때문에 양심과 수치심이 있는 행위다. 참회를 함으로써 탐욕과 성냄이 없어지고 중도의 마음을 갖는다. 후회는 바라는 마음이 있지만 참회는 바라는 마음이 없다. 그래서 후회는 불선업이고 참회는 선업이다.

수행자는 아무리 해도 개선될 수 없는 후회를 하지 말고 참회를 해서 새로운 원인을 만들어야 한다. 후회는 불선업이기 때문에 아무리 해도 이익이 없지만 참회는 선업이고 알아차림이기 때문에 스스로를 정화한다.

259 | 세 가지 도

성스러운 道인 열반에 이르려면 세 가지의 도가 성숙되어야 한다. 첫째, 근본도가 확립되어야 하고, 둘째, 전단계의 도가 성숙되면 셋째, 성스러운 도에 이른다. 마지막 단계인 성스러운 道에 이르면 果를 얻는다. 이상의 세 가지가 도가 충족되어야 궁극의 열반을 성취한다.

첫 번째, 근본도는 업자성 정견을 확립하는 것이다. 모든 일은 예외 없이 지은대로 받는다. 선한 마음은 선한 행위를 하여 선과보를 받고, 선하지 못한 마음은 선하지 못한 행위를 하여 불선과보를 받는다. 근본도로 인해 원인과 결과라는 지혜가 생기면 모든 의심에서 해방된다.

두 번째, 전단계의 도는 몸과 마음을 알아차려서 통찰지혜를 얻는 위빠사나 수행이다. 위빠사나 수행은 팔정도를 실천하여 무상, 고, 무아를 알아 집착을 여읜다. 몸과 마음의 느낌은 항상 변하며, 불만족스러운 것이고, 이것을 소유하는 자아가 없다는 것을 안다.

세 번째, 성스러운 도는 도과를 성취하여 열반에 이르는 것이다. 열반은 모든 번뇌가 소멸된 지고의 행복이다. 열반에 이르러 아라한이 되면 원인과 결과가 끊어진 단지 작용만하는 마음을 가져 괴로움뿐인 윤회가 끝난다.

260 | 계율

계율은 스스로가 절제하여 자신을 청정하게 하는 행위다. 계율은 억제하고 삼가는 것이다. 반대로 계율을 지키지 않으면 삼가지 못하는 것이다. 선한 마음으로 선한 행위를 하면 선한 과보를 받고, 선하지 못한 마음으로 선하지 못한 행위를 하면 선하지 못한 과보를 받는다.

계율은 스스로를 보호하는 도덕적 행위로 거친 번뇌와 중간 번뇌와 미세한 번뇌를 모두 제거한다. 계율을 지켜야 몸과 마음이 평안하고 집중력이 생겨 지혜가 난다. 계율은 모든 선한 행위의 시작이다. 그래서 위빠사나 수행에서는 알아차림으로 계율을 지킨다.

계율은 모든 수행의 기본이지만 위빠사나 수행에서는 특별하게 계율을 강조하지는 않는다. 대신 알아차림을 강조한다. 알아차림은 선한 행위로써 계율을 지키는 효과가 있다. 알아차려서 계율을 지키는 청정한 행위가 있으면 다음 단계로 마음이 청정해진다.

마음이 청정해지면 사물을 보는 견해가 청정해진다. 견해가 청정해져야 비로소 법의 성품을 보아 지혜를 얻는다. 계율은 열반을 성취하기 위한 수단이지 그것 자체가 목적은 아니다. 그러므로 계율은 피안으로 가는 도구다.

261 | 선과보와 불선과보

선업과 불선업은 서로 섞이지가 않는다. 물과 기름이 서로 섞이지 않듯이 두 가지는 서로가 섞이지 않고 각각의 역할을 한다. 선한 마음을 가지고 선한 행위를 해서 선한 과보를 받으면 이 마음이 다시 선한 마음을 일으킨다. 이렇게 선한 마음은 일련의 과정을 거치며 상속된다.

선하지 못한 마음을 가지고 선하지 못한 행위를 해서 선하지 못한 과보를 받으면 이 마음이 다시 선하지 못한 마음을 일으킨다. 이렇게 선하지 못한 마음도 일련의 과정을 거치면서 상속된다. 이러한 흐름을 윤회라고 한다.

선한 과보를 받아 좋은 일이 있을 때는 불선과보가 영향을 미치지 못한다. 그러나 좋은 일 뒤에 나쁜 일이 일어났으면 이때는 과거에 쌓은 불선과보가 새로 일어난 것이다. 누구나 과거에 좋은 일과 나쁜 일을 함께 했기 때문에 그때마다 적절한 과보가 나타나서 영향을 준다.

잘못된 행위를 해서 괴로움을 겪는 것은 불선과보를 받은 것이다. 이때 더 나쁜 쪽으로 가거나, 오히려 좋은 쪽으로 가는 것은 그간에 쌓아 놓은 과보가 영향을 미친다. 괴로울 때 인생을 포기하는 것은 불선과보가 작용한 것이고, 수행을 해서 극복하는 것은 선과보가 작용한 것이다.

262 | 지금 여기에서

위빠사나 수행은 현재에서 실재하는 것을 알아차린다. 이것을 '지금 여기에서'라고 말한다. 실재하는 것은 오직 현재에만 있다. 과거는 지나간 것이고 미래는 오지 않은 것이라서 실재하는 것이 아니다. 이러한 실재는 지금 여기에 있는 몸과 마음에서만 찾을 수 있다.

위빠사나 수행의 궁극의 목표는 열반이고 이러한 열반에 이르기 위해서는 반드시 존재하는 것의 성품을 알아야 한다. 존재하는 것의 성품은 오직 현재 지금 여기에 있는 몸과 마음에서만 찾을 수 있다. 과거와 미래는 실재하는 것이 아니고 사유라서 통찰지혜가 생기지 않는다.

만약 과거나 미래를 생각했다면 실재가 아니지만 다시 과거나 미래를 생각한 것을 알아차리면 그 순간 현재로 돌아온다. 또 현재를 알아차리는 것은 한순간의 현재만 알아차리고 마는 것이 아니고 현재를 계속해서 알아차리는 것까지로 포함한다.

현재는 현재라고 아는 순간에 이미 과거가 되므로 알아차림이 지속될 때만 현재에 머물게 된다. 그래서 위빠사나 수행은 현재 있는 것을 알아차리고 다시 알아차림을 지속하는 것까지를 포함한다.

263 | 두려움

두려움은 들떠서 의심하며 실재하지 않는 것을 만들어서 걱정하는 행위다. 두려운 마음은 현재를 대상으로 하지 않고 미래를 대상으로 삼아 사실이 아닌 것을 상상하는 것이다. 아직 오지 않은 미래의 일을 만들어서 두려워하면 오히려 그런 현상이 나타나도록 스스로 투사한다.

두려워하면 그 일이 실제로 나타나도록 노력하는 것이다. 그래서 있지도 않은 사실을 상상으로 만들어서 예단하는 것은 매우 어리석은 일이다. 두려워하는 것이 거듭되면 두려움이 습관이 되어 두려움이 자꾸 커진다. 두려움은 두려움을 자양분으로 삼아 더 커진다.

두려움은 바라는 마음 때문에 일어난다. 바라지 않으면 두려움도 없다. 두려움은 선하지 못한 행위를 한 과보로 나타난다. 내가 남을 속이면 남이 나를 속일까봐 두렵고, 내가 남을 비난하면 남이 나를 비난할까봐 두렵다. 계율을 지키고 선한 행위를 하면 선과보가 있어 두렵지 않다.

두려움은 현실을 바로 보는 지혜가 부족해서 일어난다. 두려워할 때는 두려워하고 있는 현재마음을 알아차려야 한다. 그런 뒤에 가슴에서 두려움으로 인해 생긴 두근거리는 느낌을 지속적으로 주시해야 한다.

264 | 계율은 재산이다

왜 계율을 지켜야 하는가? 계율을 지키면 번뇌로부터 자신을 보호하고 가족을 보호하며 더 나아가서 사회를 보호하고 인류를 보호한다. 인간은 계율 안에 있을 때 평화로우며 가장 안전하다. 세간이나 출세간이나 모든 행복은 계율로 시작해서 계율로 끝난다.

계율이 딱딱한 것처럼 느껴지는 것은 비도덕적 마음가짐을 가지고 감각적 욕망에 사로잡혀 있기 때문이다. 도덕적인 마음을 가지면 계율이 부드럽고 편안한 것이다. 계율을 지키는 것은 한 인간의 정신을 바르게 지탱하는 기본요소며 사회를 바르게 지탱하는 기본요소다.

계율은 불행과 혼란을 막아서 스스로를 보호하는 울타리다. 계율을 지키면 몸과 마음이 건강하고 재산을 모을 수 있다. 계율을 지키면 사람들의 평판이 좋아 지도자가 되고 매사에 떳떳하다. 계율을 지키면 욕망의 유혹으로부터 벗어나 마음이 청정해지고 지혜를 얻는다.

계율을 지키는 것은 절제가 따라야 하기 때문에 하기 어려운 것을 하는 행위다. 인간이 죽을 때 가지고 가는 재산은 계율을 지켜서 생긴 청정한 마음과 지혜다. 그래서 사람들은 계율을 지키는 사람을 존경하고 그의 가르침을 따른다.

9장

괴로움은
영원한 것이 아니다

괴로움은 영원한 것이 아니다

괴로움은 바라는 마음 때문에 생깁니다. 바라는 마음은 여섯 가지 감각기관을 통해서 일어나는 감각적 욕망입니다. 이런 감각적 욕망 외에도 더 잘 살고 싶은 존재에 대한 욕망이 있습니다. 때로는 자신을 학대하거나 죽고 싶어 하는 존재를 부정하는 욕망도 있습니다. 이런 욕망으로 인해 끊임없이 괴로움을 겪습니다. 이런 욕망은 죽고 나서도 과보심으로 연결되어 다음에 태어났을 때도 똑같은 괴로움을 겪게 합니다. 이것이 윤회하는 세계의 실상입니다.

태어나서 지금까지 한 것이 있다면 욕망을 강화하는 것이 첫째일 것입니다. 누구나 이런 욕망을 성취하는 것이 성공이라고 생각합니다. 그래서 인생의 목표가 오직 욕망을 성취하는 것에 맞추어져 있습니다. 욕망은 좋은 것만 원하지 않습니다. 때로는 좋지 않은 것도 원해서 어리석은 것입니다. 욕망은 무엇이 옳은 것인지를 판단하는 지혜가 없습니다. 그래서 살아온 습관대로 무엇이나 움켜쥐려고 합니다. 욕망의 특성은 만족하지 못한다는 것입니다. 이것이 모든 괴로움의 원인입니다. 지금까지 욕망이 독배인지 모르고 마시며 살았다면 이제 욕망으로부터 자유로워지는 수행을 해야 합니다. 과거에는 욕망을 위해서 살았다면 이제 욕망에서 벗어나기 위해 살아야 합니다.

유익한 것을 바라는 마음은 필요합니다. 선한 것을 바라고 훌륭한 것은 바라야 합니다. 남을 위해 베풀고 수행을 하기를 바라고, 위대한 성자가 되기를 바라야 합니다. 괴로움의 원인이 되지 않는 즐거움은 필요한 것입니다. 문제는 괴로움의 원인이 되는 즐거움을 바라는 것입니다. 유익한 것도 균형이 무너져 지나치면 해롭습니다. 이것을 판단하기 위해 지혜가 필요합니다. 그래서 훌륭한 스승의 가르침을 길잡이로 삼아 수행을 해야 합니다. 사실 괴로움은 하찮은 것인데 어리석기 때문에 크게 생각하여 집착을 해서 생깁니다. 이러한 괴로움은 즐거움 때문에 생깁니다. 즐겁지 못해 괴롭습니다. 즐거움을 더 많이 얻지 못해 괴롭습니다. 즐거움이 달아날까봐 괴롭습니다. 이때의 즐거움이나 즐거움으로 인해서 생기는 괴로움은 모두 느낌입니다. 느낌은 일어난 순간에 빠르게 사라집니다. 사라진 느낌을 집착하여 새로운 느낌을 일으키기 때문에 느낌을 영원한 것으로 착각합니다.

느낌은 나의 느낌이 아니고 감각기관이 느끼는 것입니다. 느낌은 내가 영원히 소유할 수 있는 것이 아닙니다. 느낌은 바람처럼 스쳐지나가는 일회적인 것입니다. 일어났다가 사라지는 물방울처럼 순간적인 것입니다. 모든 느낌은 일어나는 순간에 빠르게 사라지면서 연속됩니다. 그래서 실체가 없습니다. 수행을 해서 즐거움과 괴로움을 느낌이라고 아는 지혜가 나면 느낌을 집착하지 않습니다. 이러한 느낌이 일어났다가 사라지는 것이라고 아는 지혜가 나면 괴롭지 않습니다. 이런 지혜가 나면 괴로움은 즐거움 때문에 일어나고, 일어난 괴로움도 영원한 것이 아니라는 깨달음이 일어납니다. 이때만이 궁극의 행복을 얻을 수 있습니다.

265 | 호흡

위빠사나 수행은 몸과 마음을 알아차리는 수행이다. 하지만 몸과 마음을 알아차린다는 것이 쉬운 일이 아니다. 누구나 지금까지 자신의 몸과 마음을 바르게 알아차려본 적이 없으며 오직 외부에 있는 대상에 대한 관심을 갖는 것으로 살아왔기 때문이다.

수행자가 몸을 알아차리면 밖에서 들어오는 번뇌와 자신의 내면에서 일어나는 번뇌가 모두 차단된다. 일반적으로 몸을 알아차릴 때의 주 대상은 호흡이다. 호흡은 몸의 여러 가지 대상 중에서 가장 알아차리기가 좋은 분명한 대상 중의 하나다.

호흡은 일어남, 꺼짐, 쉼이 있다. 일어남은 공기가 팽창하고, 꺼짐은 공기가 수축하고, 쉼은 호흡이 순간적으로 정지된 상태다. 호흡을 알아차릴 때는 저마다의 특성을 알아차려야 한다. 호흡의 근본은 생명력이고, 호흡의 성품은 무상이라서 같지 않고, 호흡의 요소는 바람이다.

위빠사나 수행을 할 때 호흡을 인위적으로 만들어서는 안 된다. 일어나고 꺼지고 쉬는 호흡을 있는 그대로 알아차려야 한다. 그리고 호흡의 모양보다는 느낌을 알아차려서 호흡의 성품을 보아야한다.

266 | 정신세계

낮은 단계의 정신세계에서는 높은 단계의 정신세계를 알지 못한다. 그러나 높은 단계의 정신세계에서는 낮은 단계의 정신세계를 안다. 낮은 단계의 정신세계에서는 높은 단계의 정신세계를 잘못되었다고 비난한다. 그러나 높은 단계의 정신세계에서는 낮은 단계의 정신세계를 수용한다.

어리석은 자는 지혜가 있는 자를 이해하지 못한다. 그러나 지혜가 있는 자는 어리석은 자를 이해한다. 어리석음은 사물을 분별하지 못해 그른 것을 옳은 것으로, 옳은 것을 그르다고 안다. 그러나 지혜는 사물을 분별하여 옳은 것을 옳은 것으로, 그른 것을 그르다고 안다.

자식은 부모를 이해하지 못하지만 부모는 자식을 이해한다. 경험이 없는 사람은 경험이 있는 사람을 이해하지 못하지만 경험이 있는 사람은 경험이 없는 사람을 이해한다. 수행을 하지 않는 사람은 수행을 하는 사람을 이해하지 못하지만 수행을 하는 사람은 수행을 하지 않는 사람을 이해한다.

모르면 탐욕과 성냄과 어리석음으로 살아서 괴로움뿐인 생활을 한다. 그러나 알면 관용과 자애와 지혜가 나서 행복한 생활을 한다. 위빠사나 수행을 하면 모르는 마음이 아는 마음이 되어 번뇌를 여읜다.

267 | 본분

분에 넘치는 것을 바라지 마라. 좋다고 해서 모두 좋은 것은 아니다. 언제나 분에 넘치는 것이 화가 되어 괴로움의 원인이 된다. 분에 넘치는 것을 바라는 것이 욕망이다. 욕망은 자신의 본분을 망각하게 한다. 본분을 망각하면 계율을 어긴다. 행복은 조화가 이루어졌을 때 온다.

자신에게 맞는 옷을 입어야 한다. 아무리 좋은 것이라고 해도 아직 조건이 성숙되지 않았다면 자신의 것이 아니다. 탐욕으로 분에 넘치는 것을 차지했다면 독배를 받은 것이다. 독배를 받은 사람은 살아도 사는 것이 아니다. 이미 정신적으로 육체적으로 사망한 것이다.

얻었다고 모두 성공한 것이 아니다. 얻었다고 모두 행복한 것이 아니다. 얻은 것 속에는 좋은 것만 있지 않고 반드시 좋지 않은 것이 함께 포함되어있다. 사람의 마음에는 선심과 불선심이 함께 있어 좋은 것 뒤에는 반드시 나쁜 것이 따르기 마련이다.

때로는 얻지 못한 것이 행복이 될 수도 있다. 어리석은 자는 아무 생각 없이 무조건 얻으려고 하지만 지혜로운 자는 옥석을 가려서 얻는다. 무슨 일을 하거나 알아차려서 좋은 일은 더 좋게 하고, 나쁜 일도 좋은 일이 되도록 해야 한다.

268 | 망상

누구나 생각을 한다. 생각은 실재하지 않는 과거나 미래를 생각하는 것이라서 관념에 속한다. 선한 마음일 때는 선한 생각을 하고 선하지 못한 마음일 때는 선하지 못한 생각을 한다. 그러나 수행자에게는 선한 생각이나 선하지 못한 생각이나 실재가 아니라서 모두 망상이다.

수행을 할 때는 생각보다 현재에 있는 실재하는 것을 대상으로 알아차려야 한다. 만약 생각을 했으면 생각한 것을 알아차려야 한다. 수행 중에 가벼운 망상이 일어나면 망상을 알아차리고 다시 몸과 마음을 알아차려야 한다. 같은 내용의 망상이 거듭될 때는 거듭 알아차려야 한다.

수행자는 망상을 문제 삼지 말아야 한다. 늘 하고 사는 것이 망상이기 때문에 망상을 할 때마다 반복해서 알아차려야 한다. 망상을 할 때마다 알아차리면 알아차리는 힘이 더욱 커진다. 알아차리는 힘이 커지고 마음이 고요한 상태로 집중이 되면 망상이 일어나지 않는다.

망상은 마음이 한다. 망상을 했을 때는 망상한 마음을 알아차린 뒤에 망상한 마음으로 인해서 생긴 가슴의 느낌을 주시해야 한다. 망상한 마음과 가슴의 느낌을 알아차리면 원인과 결과를 아는 지혜가 생긴다.

269 | 가족

가족은 업의 과보를 받아 서로 끌어당겨서 만난다. 과거에 좋은 인연이었으면 가족으로 만나 좋은 관계를 형성하고, 나쁜 인연이었으면 가족으로 만나 나쁜 관계를 형성한다. 하지만 어떤 관계로 만났거나 있는 그대로 알아차리면 다음 생에 다시 만나는 새로운 인연을 만들지 않는다.

누군가를 좋아하면 좋은 파장이 상대를 강력하게 끌어당겨 다음 생에 가족이 된다. 누군가를 미워하면 나쁜 파장이 상대를 강력하게 끌어당겨 다음 생에 가족이 된다. 그러므로 가족은 좋은 관계로 만나 화목할 수도 있고, 나쁜 관계로 만나 증오하면서 살 수도 있다.

만약 나쁜 관계로 만나서 서로가 나쁜 관계를 지속한다면 반드시 다음 생에 다시 더 나쁜 관계로 발전한다. 가족은 강한 업의 인연으로 서로가 끌어당겨서 만난 관계다. 그래서 가족의 만남은 특별히 누구의 선택이라고 할 것이 없이 함께 형성한 것이다.

가족은 강한 업의 과보가 만났기 때문에 남보다 더 사랑할 수도 있고, 남보다 더 미워할 수도 있다. 가족끼리는 경계가 없어 자신의 본성이 더 첨예하게 드러나기 때문에 애증이 교차하는 구성체다. 그래서 가족은 알아차려야 할 중요한 대상이다.

범부는 항상 바라는 것으로 시작해서 바라는 것으로 끝난다. 바라는 마음이 있는 한 평생을 평온하게 살수가 없다. 이처럼 들뜸과 괴로움 속에서 살면 윤회에서 벗어날 수 없다. 위빠사나 수행자가 바라지 않는 것으로 시작해서 바라지 않는 것으로 끝을 맺으면 윤회에서 벗어난다.

위빠사나 수행은 그동안 좋은 것을 바랐던 생활습관에서 아무 것도 바라지 않는 새로운 습관을 만든다. 그동안 나쁜 것을 없애려고 했던 생활습관에서 대상을 있는 그대로 알아차려서 수용하는 새로운 습관을 만든다. 이 방법만이 세간을 벗어난 출세간으로 갈 수 있는 길이다.

바라는 것이 많으면 부당한 요구가 많아져서 자신이나 남에게 고통을 준다. 바라는 것은 반드시 집착으로 발전한다. 처음에는 작은 것으로부터 시작해서 차츰 더 큰 것을 원하여 돌이킬 수 없는 상황을 만든다. 이것이 모든 고통의 원인이다.

무슨 일을 하거나 알아차리고 하면 필요한 일을 적절하게 하지만 알아차리지 못하면 집착을 해서 고통이 따른다. 집착을 하면 자신의 이익만을 생각하기 때문에 반드시 자신이 판 함정에 빠진다. 그러면 시작도 나쁘고 끝도 나쁘다.

271 │ 자신의 문제

어떤 문제를 해결하기 위해 밖에서 방법을 찾지 마라. 모든 문제는 오로지 자신에게 답이 있다. 다른 사람은 단지 길을 알려줄 뿐이며 문제의 해결은 오직 자신의 마음이 한다. 문제를 일으킨 것도 자신의 마음이며 그것을 해결하는 것도 결국은 자신의 마음이다.

문제를 해결하는 마음이란 단지 일어난 대상을 있는 그대로 지켜보는 것이다. 아무리 복잡한 문제라도 해답은 이것 하나다. 누구나 어리석음과 탐욕으로 가득 차 있기 때문에 스스로 이 길을 찾을 수 없다. 그러므로 다른 사람에게서 문제를 해결할 방법을 찾지 마라.

자유를 속박하는 것은 남이나 세상이 아니고 자신의 고정관념이다. 관념은 두꺼운 호두껍데기 같은 것으로 자신과 외부와의 소통을 막는다. 소통이 없으면 일방적이기 때문에 독단에 빠지기 쉽다. 관념으로 보면 실재를 보지 않고 선입관으로 결론을 내려 왜곡하기 마련이다.

이런 결론의 가장 큰 피해자는 자신이다. 그러므로 선입관으로 결론을 내리고 있는 자신의 마음을 알아차려야 한다. 그리고 이 마음으로 인해 생긴 자신의 몸에 나타난 다양한 현상을 지켜보아야 한다.

272 | 사형수

사형수를 죽인 사람은 누구인가? 사형수를 죽인 사람은 사형집행
관이다. 그러나 사형수를 죽인 사람은 집행관이 아니다. 사형언도를 내
린 판사가 사형수를 죽였다. 그러나 판사가 사형수를 죽인 것이 아니다.
판결을 내리도록 한 국가의 형법이 사형수를 죽였다.

그러나 사형수를 죽인 것은 국가의 형법이 아니다. 사형수를 죽인
것은 그가 저지른 행위가 죽였다. 그러나 사형수를 죽인 것이 그가 저지
른 행위가 아니다. 사형수에게 그 행위를 하게한 사형수의 마음이 죽었
다. 그러나 사형수의 마음이 죽인 것이 아니다. 사형수의 불선과보심이
불선심을 일으키게 하여 죽였다.

결국 사형수의 불선과보가 불선심을 일으켜 불선행위를 하게 해서
죽음을 맞이한 것이다. 이때의 사형수의 불선과보나 마음이나 행위는
사형수의 것이 아니다. 단지 조건에 의해서 일어나고 사라지는 원인과
결과가 있을 뿐 그것을 일으킨 자아는 없다.

세속에서는 사형수가 있고 사형수를 죽인 제도가 있어서 사형이라
는 현실이 있다. 그러나 출세간에서는 사형수가 없고 단지 원인가 결과
가 있다. 결국 이 원인과 결과가 윤회를 한다.

내가 상대를 보고 하는 말이나 행위는 모두 자신의 마음을 반영한 것이다. 자신의 마음이 의도를 일으켜서 말하고 행위를 한다. 그러므로 모든 것은 자신의 마음이 이끈다. 상대를 보고 말을 할 때 상대는 단지 알아차릴 대상이며 실재는 자신의 마음의 상태를 말하는 것이다.

아름다운 대상을 아름답다고 말하는 것은 대상을 아름답게 보는 그 순간의 마음이 있기 때문이다. 아름다운 대상을 아름답지 않다고 말하는 것은 대상을 아름답지 않다고 보는 그 순간의 마음이 있기 때문이다. 자기인식에 대한 책임은 밖에 있지 않고 자기 마음에 있다.

그러나 이 마음이 사실은 나의 마음이 아니다. 마음은 있지만 일어나고 사라지는 한순간의 마음이지 항상 하는 마음이 아니다. 또 이 마음은 내가 마음대로 할 수 있는 마음이 아니라서 나의 마음이 아니다. 이처럼 매순간 변하는 마음과 내 마음대로 되지 않는 마음이라서 무아다.

이러한 진실을 알기 위해서는 자신의 마음을 알아차려야 한다. 그러면 먼저 일어난 마음을 나중에 일어난 마음이 지켜보는 것을 알게 된다. 그러면 매순간 조건에 의해 변하는 마음만 있다는 무아의 지혜가 난다.

274 | 인격체와 의식체

한 인간이 지금까지 살아온 과거와, 살고 있는 현재와, 앞으로 올 미래를 통틀어서 어느 때나 인격체로 보지 말고 단지 원인과 결과로 보아야 한다. 과거에 내가 살았던 것이 아니고 그 순간의 정신과 물질이 산 것이다. 과거의 나를 인격체로 보면 관념이고 원인과 결과로 보면 실재다.

현재에도 내가 살고 있는 것이 아니고 현재의 정신과 물질이 산다. 과거의 원인으로부터 전해진 과보의 결과로 현재의 정신과 물질이 살고 있다. 현재의 내가 살고 있다고 인격체로 보면 관념이고 원인과 결과로 보면 실재다.

지금 이후의 미래나 다음 생에도 내가 옮겨가서 사는 것이 아니고 단지 현재의 원인이 미래의 결과로 상속되어 미래의 정신과 물질이 산다. 미래에 내가 살고 있다는 인격체로 보면 관념이고 원인과 결과로 보면 실재다. 과거, 현재, 미래에는 나라고 하는 자아가 없고 단지 정신과 물질이 원인과 결과로 생멸하는 현상만 있다.

인간을 인격체로 보면 나라고 하는 자아가 있다는 사견에 빠지고, 의식체로 보면 자아가 없다는 정견을 얻는다. 의식체란 단지 지각이 있는 존재일 뿐이다. 이러한 의식체가 연속되는 과정을 윤회라고 한다.

275 │ 균형

좋아하면 좋아한 만큼 괴롭고, 싫어하면 싫어한 만큼 괴롭다. 조금 좋아하면 조금 괴롭고, 많이 좋아하면 많이 괴롭다. 조금 싫어하면 조금 괴롭고, 많이 싫어하면 많이 괴롭다. 좋아하거나 싫어하거나 괴롭기는 마찬가지고, 또 좋아하고 싫어한 양만큼 괴롭기 마련이다.

좋아하면 반드시 집착하기 때문에 더 좋은 것을 채울 수 없어 괴롭다. 싫어하면 반드시 집착하기 때문에 싫어하는 것을 없앨 수 없어 괴롭다. 그러므로 좋아할 때 좋아하는 마음을 알아차려 집착하지 말고, 싫어할 때 싫어하는 마음을 알아차려 집착하지 말아야 한다.

쉽게 좋아하는 사람이 쉽게 싫어한다. 더 많이 좋아하는 사람이 더 많이 싫어한다. 좋아하는 마음과 싫어하는 마음은 같다. 마음이 한쪽으로 기울 때 원하는 것을 얻지 못하면 다른 한쪽으로도 기운다. 마음이 한쪽으로 더 깊게 기울면 반드시 다른 한쪽으로 더 깊게 기운다.

위빠사나 수행은 좋아하거나 싫어하거나, 좋아하지도 않고 싫어하지도 않거나 간에 있는 그대로의 상태를 알아차려서 기울지 않아야 한다. 있는 그대로 알아차려서 균형이 잡히면 괴로움이 사라지고, 균형이 깨지면 괴로움이 따른다.

276 | 미운 사람 알아차리기

누군가를 미워할 때는 미워하는 사람을 보지 말고 미워하는 사람의 마음을 보아야 한다. 미워하는 사람을 보면 구체적인 형상이 있기 때문에 미운 마음을 거두기가 어렵다. 그러나 미워하는 사람의 마음을 보면 구체적 형상이 없기 때문에 미움이 계속되지 않는다.

마음은 비 물질이라서 형상이 없다. 형상이 없는 비 물질인 마음을 대상으로 알아차리면 구체적인 실체가 없기 때문에 미워할 대상도 사라진다. 미워하는 사람의 마음을 알아차렸는데도 미움이 사라지지 않으면 다시 미워하는 사람의 축적된 성향을 알아차려야 한다.

상대의 축적된 성향도 마음처럼 실체가 없는 비 물질이다. 축적된 성향은 본래 타고난 것이라서 자신도 쉽게 바꾸지 못하고 다른 사람도 쉽게 바꾸지 못한다. 그러면 미운 사람을 이해하게 되고 관용으로 받아들일 수 있다. 그도 어쩌지 못해서 그런다고 이해하면 더욱 그렇다.

그래도 미움이 사라지지 않으면 상대를 미워하고 있는 자신의 마음을 알아차려야 한다. 그런 뒤에 가슴으로 와서 콩닥거리는 느낌을 계속해서 지켜봐야 한다. 이때 가슴의 느낌을 없애려고 하지 말고 그냥 지켜봐야 한다.

277 | 습관이 어리석음이다

사람들은 항상 좋아하거나 싫어하는 일로 인해 마음이 들떠 있거나, 아니면 멍청한 상태로 무지에 빠져있다. 이런 마음의 상태로는 대상을 있는 그대로 보지 못하여 언제나 같은 실수를 되풀이한다. 그래서 좋아하거나 싫어하는 것도 꼭 필요해서 하지 않고 습관적으로 한다.

이러한 습관이 어리석음이다. 어리석음으로 인해 사소한 것을 좋아하기 시작하다 결국에는 좋아하는 것을 집착하여 괴로움을 만든다. 사소하게 미워하기 시작하다 결국에는 미워하는 것을 집착하여 괴로움을 만든다. 어리석기 때문에 불필요한 것을 집착하여 번뇌를 키운다.

좋아하거나 싫어하는 것은 모두 느낌이다. 느낌은 언제나 느낌으로 남아있지 않고 좋을 때는 더 좋은 느낌을 원하여 갈애를 일으켜 집착을 한다. 싫을 때는 더 싫은 느낌을 없애려고 갈애를 일으켜 집착을 한다. 바로 이러한 느낌의 지속으로 인해 괴로움뿐인 윤회를 거듭한다.

단지 한순간에 일어나는 느낌을 알아차리지 못하고 감각적 욕망으로 진전시키는 것이 어리석음이다. 어리석음은 누구나 가지고 태어난다. 수행자는 느낌을 알아차려서 어리석은 습관을 지혜로운 습관으로 만들어야 한다.

괴로울 때 괴로움에 빠져 고민하는 것으로는 문제가 해결되지 않는다. 괴로움을 피하려고 하거나 괴로워하는 것으로 그친다면 영원히 괴로움으로부터 자유로울 수 없다. 괴로워하는 것을 알아차려야 괴로움으로부터 벗어난다. 이미 생길 수밖에 없는 괴로움은 고민을 한다고 해서 없어지지 않는다.

이미 지난 것을 없애려고 하지 않고 있는 그대로 받아들이는 것이 괴롭지 않도록 새로운 조건을 준비하는 것이다. 이때 괴로움을 받아들여서 새로운 조건을 준비하는데 걸리는 시간에 구애받지 말아야 한다. 모든 것은 충분한 조건이 성숙 되어야 비로소 이루어진다.

가장 이상적인 조건을 성숙시키기 위해서는 결과를 기대하지 말고 준비를 해야 한다. 결과를 기대하는 것이 새로운 욕망을 만드는 것이므로 단지 알아차리는 것으로 준비를 해야 한다. 수행자는 이렇게 결과를 기대하지 않고 단지 알아차리는 것이 할 일을 다 한 것이다.

성숙된 조건이 결과를 만드는 것이지 내가 만드는 것이 아니다. 자신이 결과를 만들려고 하면 어떤 결과라도 만족할 수 없다. 그러므로 노력과 시간을 아까워하지 말고 최선을 다해서 알아차려야 한다.

279 │ 겸손한 마음

위빠사나 수행자는 가을 들판에 익어서 고개를 숙이고 있는 벼 이 삭처럼 겸손해야 한다. 수행자는 바람에 눕는 풀잎처럼 겸손해야 한다. 수행자는 사나운 뿔이 없는 온순한 암소처럼 겸손해야 한다. 수행자는 독이 없어 물지 않는 뱀처럼 겸손해야 한다.

겸손한 마음은 선한 마음이다. 겸손한 마음은 알아차림이 있는 마음 이다. 겸손한 마음은 말을 잘 듣는 마음이다. 겸손한 마음은 존경하는 마 음이다. 겸손한 마음은 만족할 줄 아는 마음이다. 겸손한 마음은 감사할 줄 아는 마음이다. 겸손한 마음은 대상을 있는 그대로 아는 마음이다.

겸손한 마음은 따뜻하게 사랑하는 마음이다. 겸손한 마음은 분노 를 녹이는 온화한 마음이다. 겸손한 마음은 사물을 통찰하는 지혜가 있 는 마음이다. 겸손한 마음은 자기를 내세우지 않는 마음이다. 겸손한 마 음을 가지려면 훌륭한 스승의 가르침을 듣고 읽으면서 실천해야 한다.

겸손하지 못한 마음은 교만한 마음이다. 교만한 마음은 어리석음 때문에 일어난다. 어리석기 때문에 부끄러움을 모르고 거만하게 군다. 교만은 항상 탐욕과 잘못된 견해와 함께 있다.

280 | 인내

인내는 참고 견디는 마음이다. 인내는 바라밀 공덕을 쌓는데 없어서는 안 되는 중요한 덕목이다. 인내하기 위해서는 반드시 참고 견디는 노력이 필요하다. 인내는 다른 사람이 자신에게 가한 고통을 참을 뿐만 아니라 다른 사람의 잘못을 용서해주는 것이다.

또 스스로가 만든 고통을 참고 견디는 것이다. 만약 인내하지 못한다면 사소한 고통도 참지 못해 유약한 사람이 되기 쉬우며 감각적 쾌락에 빠질 수 있다. 인내는 수행의 가장 큰 힘이다. 수행은 경험하지 않은 정신세계를 가는 것이라서 인내하지 못하면 결코 도과를 성취하지 못한다.

인내하는 사람은 5가지 이익을 얻는다. 첫째, 사람들이 좋아한다. 둘째, 친구가 많다. 셋째, 악행을 하지 않는다. 넷째, 알아차리는 힘을 키운다. 다섯째, 죽은 뒤에 지옥, 축생, 아귀, 아수라의 4악처에서 태어나지 않는다.

인내하기 위해서는 반드시 계정혜 삼학이 있어야 한다. 계율을 지켜 청정함이 있어야 하고, 고요함을 얻어 청정함이 있어야 하고, 지혜가 생겨 청정함이 있어야 한다. 이러한 계정혜를 바탕으로 한 청정함이 있어야 자기 자신의 몸까지 희생할 수 있는 인내심이 생긴다.

281 | 절

부처님께 절을 하는 것도 수행이다. 절을 할 때 수행방법에 따라서 사마타 수행을 할 수도 있고 위빠사나 수행을 할 수도 있다. 절을 할 때 어떤 성취를 위해서 집중을 하면 사마타 수행을 하는 것이다. 그러나 바라는 마음 없이 몸의 느낌을 알아차리면 위빠사나 수행이 된다.

사마타 수행의 절은 몸에 집중함으로써 정신적 번뇌와 다섯 가지 장애를 가라앉힌다. 이렇게 절을 하면 처음에 근접집중을 하고, 차츰 대상과 하나가 되는 근본집중을 한다. 이처럼 대상과 하나가 되는 집중수행을 선정수행이라고 하고 이때 선정의 고요함을 얻는다.

위빠사나 수행의 절은 손을 합장할 때 화대인 따뜻함을 알아차린다. 상체를 숙일 때 수대인 무거움을 알아차린다. 이마가 바닥에 닿았을 때 지대인 단단함을 알아차린다. 몸을 일으켜 세울 때 화대와 풍대인 가벼움을 알아차린다. 또 의도를 알아차리는 수행을 병행할 수 있다.

절을 하기 전에 절을 하려는 의도와, 합장을 하려는 의도와, 몸을 숙이려는 의도와, 몸을 일으키려는 의도와, 움직임을 연속적으로 알아차린다. 위빠사나 수행의 절은 찰나집중을 통하여 대상의 성품을 아는 지혜를 얻는다.

282 | 좋은 결과

좋은 것이라고 해서 다 좋은 것이 아니다. 좋은 것을 알아차려서 그것을 집착하지 않을 때라야 비로소 좋다. 좋은 것이라고 무조건 좋아하면 탐욕이 일어나 고통을 겪는다. 좋은 일을 할 때 바라는 마음으로 하면 공덕이 줄어들며 좋은 것과 좋지 않은 것이 뒤섞인다.

바라는 마음 없이 좋은 일을 하면 순수해서 더 큰 공덕이 생긴다. 바라는 마음 없이 하면 좋은 것과 좋지 않은 것이 뒤섞이지 않아 아무 걸림이 없어 순수하다. 이처럼 좋은 것과 좋은 결과를 바라는 마음은 서로가 상반된 것이다. 그러므로 바라는 마음이 번뇌의 원인이다.

좋아하는 것을 알아차리지 못하면 좋아하는 것으로 인해 감각적 쾌락을 추구하게 되어 오히려 그것이 독이 된다. 그리고 좋지 않을 때 괴로움을 겪는다. 바라는 마음으로 좋은 일을 하다가 성취가 되지 않으면 좋은 일을 한 것에 대해 후회하므로 어리석은 행위가 된다.

그러므로 좋은 일을 할 때 알아차리면서 해야 하며, 바라지 않고 해야 한다. 아무것도 바라는 마음 없이 행할 때만이 최상의 결과가 주어진다. 좋은 일은 알아차림으로 완성되고 그 결과는 괴로움의 소멸이다.

283 | 성공

나의 성공이 남에게는 고통이 될 수도 있다. 자신의 성공이 타인에게 악한 의도를 제공하지 않기 위해서는 성공을 했어도 겸손해야 한다. 그러므로 자신이 성공했다고 해서 다른 사람에게 과시를 해서는 안 된다. 또 자신의 성공에 도취되지 않아야 성공 이후에 오는 좌절을 겪지 않는다.

성공했다고 모든 것이 끝난 것이 아니다. 성공을 확고히 하는 노력이 뒤따라야 성공이 지속된다. 성공에는 그에 따른 여러 가지의 문제가 새로 발생하기 마련이며 그것을 유지하기 위해 새로운 노력이 필요하다. 그래서 한순간의 성공이 아닌 매순간의 성공이 되어야 한다. 자신의 성공이 남의 부당한 희생을 담보로 한 것이라면 성공이 아니다. 또 바른 노력으로 목적하는 것을 성취했다고 궁극의 성공을 한 것은 아니다. 궁극의 성공은 성공한 뒤에도 자만하지 않고 계속해서 알아차려서 어리석지 않아야 하고, 마지막에 도과를 얻어 열반을 성취하는 것이다.

성공은 꼭짓점이다. 정상에 오르면 반드시 내려와야 한다. 그러므로 성공이라고 생각하지 말고 계속해서 정상을 향해 가야한다. 성공이 실패가 되지 않기 위해서는 여름에 겨울을 준비하고, 겨울에 봄을 맞이할 준비를 해야 한다.

284 | 꿈

꿈은 여러 가지의 종류가 있다. 잠을 잘 때 미래에 올 것을 예측하는 꿈과, 잠을 잘 때 평소의 생각들이 표상으로 나타나는 꿈이 있다. 그리고 미몽에 사로잡혀 덧없는 생각을 할 때 꿈을 꾼다고 한다. 또 어떤 소망을 가지고 이상을 실현하고자 할 때도 꿈이 있다고 한다.

잠을 잘 때 예지능력이 있는 사람은 미래를 보는 꿈을 꾼다. 주석서에서는 이것을 꿈이라고 한다. 그렇지 않고 잠을 잘 때 꾸는 일상적인 꿈은 평소의 생각이 기억 속에 저장되어 있다가 표상으로 나타나는 현상이다. 그래서 미래를 보는 꿈과는 다른 생각의 연속이다.

일상적인 꿈은 실재가 아닌 마음이 일으킨 표상의 조각들이다. 그러므로 잠을 잘 때 실재가 아닌 악몽 때문에 괴로워할 필요가 없다. 꿈은 평소의 생각과 잠재의식에 저장된 기억이 물거품처럼 떠올랐다가 사라지는 수많은 생각들로 이루어진 정신적 현상에 불과하다.

꿈은 꿈이다. 지나치게 꿈이 커도 문제가 있다. 실재가 아닌 이상에 치우치면 꿈속에 사는 것이라서 현실을 충실하게 살지 못하다. 그러므로 높은 이상을 갖되 현실에서는 냉철한 이성으로 사물을 통찰해야 한다. 그래야 미혹에 빠지지 않는다.

285 | 위빠사나 수행의 조건

위빠사나 수행을 하려면 세 가지의 기본 조건이 갖추어져야 한다. 첫째, 스승이 있어야 한다. 둘째, 수행자가 있어야 한다. 셋째, 알아차릴 대상인 법이 있어야 한다. 이상의 세 가지 조건이 각각의 의무를 다해야 한다. 이 세 가지가 조화를 이루어야 바른 수행을 할 수 있다.

위빠사나 수행은 반드시 스승이 있어야 한다. 스승은 자애와 인내를 가지고 수행자가 충분하게 이해할 수 있도록 설명해야 한다. 스승은 자신의 견해를 줄이고 경전과 수행경험에 근거한 법을 펴야 한다. 스승은 정직해야 하며 자신의 말과 행동이 일치되도록 노력해야 한다.

수행자는 믿음을 가지고 스승의 가르침에 따라 노력해야 한다. 노력이 없이는 결코 수행이 발전할 수 없다. 수행자가 자기 견해를 내세우면 수행을 계속하기 어려우므로 스승의 견해를 받아들여야 한다. 또 수행 중에 나타난 현상을 거짓 없이 보고해야 한다.

나타난 대상은 모두 법이다. 법은 지금 여기에 있으니 와서 보라고 저 스스로를 드러내고 있다. 그러므로 법이 드러내는 것을 있는 그대로 알아차려야 한다. 수행자는 항상 법을 바르게 받아들이고 있는지 알아차려야 한다.

286 │ 괴로움은 영원한 것이 아니다

사는 것이 괴로움이라고 아는 것이 지혜다. 괴로움은 원래 있는 것으로 불가피한 것이다. 이러한 괴로움에서 벗어나려고 해도 벗어날 수 없다. 그러나 괴로움이 있다는 사실을 자각하면 이미 괴로움이 아니다. 또 이런 지혜가 나도 내가 괴롭다고 알면 괴로움으로부터 벗어나지 못한다.

무아의 지혜가 나지 않는 한 완전한 지혜가 아니다. 자신의 몸과 마음이 괴로움이라는 것을 모르는 것은 어리석음이 눈을 가렸기 때문이다. 몸과 마음이 나의 소유가 아니고 조건에 의해 생멸하는 것이라는 것을 모르는 것도 어리석음이 눈을 가렸기 때문이다.

몸과 마음이 괴로움이라는 것을 알고, 이것이 내가 아니라고 알면 다시 태어나는 업을 만들지 않는다. 몸과 마음을 좋은 것이라고 알면 집착을 해서 다시 태어나고 싶어 한다. 이것이 어리석음이다.

몸과 마음을 가지고 산다는 것이 간단치 않은 일이라서 누구도 불만족으로부터 해방되기 어렵다. 이런 괴로움도 매순간 변하는 것이라서 영원한 것이 아니다. 다만 그것을 기억하기 때문에 괴로움이 지속된다. 괴로움은 일시적이고 불완전한 것으로 견고한 것이 아니다.

287 | 깨달음의 과정

위빠사나 수행자는 반드시 일정한 과정을 거쳐서 깨달음을 얻는다.
이것을 일곱 가지 깨달음의 요소라고 한다. 처음에는 알아차림이 있어
야 하고, 다음에 법을 탐구해야 하고, 그리고 노력이 있어야 한다. 이 3가
지의 요소가 계발되어 조건을 성숙시키면 기쁨이 생긴다.

기쁨이 생기면 희열에 의해 법열이 일어나고 눈물이 나기도 한다.
진리를 보았을 때 가식이 무너지는 미세한 즐거움과 기쁨에 의해 자신
도 모르게 눈물이 난다. 모르던 것을 알았을 때는 참회의 눈물이 될 수
있다. 그러나 이런 과정은 수행초기에 나타나는 현상이다.

기쁨은 정신적으로 충만한 상태라서 몸에 전율과 떨림 등의 여러
가지 현상이 나타난다. 이때 이것을 있는 그대로 알아차리면 이런 현상
이 사라지며 눈물도 사라진다. 만약 이런 상태가 계속된다면 이것을 즐
기는 것이다. 이것도 깨달음이 아니고 단지 과정이라고 알아야 한다.

기쁨을 알아차리고 계속해서 수행을 하면 점차 마음이 평안해진다.
수행자는 평안할 때도 즐기지 말고 알아차려야 한다. 그래야 집중과 평
등의 단계에 이른다. 이러한 과정을 거쳐 마지막에 도과를 성취하여 열
반에 이른다.

모든 것은 이중적 구조를 가지고 있다. 무슨 일이나 하나의 조건이 생기면 반드시 그것에 반하는 다른 조건이 있다. 이익이 있으면 손실이 있고, 명예가 있으면 불명예가 있다. 칭찬이 있으면 비난이 있고, 행복이 있으면 불행이 있다. 이것을 세속의 여덟 가지 조건이라고 한다.

선이 있으면 악이 있고, 성공이 있으면 실패가 있다. 평등이 있으면 불평등이 있고, 질서가 있으면 혼란이 있다. 강함이 있으면 약함이 있고, 단단함이 있으면 부드러움이 있다. 사랑이 있으면 미움이 있고, 만남이 있으면 이별이 있다. 이처럼 세상의 모든 것들은 양면성이 있다.

누구도 이와 같은 이중적 구조로부터 자유로울 수 없다. 그러나 위빠사나 수행을 하면 어떤 것이나 있는 그대로 알아차려서 걸리지 않는다. 그래야 주어진 명예가 계속될 수 있으며 불명예를 얻었다고 해도 명예를 회복할 수 있다. 이것이 세간을 뛰어넘어 출세간을 향하는 길이다.

수행자가 대상을 있는 그대로 알아차리면 무엇이나 관용으로 받아들이기 때문에 어떤 것이나 배척하지 않는다. 알아차리지 못하면 가치 있는 것만 좋아하고 가치가 없는 것을 싫어하여 번뇌에서 벗어날 수 없다.

289 | 아침에

좋은 하루를 시작하려면 아침에 잠자리에서 깨어났을 때 먼저 무슨 마음으로 일어났는가를 알아차려야 한다. 잠자리에서 깨어나면 눈을 감은 채로 먼저 현재의 마음을 알아차린다. 마음이 평온하면 평온한 것을 알아차리고, 마음이 괴로우면 괴로움을 있는 그대로 알아차린다.

그런 뒤에 아랫배로 가서 일어나고 꺼지는 움직임을 조용히 지켜본다. 배가 일어날 때 팽창하는 느낌을 알아차리고, 꺼질 때 수축하는 느낌을 알아차린다. 이렇게 얼마동안 일어나고 꺼지는 아랫배의 느낌을 지켜본 뒤에 천천히 옆으로 돌아누우면서 잠자리에서 일어난다.

아침에 잠자리에서 알아차린 마음은 자신이 가지고 있는 평소의 마음의 상태다. 잠에서 깼을 때의 마음에서 평상시 자신의 마음 상태를 측정할 수 있다. 아침에 눈을 뜨자마자 괴로울 때는 평소에 괴로움이 많이 있다는 것을 알 수 있다. 이때는 어제 밤에 잠을 자기 전에도 괴로움이 있었다.

마음을 알아차릴 때는 마음을 바꾸려고 알아차리지 않는다. 단지 현재의 마음이 어떤 상태인지를 알기 위해서 알아차린다. 잠에서 깨어난 마음을 알아차리면 새로운 마음이 일어나 좋은 하루를 시작한다. 하루의 시작이 좋으면 하루가 좋다.

많으면 넘치고 부족하면 합당한 조건이 성숙되지 않는다. 좋은 것이라고 무조건 다 좋은 것이 아니다. 좋은 것이 많다고 해서 모두 좋은 것이 아니다. 무엇이나 적절해야 완전하고 화가 미치지 않는다. 모든 것들이 알맞게 조화를 이룰 때만이 이상적인 결과를 얻을 수 있다.

수행을 할 때 믿음이 많으면 맹목적 신앙에 빠지므로 믿음도 적절해야 한다. 노력이 많으면 들떠서 산란하므로 노력도 적절해야 한다. 집중이 많으면 잠에 빠지므로 집중도 적절해야 한다. 지혜가 많으면 간교해지므로 지혜도 적절해야 한다. 오직 알아차림 하나만 많을수록 좋다.

밀가루에 물을 넣어서 반죽을 할 때 물을 적당히 넣고 비벼야 반죽이 된다. 물이 적으면 반죽이 안 되고, 물이 넘쳐도 반죽이 안 된다. 조화를 이루기 위해서는 부족해도 안 되고, 넘쳐서도 안 된다. 부족하면 힘이 없는 것이며, 넘치면 힘이 지나친 것이다.

현악기가 좋은 소리를 내는 것도 줄을 알맞게 조율했기 때문이다. 줄이 느슨해도 소리가 나지 않고, 줄이 팽팽하면 끊어져 버린다. 매사에 적절한 힘을 가하는 것이 중도다. 이러한 중도는 오직 알아차림에 의해서 이루어진다.

생명이 존재하는 세계는 크게 욕계, 색계, 무색계로 모두 31개의 세계가 있다. 여기에 존재하는 모든 생명은 수를 헤아릴 수 없다. 그 중에 인간의 60억은 매우 태어나기 어려운 희귀한 존재다. 이처럼 태어나기 어려운 인간으로 태어난 사명은 과연 무엇이겠는가?

마음을 가진 생명 중에 인간만 자신의 업을 개선시킬 수 있다. 인간은 더 높은 세계로 가거나 더 낮은 세계로 갈 수 있다. 인간만 윤회를 끝낼 수 있다. 인간으로 태어난 사명은 더 행복한 삶을 살거나 괴로움뿐인 윤회를 끝낼 수 있는 깨달음을 얻는 것이다.

인간으로 태어났으면 무엇을 목표로 살아야 할지 뜻을 세워야 한다. 그래서 항상 무엇을 어떻게 해야 할지 숙고해야 한다. 오늘도 필요한 일을 선택하고, 그 일을 하는 것을 잊지 않고, 그 일을 하기 위해서 최선의 노력을 다해야 한다.

가장 인간답게 사는 것은 바라지 않는 마음으로 현재 자신이 하고 있는 일을 알아차리는 것이다. 그러기 위해서는 불필요한 일에 자신의 힘을 사용하지 말아야 한다. 자신과 무관한 일은 단지 호기심일 뿐이므로 오직 뜻한 바를 위해 노력해야 한다.

292 | 찾아온 손님

위빠사나 수행을 할 때 처음부터 수행이 잘 되기를 바라서는 안 된다. 수행이 잘 되기를 바라는 것이 욕망이다. 욕망을 가지고 수행을 하다 수행이 잘 안되면 화를 낸다. 이것은 위빠사나 수행을 한다는 명분으로 오히려 탐욕과 성냄을 일으키는 것이다. 이것이 어리석음이다.

처음에 수행을 시작할 때는 수행이 잘 안 되는 것을 알아차리기 위해서 한다. 수행은 합당한 조건이 성숙되었을 때 발전한다. 그래서 수행은 믿음이 앞에서 이끌어야 하며 알아차리기 위한 노력이 필요하다. 처음부터 수행이 잘 된다면 이상이 높아져 오히려 독이 된다.

수행은 환상적인 것이 아니고 고통스러운 현실을 사실대로 인식하는 과정이다. 수행은 잘못된 습관과 고정관념을 알아차리는 것이라서 오히려 고통의 시작이라는 것을 알아야 한다. 이런 과정을 참고 견디어야 좋은 결과를 성취할 수 있다. 그래서 인내가 열반으로 이끈다.

많은 사람들이 노력도 하지 않고 결과만 얻으려고 하기 때문에 수행을 쉽게 포기한다. 그래서 수행은 누구나 할 수 있지만 아무나 하는 것이 아니다. 수행 중에 나타난 대상은 어떤 것이나 찾아온 손님으로 맞이해야 한다.

293 | 수행자의 병

누구나 육체적인 병과 정신적인 병을 앓고 있다. 태어나서 성장하여 늙고 죽는 것이 모두 병과 관계가 있다. 몸은 항상 온갖 질병의 잠재적 요소를 가지고 있으면서 균형이 무너지면 한순간에 병이 된다. 마음은 항상 욕망의 병과 성냄의 병과 어리석음의 병으로 가득 차 있다.

경전에서는 이런 현상을 발정한 코끼리에 비유하기도 한다. 그리고 나병환자에 비유하기도 한다. 인간의 욕망은 발정한 코끼리가 이것저것을 향해 코를 휘두르는 것과 같다. 나병환자는 가려움으로 인해 긁어서 피가 나도 계속 긁어야 한다. 누구나 이런 병을 가지고 산다.

수행자도 정도의 차이가 있지만 모두 병을 앓고 있다. 수행자가 가장 경계해야 할 것은 자신이 수행자라고 과시하면서 수행을 자랑하는 것이다. 그리고 자기가 배운 것을 남을 가르치고 싶어 하는 것이다. 이 두 가지 유혹을 알아차리지 못하면 바른 수행자가 될 수 없다.

이것을 알아차리지 못한다면 수행을 한다는 아상이 생기고 남을 가르치려 들기 때문에 내면의 통찰지혜를 얻을 수 없다. 그래서 수행병자가 된다. 모든 병의 원인이 내가 있다는 잘못된 사견으로 인해서 일어난다.

수행자는 관념이다. 수행을 하는 순간의 마음은 있지만 수행자는
없다. 그러므로 수행자의 행위를 보고 수행을 하는 사람이 그럴 수 있느
냐고 비난하지 마라. 수행을 해서 그 정도가 되었다. 수행자는 아직 수행
이 무엇인지도 모르고 한다. 선한 것을 비난하면 불선과보가 크다.

수행은 더 향상된 삶을 살려는 의도를 가지고 한다. 또 괴로움을 해
결하려는 기대를 가지고 한다. 그러므로 수행자의 이러한 기본적 자세
를 확대해석하거나 왜곡해서는 안 된다. 수행자가 통찰지혜가 나서 바
른 인격을 갖추는 데는 그에 맞는 적절한 시간이 필요하다.

수행자가 큰 지혜가 나기까지는 아직 세속의 관념으로 살기 마련이
다. 그러므로 수행자의 행위를 보고 수행의 가치를 평가해서는 안 된다.
수행은 시작부터 끝까지가 모두 과정이다. 모든 것이 그대로 있지 않고
일어나고 사라지는 현상만 있는 것처럼 수행자도 마찬가지다.

수행자는 완성된 사람이 아니고 괴로움을 해결하려고 노력하는 사
람이다. 그래서 때로는 다른 사람보다 더 많은 문제를 안고 있을 수도
있다. 누구나 모르기 때문에 수행을 하므로 수행하는 것 자체를 완성으
로 오해해서는 안 된다.

295 | 상락아정(常樂我淨)

모든 괴로움의 원인은 자신의 무명으로부터 시작된다. 어리석으면 눈을 뜨고도 보지 못한다. 그래서 밝은 곳에서 대상을 본 것처럼 사실대로 보지 못한다. 이러한 무명으로 인해 잘못된 견해가 생기고, 이런 잘못된 견해가 무명을 더욱 부추긴다.

무명으로 결정짓는 잘못된 견해는 네 가지다. 첫째, 모든 것은 변하는데 항상 하다고 하는 견해다. 이런 견해가 있기 때문에 무상의 진리를 알 수 없다. 둘째, 괴로움을 즐거움으로 아는 견해다. 이러한 견해가 있어서 괴로움의 진리를 알지 못해 번뇌를 여읠 수 없다.

셋째, 내가 없는데도 내가 있다고 아는 견해다. 매순간의 몸과 마음은 있지만 이것은 조건에 의해 변하는 몸과 마음이며 내가 소유하는 몸과 마음이 아니다. 그럼에도 불구하고 몸과 마음이 나라고 아는 유신견을 갖는다. 그래서 무아의 진리를 알 수가 없다.

넷째, 몸과 마음은 더러움으로 가득 차 있는데 깨끗하다고 아는 견해다. 이러한 잘못된 견해 때문에 몸과 마음을 집착하여 끝없는 윤회를 거듭한다. 이상의 상락아정(常樂我淨)은 무명으로 인해 생긴 사견이다.

296 | 바른 말

　바른 말은 바른 생각으로부터 나오고, 바른 생각은 통찰지혜로부터 나온다. 지혜가 있어야 바른 생각을 하고, 바른 생각이 있어야 바른 말을 한다. 이러한 바른 말이 바른 행동으로 옮겨간다. 그러므로 바른 생각과 말과 행위는 모두 바른 마음의 지혜에서 나온다.

　바른 마음은 위빠사나 수행을 해야 얻을 수 있다. 수행을 해서 마음이 바르면 거짓말, 비방하는 말, 거친 말, 경솔한 말을 하지 않는다. 그러나 수행을 해서 마음이 계발되지 않으면 거짓말, 비방하는 말, 거친 말, 경솔한 말을 하여 불선업의 과보를 받아 괴로움을 겪는다.

　바르지 못한 말을 할 때 감각적 쾌락을 느낀다. 그래서 다음에 말을 할 때는 조금 더 심하게 말을 해야 만족하므로 불선업의 가속도가 붙는다. 여기에는 지식과 사회적 신분의 구별이 없다. 그러므로 말을 할 때는 '지금 무슨 마음으로 말을 하는가?' 하고 알아차려야 한다.

　바르지 못한 말을 하는 자는 스스로가 황폐해져서 고통을 겪을 뿐만 아니라 남에게도 피해를 주기 때문에 살아서도 과보를 받고 죽어서도 과보를 받게 된다. 만약 자신의 사회적 신분이 높을 때는 그 과보가 더욱 크다.

297 | 갈애와 집착과 업의 생성

자신의 어리석음으로 인해 정상적이지 못한 욕망을 갖는 것을 갈애라고 한다. 이 갈애는 느낌으로부터 시작한다. 느낌은 항상 더 좋은 느낌을 원한다. 처음에는 사소하게 바라는 마음으로 시작하지만 이러한 갈애를 원인으로 차츰 강한 집착이 일어나서 행위를 한다.

갈애는 3가지가 있는데 감각적 욕망에 대한 갈애와, 존재와 그 생성에 대한 갈애와, 존재하지 않는 것에 대한 갈애가 있다. 이렇게 즐길거리를 찾는 갈애와, 영원히 살고 싶고 좋은 곳에 살고 싶은 갈애와, 살고 싶지 않아서 죽고 싶은 갈애는 모두 자신의 이기적 욕망이다.

사소하게 시작된 갈애는 갈애로 그치지 않고 집착을 해서 더 강하게 움켜쥔다. 그래서 대상과 떨어지지 않고 달라붙는다. 집착은 4가지가 있는데 감각적 욕망에 대한 집착과, 잘못된 견해에 대한 집착과, 계율과 의식에 대한 집착과, 내가 있다는 자아에 대한 집착이 있다.

갈애가 집착으로 전개되고, 집착이 업의 생성으로 전개되면 미래에 태어나는 힘이 생긴다. 선한 업을 생성하였으면 미래에 선한 재생이 이루어지고, 선하지 못한 업을 생성하였으면 미래에 선하지 못한 재생이 이루어진다.

10장

인간의 무게

인간의 무게

인간의 무게는 인간의 가치입니다. 인간이 지닌 가치는 출생신분이나, 사회적 지위나, 학력이나, 가난하고 부자거나, 아름답고 미운 용모에 있지 않습니다. 인간의 가치는 오직 자신의 마음가짐에 있습니다. 여러 가지 조건이 충분하다고 해도 마음이 선하지 못하면 가치가 떨어지는 사람입니다. 여러 가지 조건이 충분하지 못하다고 해도 마음이 선하면 가치가 훌륭한 사람입니다.

죽을 때의 마음이 다음 생을 결정합니다. 사람이 죽을 때 선업의 과보를 가지고 죽으면 태어날 때 지혜를 가진 사람으로 태어나거나 좋은 기능을 가진 사람으로 태어납니다. 이 기능은 한 가지에 국한하지 않고 다양하게 나타납니다. 누구나 자기가 실천한 행위에 따라 거기에 맞는 과보를 받습니다. 그러므로 어떤 직업을 가지고 어떻게 살거나 지혜가 있거나 좋은 기능을 가지고 태어났다면 선업의 공덕이 있는 사람입니다.

이때의 선업의 공덕은 신분이나 직업에 따라 가치가 결정되지 않습니다. 그러므로 기능을 가지고 태어났다면 어떤 직업을 가졌던간에 훌륭한 가치가 있는 일입니다. 출생이나 직업에 따라 신분의 고귀함이 있는 것은 세속의 관점이지 출세간의 관점이 아닙니다. 그래서 누구나 어디에서 무엇을 하거나 자기가 가지고 있는 기능을 감사하게 여기고 더욱 충실히 하는 것이 가장 가치가 있는 일입니다.

과거의 잘못으로 인해서 선한 과보를 받지 못했다고 해서 그대로 주저앉아서는 안 됩니다. 없는 과보를 받을 수 없다면 새로운 과보를 만드는 것이 수행자의 의무입니다. 그러기 위해서는 먼저 이 세상에서 일어나고 있는 일이 모두 과보의 영향을 받는다는 사실을 받아들여야 합니다. 그리고 새롭게 선한 행위를 해서 새로운 선한 과보를 만들어야 합니다. 그러면 없는 선한 과보가 생겨 현재가 행복하고 미래도 행복합니다.

현재가 행복할 때 지나간 과거도 후회하지 않고 행복하게 지혜로 지켜볼 수 있습니다. 이러한 선한 과보는 보시와 계율을 지키는 것이 필요하지만 가장 수승한 과보는 수행을 하는 것입니다. 수행을 해서 지혜가 나면 보시와 지계는 자연스럽게 따라옵니다.

수행은 선업의 공덕이 없으면 할 수 없으며 수행을 한다고 해도 지속할 수 없습니다. 과거에 선하지 못한 행위도 했지만 선한 행위도 했습니다. 그러므로 언젠가 수행을 할 수 있는 기회는 반드시 옵니다. 또 자기의 선한 과보가 없더라도 주위의 도움이 있을 때는 주저하지 말고 수행을 받아들여야 합니다. 이 세상은 자기의 힘만으로 살 수 없습니다. 그래서 훌륭한 스승과 도반의 도움이 필요하므로 이런 기회가 오면 놓치지 말고 반드시 붙잡아야 합니다.

298 | 축복

　　최상의 축복은 다른 사람이나 초월적 존재로부터 받는 것이 아니다. 축복은 자기 자신이 바른 생활을 해서 스스로 얻는 것이다. 축복은 스스로가 노력을 한만큼, 계율을 지킨 만큼, 자신의 지혜가 있는 만큼 받는다. 또 수행을 해서 스스로를 보호하는 것이 으뜸가는 축복이다.

　　붓다께서 말씀하신 축복은 어리석은 사람과 사귀지 않고, 지혜로운 사람과 사귀고, 공경할만한 사람을 공경하고, 분수에 맞는 곳에서 살며, 선한 공덕을 쌓아서 스스로 바른 서원을 세우고, 많이 배우고 익히며, 자신을 절제하고 훈련하여, 이치에 맞는 말을 하는 것이다.

　　축복은 나누고 베풀며, 정의롭게 살고, 친지를 보호하며, 비난받지 않는 행동을 하고, 악한 일을 멀리하고, 술을 삼가고, 가르침을 부지런히 행하고, 존경하고 겸손한 마음, 만족과 감사할 줄 아는 마음으로, 때에 맞추어 가르침을 듣고, 온화한 마음으로 인내하고, 수행자를 만나 가르침을 논하는 것이다.

　　축복은 감각기관을 수호하여 청정하게 살며, 성스러운 진리를 통찰하고, 열반을 실현하고, 세간의 일에 부딪쳐도 마음이 흔들리지 않고, 근심과 티끌이 없이 안온해야 한다. 이상의 것들이 최상의 축복이다.

299 | 즐거움

누구나 즐거움을 바란다. 그리고 즐거움을 행복으로 여긴다. 그러나 즐거움에 취하면 즐거움이 괴로움이 된다. 그래서 즐거움이 온전한 즐거움으로 남기 위해서는 즐거움을 있는 그대로 알아차려야 한다. 그렇지 않으면 더 좋은 즐거움을 원하여 감각적 욕망으로 발전한다.

즐거움은 세간의 즐거움이 있고 출세간의 즐거움이 있다. 두 가지의 즐거움은 합쳐질 수 없다. 세간의 즐거움은 부귀영화를 얻는 것인데 이것은 항상 시끄럽고, 얻어도 불안하다. 얻지 못해서 괴롭고, 얻어도 부족해서 괴롭고, 얻은 것이 달아날까봐 괴롭고, 달아나서 괴롭다.

출세간의 즐거움은 알아차려서 고요함과 지혜를 얻는 것이다. 지혜보다 더 큰 즐거움은 없다. 지혜가 생기면 존재하는 것들의 속성을 알아 집착을 하지 않는다. 집착을 하지 않아 괴롭지 않다. 알아차리면 희열과 평안과 집중과 평등의 지혜의 과정을 거쳐 최고의 지혜를 얻는다.

세간의 즐거움은 감각적 욕망을 집착하여 괴로움뿐인 윤회를 한다. 출세간의 즐거움은 감각적 욕망을 제어하여 윤회를 끊는다. 이 두 가지를 동시에 가질 수 없으므로 세간의 즐거움과 출세간의 즐거움 중에서 하나를 선택해야 한다.

300 | 수행

위빠사나 수행은 한 시간이 잘 되면 하루가 안 되고, 하루가 잘 되면 일주일이 안 된다. 한 시간이 잘 되면 다음 시간에 더 잘되기를 바라는 마음이 생겨 수행이 잘 되지 않는다. 하루가 잘 되면 수행이 잘 되기를 바라는 마음이 더 크기 때문에 더 오랫동안 잘 되지 않는다.

어제 수행이 잘 되다가 오늘 안 되는 것은 어제의 몸과 마음이 오늘의 몸과 마음과 다르기 때문이다. 어제 잘 되다가 오늘 잘 안 된 것은 어제를 기억하고 더 잘하려고 하는 탐심이 일어나 몸과 마음이 긴장했기 때문이다. 이것이 탐욕과 성냄과 어리석음이 나타난 것이다.

오늘 수행이 잘 안 되는 것은 법이 나타난 것이다. 이 법이 바로 몸과 마음이 항상 새로운 것이라는 무상을 볼 수 있는 기회다. 또 수행이 잘 안 되는 괴로움을 볼 수 있는 기회다. 또 내 마음대로 되지 않는 무아를 알 수 있는 기회다. 대상은 항상 와서 보라고 나타난다.

위빠사나 수행은 잘 하려고 하는 것이 아니고 나타난 대상을 알아차리기 위해서 한다. 수행이 잘 될 때는 잘 되는 것을 알아차리고, 수행이 잘 안될 때는 잘 안 되는 것을 알아차리는 것이 바른 수행이다.

301 | 불법승 삼보(佛法僧 三寶)

위빠사나 수행자의 믿음은 불법승이라는 세 가지 보배에 대한 믿음이다. 그러기 위해서는 부처님에 대한 바른 견해를 가져야 한다. 부처님이 지금 어디에 계시면서 누구에게나 복을 줄 수 있는 그런 분인지 그 진실을 알아야 한다. 우리가 알고 있는 이런 부처님은 계시지 않는다.

부처님의 가르침을 바르게 알아야 한다. 어떤 것이 부처님의 가르침인지 진실을 알아야 한다. 모든 것은 원인과 결과로 생성하고 소멸하면서 지은 대로 받고, 모든 것이 항상 하지 않아 무상하고, 존재하는 것은 불만족이고, 나라고 할 만한 자아가 없는 무아를 알아야 한다.

승단에 대한 바른 견해가 있어야 한다. 승단이 부처님의 가르침을 바르게 실천하고 있는지, 비구, 비구니, 남자, 여자 재가자의 사부대중이 저마다 바르게 승가를 유지하고 있는지를 살펴봐야 한다. 승단에 의해 바른 법이 계승되므로 승단 없이는 바른 믿음을 가질 수 없다.

상징적인 부처님만 계셔도 안 되며, 근거 없는 가르침만 있어서도 안 되며, 목적이 없는 승단만 있어서도 안 된다. 최고의 지혜를 얻는 부처님과, 가장 보편타당한 진리의 가르침과, 이것을 계승하는 승단이 있어야 바른 믿음이 완성된다.

302 | 말의 진실

말하는 사람과 말의 내용을 하나로 보아서는 안 된다. 말하는 사람
은 관념이고 말하는 내용은 실재다. 스승이 가르침을 펼 때 말하는 스승
과 말하는 내용은 서로가 다른 것이다. 이때 말하는 스승이 말하는 내용
을 얼마나 실천하고 있느냐 하는 것은 별개의 일이다.

말하는 사람의 수준이 말하는 내용과 일치하기를 바라면 말을 받
아들이는 것에 충실할 수가 없다. 어차피 말하는 사람은 반드시 있어야
하고, 또 무엇인가 말하는 내용도 있어야 하지만 이 두 가지는 별개의
조건일 뿐이다. 두 가지가 일치하기를 바란다면 그것은 단지 생각이다.

완전하게 깨달은 아라한이나 부처님이 아니고서는 언행이 일치할
수 없다. 만약 일치를 원한다면 두 가지를 다 잃을 수 있다. 말하는 사람
의 행실이 말하는 내용과 일치하지 않는다고 생각하면 그 사람에 대한
신뢰가 무너져 그 말을 받아들이지 않기 때문에 말이 소멸된다.

이러한 차이를 극복하는 것이 위빠사나 수행이다. 모든 일은 드러
난 모양과 실재하는 내용이 따로 있다. 이 두 가지가 완벽하기를 바라는
것은 현실적이지 못하다. 그러므로 스승을 보지 말고 스승이 말하는 법
을 보아야한다.

303 │ 잘못의 기준

감각적 쾌락이 잘못이 아니다. 감각적 쾌락이 일어났을 때 알아차리지 못한 것이 잘못이다. 감각적 쾌락의 과보로 인해 괴로움이 일어난 것이 잘못이 아니다. 괴로움이 일어났을 때 알아차리지 못한 것이 잘못이다. 잘못의 기준은 나타난 것이 아니고 알아차리지 못한 것이다.

감각적 쾌락이 일어나거나, 이것을 원인으로 괴로움이 일어난 결과는 우리의 일상에서 늘 있는 일이다. 지금까지 이렇게 살아왔다면 이는 쉽게 버릴 수 없는 축적된 성향이다. 그러므로 그것 자체를 문제 삼지 말고 있는 것을 받아들여서 단지 알아차릴 대상으로 삼아야 한다.

악한 의도가 일어난 것이 잘못된 것이 아니다. 악한 의도가 일어났을 때 알아차리지 못한 것이 잘못이다. 악한 의도로 인해 악한 행동을 한 것이 잘못이 아니다. 악한 행동을 했을 때 알아차리지 못한 것이 잘못이다. 잘못의 기준은 나타난 것이 아니고 알아차리지 못한 것이다.

악한 의도는 선한 마음과 함께 누구나 늘 가지고 있는 마음이다. 그러므로 악한 의도를 문제 삼아서는 개선될 여지가 없다. 다만 타나난 것을 있는 그대로 알아차려서 악한 의도가 일어난 것을 아는 마음이 생기면 된다.

304 | 통증의 실재

수행 중에 나타나는 장애는 모두 알아차릴 대상이다. 수행은 장애를 없애기 위해서 하는 것이 아니다. 이것들이 나타났을 때 자신이 어떻게 반응하는가를 알아차리기 위해서 해야 한다. 수행 중에 나타난 모든 현상은 와서 보라고 법이 나타난 것이므로 대상으로 알아차려야 한다.

수행 중에 나타난 통증 때문에 자세를 바꾸려 할 때는 먼저 싫어하는 마음을 알아차려야 한다. 통증은 성냄을 일으키며, 자세를 바꾸려는 탐욕을 일으킨다. 성냄과 탐욕으로 하는 것이 어리석음이다. 통증은 움직이지 않아서 생긴 법이다. 이 법은 단지 알아차릴 대상이다.

통증은 관념이고 실재는 찌르고 당기고 쑤시는 것이다. 이러한 실재에 이름을 붙여서 통증이라고 한다. 그러므로 통증이란 없는 것이고 실재하는 것은 찌르고, 화끈거림이다. 아플 때는 마음을 알아차린 뒤에 통증의 실제 하는 성품인 찌름, 저림 등을 알아차려야 한다.

이렇게 알아차려도 참기가 어려울 때는 자세를 바꾸려는 의도를 알아차린 뒤에 천천히 몸을 움직인다. 몸에서 나타나는 모든 대상은 느낌이며 일어나고 사라지는 현상만 있다. 느낌은 감각기관이 아는 것이지 나의 것이 아니다.

305 │ 선한 의도와 갈애

　　수행을 할 때 바라지 말라는 것은 아무 것도 바라지 말라는 것이 아니다. 감각적 욕망의 갈애를 가지고 하지 말라는 것이다. 수행은 오히려 선한 의도를 가지고 가장 필요한 궁극의 것을 바라는 것이다. 감각적 욕망이 소멸하기를 바라는 선한 의도가 있어서 수행을 한다.

　　가장 선한 의도는 어떤 것도 바라지 않고 단지 있는 그대로의 대상을 알아차리는 것이다. 그러나 수행자가 처음부터 이와 같은 완벽한 경지에서 수행을 시작 할 수는 없다. 그래서 차선책으로 괴로움뿐인 윤회에서 벗어날 수 있는 아라한이 되려는 선한 의도는 필요하다.

　　선한 의도를 가지고 필요해서 하는 것은 갈애로 하는 것이 아니다. 선한 의도가 없이 욕망을 가지고하면 갈애로 하는 것이다. 알아차리면 필요해서 하는 것이고, 알아차리지 못하면 갈애로 하는 것이다. 그래서 알아차림이 있느냐 없느냐에 따라서 선한 의도와 갈애가 결정된다.

　　선한 의도로 필요해서 하면 중도를 유지하여 괴로움이 없지만, 선한 의도가 없이 갈애로 하면 집착이 일어나 고통이 따른다. 선한 의도는 결과를 바라지 않기 때문에 괴로움이 없지만, 갈애는 바라는 것이 있어 괴롭다.

306 | 이상과 균형

누구에게나 이상이 필요하다. 이상이 없으면 희망이 없는 메마른 삶이다. 이상이 없으면 쉽게 좌절하고 게으름에 빠진다. 희망이 있기 때문에 고통을 감수하고 열심히 노력한다. 하지만 이상을 구현하기 위해 지나치게 집착해서는 안 된다. 목적에 함몰되면 진실을 망각한다.

목적을 성취하려는 노력이 지나치면 거짓도 진실처럼 생각한다. 목적이 필요하지만 이상을 실천할 때는 목적을 잊어야 한다. 단지 해야 할 일이라서 해야 한다. 세상은 온갖 목적을 가지고 저마다의 성취를 위해서 진실을 외면하는데 이렇게 얻은 것은 바른 성취가 아니다.

오직 목적 하나에 매달리면 일이 진행되는 과정을 무시하여 좋은 결과를 얻을 수 없다. 오히려 해로운 과보를 받아 잘못된 결과가 생긴다. 언제나 목적에 함몰된 자기 마음이 자기를 속이고 있지 않은지 알아차려서 거짓이 진실 같은 세상을 살지 말아야 한다.

목표를 집착하면 다른 것을 보지 못한다. 오직 목표만을 위해 노력하면 몸과 마음이 긴장하여 능률이 떨어진다. 바른 이상도 균형이 없으면 관용이 사라져 남을 배척하고 자신도 고통을 겪기 때문에 진정한 목적을 성취할 수 없다.

307 | 알아차림의 시작

수행의 다섯 가지 기본 요소인 믿음, 노력, 알아차림, 집중, 지혜 중에서 알아차림은 아무리 많아도 부족하다. 믿음이 많으면 맹목적 신앙에 빠지고, 노력이 많으면 들뜨고, 집중이 많으면 혼침에 빠지고, 지혜가 많으면 간교해진다. 그러나 알아차림 하나만큼은 많을수록 좋다.

알아차림이 많을수록 좋다는 것은 아무리 많아도 부족하기 때문이다. 알아차림은 깨어서 대상을 지켜보는 선한 행위다. 누구나 알아차리기 이전에는 자신이 하는 일을 깨어서 지켜보지 못하고 살아왔다. 그러나 알아차리는 순간부터 비로소 자신이 하는 일을 바르게 안다.

알아차림은 지금까지 해보지 않은 일이라서 하기가 어렵다. 그래서 수행자는 지나고 나서야 알아차리지 못한 것을 알기 마련이다. 이때 지나고 나서 알아차리지 못한 것을 늦었다고 생각해서는 안 된다. 지나고 나서 알아차린 것이 가장 빨리 알아차린 것이다.

지나고 나서 알아차린 것은 알아차림을 새로 시작한 것이다. 많은 사람들이 지나고 나서도 알아차리지 못한다. 그러므로 늦게 알아차린 것을 자책해서는 안 된다. 알아차림에는 시작이 따로 없다. 어느 때나 알아차리면 그 순간부터 수행이 시작된다.

308 | 두 가지 영역

인간은 정신과 물질로 구성되었으며 각각의 영역에서 상호작용을 한다. 정신은 정신적 현상의 기능을 하고, 물질은 물질적 현상의 기능을 한다. 두 가지의 요소가 각각의 영역에서 고유한 기능을 하면서 정신이 물질에 영향을 미치고 물질이 정신에 영향을 미친다.

수행자는 정신의 영역에서 일어나는 현상을 단지 정신적 현상으로 알아차려야 한다. 그리고 물질의 영역에서 일어나는 현상을 단지 물질적 현상으로 알아차려야 한다. 정신적 현상이 물질적 현상이 아니고, 물질적 현상이 정신적 현상이 아니라고 알아야 대상을 객관적으로 볼 수 있다.

마음이 괴로울 때는 정신의 영역에서 일어난 현상이므로 몸까지 아파서는 안 된다. 또 몸이 아파서 괴로울 때는 물질의 영역에서 일어난 현상이므로 마음까지 아파서는 안 된다. 두 가지가 서로에게 영향을 주었다면 서로가 남의 영역을 침범한 것이다.

마음이 아플 때 몸이 아프고, 몸이 아플 때 마음이 아프면 원인과 결과가 상속되어 순간의 윤회를 한다. 마음이 아플 때 몸이 아프지 않고, 몸이 아플 때 마음이 아프지 않으면 원인과 결과가 끊어져 순간의 윤회가 멈춘다.

309 │ 요구

자신에게 자신이 가진 것 이상을 요구하지 마라. 이것이 탐욕이다. 최선을 다해 열심히 노력하는 것과, 없는 능력을 바라면서 노력하는 것은 다르다. 남에게도 그가 가진 것 이상을 요구하지 마라. 자신이나 남이 가지고 있지 않은 능력을 바라다가 오히려 일을 그르친다.

자신이 가진 능력과 자신의 이상은 다른 것이다. 이상을 높여서 능력이 미치지 못하는 것을 요구하면 무슨 일을 하거나 성공할 수 없다. 이러한 불균형이 원인이 되어 비극을 낳는다. 모든 일에는 균형이 필요하며 이러한 균형이 자신이나 남에게 똑 같이 적용되어야 한다.

탐욕을 가지고 하다가 자기 욕망에 충족되지 않으면 반드시 성냄이 일어난다. 성냄으로 인해 슬픔과 비탄과 고통이 따른다. 탐욕은 성냄을 일으킨다. 탐욕과 성냄을 일으키는 것이 어리석음이다. 어리석음에서 벗어날 수 있는 유일한 길은 대상을 있는 그대로 알아차리는 것이다.

무엇이나 지나치면 부족함만 못하다. 지나친 것은 욕망으로 허영심을 부추긴다. 허영은 땅위에 발을 디디고 서있지 않고 허공에 떠있는 마음이다. 꿈은 꿈으로 간직하고 현실에서는 땅 위에 발을 디디고 서있어야 한다.

310 | 거짓말

흰 것을 검다고 말해야 할 일이라면 그 일을 하지 마라. 거짓말은 계율을 어기고, 고요한 마음의 집중을 방해하고, 지혜가 생기지 않는다. 때로는 목적하는 것을 얻기 위해 굴욕을 감수할 수도 있다. 그러나 진실이 아닌 것을 진실이라고 말하는 것은 결코 감수할 일이 아니다.

수행자가 가야할 여덟 가지 바른 길이 있다. 팔정도인 계정혜의 길을 가는 것만이 자신을 불행으로부터 보호한다. 흰 것을 검다고 말해서 얻는 이익이라면 그것은 이익이 아니고 손실이다. 눈에 보이는 이익은 진정한 이익이 아니다. 진실을 말하는 것이 진정한 이익이다.

부처님께서는 발을 씻은 후에 대야에 약간의 물을 남기고서 "고의로 거짓말을 하는 사람의 마음은 이처럼 보잘 것이 없다"고 하셨다. 그리고 대야에 남은 물을 모두 버리고 "고의로 거짓말을 하는 사람의 마음은 이렇게 버려야 한다"고 하셨다.

다시 대야를 뒤집으면서 "고의로 거짓말을 하는 사람의 마음은 이렇게 뒤집어서 완전히 버려야 한다"고 하셨다. 그리고 대야를 바로 놓으시면서 "고의로 거짓말을 하는 사람의 마음은 이렇게 비워버려야 한다"고 하셨다.

311 | 나

자신의 몸과 마음은 나의 것이 아니고, 내가 아니고, 나의 자아가 아니다. 이것은 단지 원인과 결과에 의해서 생긴 정신과 물질이다. 그러므로 자신의 정신과 물질을 나의 것이라고 주장해서는 안 되고, 나라고 주장해서는 안 되고, 나의 자아라고 주장해서는 안 된다.

만약 자신의 정신과 물질이 나의 것이고, 나고, 나의 자아라고 한다면 자기 마음대로 할 수 있어야 한다. 자신의 정신과 물질에 관하여 자기 마음대로 할 수 있는 부분은 극히 제한되어있다. 이것들은 조건에 의해 결합되어서 조건에 의해 사라지기 때문에 자기 마음대로 할 수 없다.

세간에서는 정신과 물질이 나의 것이고, 나고, 나의 자아라고 한다. 그래서 변하지 않고 영원하다고 여긴다. 마음이라는 주체가 있어서 이생에서 죽으면 마음이 새로운 몸을 받아서 환생한다고 생각한다. 이러한 견해를 가지고 있는 한 자아로부터 벗어날 수 없어 자유를 얻지 못한다.

출세간에서는 정신과 물질이 나의 것이라고 할 만한 것이 없다. 모든 것은 조건에 의해 일어나고 사라지는 연속적 현상만 실재한다. 이것을 주도하는 어떤 개아나 자아가 없다. 이러한 진실을 알 때만이 집착을 여의어 열반을 성취한다.

수행자가 안다는 것은 경전에 능통하여 학문의 경지가 높은 것을 말하지 않는다. 또한 경험이 많은 것을 안다고 하지 않는다. 안다는 것은 자신이 가진 괴로움을 알고, 괴로움의 원인인 집착을 알고, 그것의 소멸을 알고, 소멸하는 방법인 팔정도를 알아서 실천하는 것이다.

더 나아가 출생 이전의 과거 생이 단지 과거의 원인이라는 것과, 죽음 이후의 미래 생이 단지 원인에 따른 결과라는 것과, 이러한 과거와 미래의 생이 모두 실체가 아니고 과보가 상속되는 것이며, 태어남은 원인과 결과로 상속되는 연기라고 아는 것을 안다고 한다.

아는 마음은 지적사유만으로는 이루어지지 않는다. 지적 사유를 바탕으로 몸소 실천을 해서 지혜가 나야 한다. 그러기 위해서는 반드시 몸과 마음을 알아차려야 하고, 몸과 마음을 분리해서 알아차려야 한다. 몸과 마음을 분리해서 알아차리지 못하면 대상을 바르게 알 수 없다.

지혜는 아는 마음이고 어리석음은 모르는 마음이다. 어리석지 않으려면 대상을 게으름 없이 지속적으로 알아차려야 한다. 이렇게 알아차리면 모든 대상이 무상, 고, 무아라는 것을 알아 집착이 끊어진다. 이것이 비로소 아는 것이다.

313 | 마음의 위치

마음은 몸과 함께 있지 몸의 어느 특정한 위치에 머물러 있지 않다. 그러므로 마음은 뇌에 있거나 심장에 있지 않다. 마음은 단지 몸과 함께 있을 뿐이다. 마음이 심장을 토대로 일어난다고 했을 때의 심장은 마음의 토대를 의미하는 것이지 마음이 심장에 있다는 것이 아니다.

마음은 비 물질이라서 어느 특정한 장소를 지칭할 수 없다. 그래서 마음이 무엇이냐고 물으면 물질이 아니라고 답변한다. 이러한 마음을 물질처럼 위치를 들어 설명할 때 편의상 전면이라고 한다. 그래서 마음을 알아차리는 장소를 몸이 아닌 '전면' 또는 '앞에서'라고 한다.

마음을 알아차리는 위치를 전면이라고 했을 때 마음이 몸 밖으로 나가는 것이 아니다. 마음은 매순간 나중에 일어난 마음이 먼저 있는 마음을 알아차릴 때 입체적으로 느껴져서 밖에 있는 것처럼 느껴진다. 이때 누군가가 밖에서 지켜보는 것이 아니고 자신의 마음이 본다.

죽을 때의 마음이 일어나서 사라지면 과보로 인해 재생연결식이 일어나고 즉시 정신과 물질이 생긴다. 이렇게 생긴 정신과 물질은 죽을 때까지 함께 있다. 그래서 마음이 밖으로 나갈 수도 없고, 다른 마음이 자신의 몸에 들어올 수도 없다.

314 | 세간과 출세간의 마음

세간의 낮은 정신세계에서는 무엇인가를 바라서 원하는 것을 얻는다. 선한 것을 바라면 선한 결과를 얻고, 선하지 못한 것을 바라면 선하지 못한 결과를 얻는다. 세간의 마음은 무명과 갈애의 지배하에 있기 때문에 때로는 선한 것도 바라고 선하지 못한 것도 바란다.

그 결과로 좋은 일도 있지만 나쁜 일도 생긴다. 그러나 무명의 지배하에 있기 때문에 선한 것을 바라기보다 선하지 못한 것을 더 많이 바란다. 그래서 31개의 생명이 사는 세계에서 많은 생명들이 지옥, 축생, 아귀, 아수라에 몰려있고 인간과 천상계는 매우 적은 숫자만 산다.

출세간의 높은 정신세계에서는 바라면 원하는 것을 얻을 수 없다. 바라지 않을 때만이 원하는 것을 얻을 수 있다. 출세간에서는 지혜가 지배하기 때문에 아무 것도 바라지 않고 오직 관용과 자애와 알아차림을 가지고 산다. 이런 원인으로 해탈이란 결과에 이른다.

바라지 않을 때만이 마음이 고요해서 대상을 있는 그대로 지켜볼 수 있다. 바라지 않는 마음은 단지 작용만 하는 마음으로 아라한과 부처님의 마음이다. 바라는 마음이 없을 때만이 지고의 행복을 실현할 수 있다.

315 | 선한 마음

관용과 자애와 지혜는 선한 마음이다. 누구나 선한 마음을 가지면 자신과 남을 관대하게 받아들이고, 자신과 남을 사랑하고, 자신과 남과의 관계에서 생기는 일들을 어리석지 않은 마음으로 통찰한다. 그러나 선하다고 해서 모두 똑같은 관용과 자애와 지혜를 가진 것은 아니다.

사람에 따라서 관용을 가지고 남에게 베푸는 것을 더 많이 하는 사람이 있고, 남에게 연민의 정을 가지고 더 많이 사랑하는 사람이 있고, 남을 이해하여 걸림이 없는 지혜를 더 많이 가진 사람이 있다. 그리고 정도의 차이는 있지만 이것들을 모두 함께 가진 사람도 있다.

위빠사나 수행은 선한 마음을 가지고 세 가지의 마음이 조화를 이루도록 적절하게 계발하는 것이다. 관용과 자애만 있고 지혜가 없으면 선한 마음이 꽃을 피울 수 없다. 수행을 해서 지혜가 날 때만이 바라는 것이 없는 관용과, 바라는 것이 없는 사랑을 베풀어 완전한 선이 된다.

관용과 자애와 지혜는 위빠사나 수행의 알아차림이 있어야 한다. 알아차림이 있는 관용이 바른 보시를 하게하고, 알아차림이 있는 자애가 바른 사랑을 하게하고, 알아차림이 있는 지혜가 간교하지 않은 지혜를 갖게 한다.

316 | 단 하나의 길

붓다의 가르침은 자신의 문제는 자신이 지혜를 계발해서 스스로 해결하도록 한다. 그래서 외부에 있는 어떤 힘을 빌려서 해결하지 않는다. 그러기 위해서는 반드시 자신의 몸과 마음을 통찰해야 한다. 자신의 몸과 마음을 알아차릴 때는 대상에 개입하지 않고 지켜보아야 한다.

붓다는 자신의 몸과 마음을 분리해서 통찰하는 방법으로 최고의 지혜를 얻은 뒤에 모든 번뇌에서 해방되었다. 그리고 단 하나뿐인 이 길로 오라고 가르침을 폈다. 그래서 자신이 체험한 많은 과정을 모두 낱낱이 밝혔다. 이 가르침이 경장과 율장과 논장에 있는 기록이다.

'단 하나의 길'이라고 하는 것은 인류가 시작된 이래 28분의 붓다가 출현을 할 때마다 모두 똑 같은 방법으로 깨달음을 얻었기 때문이다. 역대의 모든 붓다는 죽음을 숙고한 뒤에 정신과 물질이 원인과 결과로 상속되는 연기를 알았다. 그래서 태어남과 죽음의 의문을 풀었다.

이러한 연기를 바탕으로 자신의 몸, 느낌, 마음, 법을 통찰하는 사념처 위빠사나 수행을 하시어 깨달음을 얻었다. 그리고 역대의 모든 붓다께서 체험하셨고, 자신도 직접 체험한 이 길로 오라고 일관되게 45년 동안 설법하셨다.

317 | 다섯 가지 지혜

몰라서 못하는 것이 무명이고, 알지만 못하는 것이 지식이고, 알아서 끊는 것이 지혜다. 무명은 괴로움의 실체를 모르며 원인과 결과를 모르는 마음이다. 지식은 대상을 관념적으로 받아들여 이해하는 수준에 머무는 마음이다. 지혜는 실재를 알아서 번뇌를 끊어버리는 마음이다.

지혜는 다섯 가지가 있다. 이들 지혜는 단계적인 과정을 거치면서 성숙된다. 지혜의 과정에 따라 번뇌를 끊는 것이 다르다. 첫째, 업의 지혜가 있는데 지은대로 받는다는 것을 아는 지혜다. 업은 의도가 있는 행위고 업의 과보는 반드시 일으킨 사람이 받는 것을 아는 지혜다.

둘째, 선정의 지혜가 있는데 색계 무색계의 선정을 닦아 고요함에 머무는 지혜다. 셋째, 위빠사나의 지혜는 자신의 몸과 마음을 알아차려서 존재하는 것들의 특성인 무상, 고, 무아를 아는 지혜다. 넷째, 도의 지혜가 있는데 무아를 알아 집착이 일어나지 않아서 열반에 이르는 지혜다.

다섯째, 과의 지혜가 있는데 도에 이르면 과를 성숙시켜 열반을 완성하는 지혜다. 열반은 도의 과정을 거쳐 과에 이르러야 완성된다. 도과의 지혜는 저절로 되는 것이 아니고 수행자의 끈질긴 노력과 인내가 있어야 성취한다.

318 | 알아차림의 순도

위빠사나 수행자에게 알아차림은 여섯 가지 감각기관의 문을 지키는 문지기와 같다. 문지기가 문을 지키면 탐욕, 성냄, 어리석음의 번뇌가 들어오지 않아 청정한 마음을 갖는다. 이러한 청정함이 고요한 마음을 갖게하고, 차츰 통찰지혜가 계발되어 궁극의 열반을 성취한다.

위빠사나 수행은 알아차림으로 시작해서 알아차림으로 끝난다. 수행을 한다는 것은 몸과 마음을 알아차리는 것이고 다음으로 알아차림을 지속하는 것이다. 이러한 과정에서 여러 가지의 지혜가 단계적으로 계발된다. 그러나 문지기의 역할에 따라 알아차림에도 순도가 있다.

문지기의 역할이 부족하면 번뇌를 막지 못한다. 문지기의 역할에 따라서 알아차림의 순도가 결정된다. 선하지 못한 마음이 강할 때는 알아차림의 순도가 떨어져 대상을 겨냥할 수 없다. 선한 마음이 강할 때는 알아차림의 순도가 높은 상태로 대상을 겨냥하여 지혜가 난다.

알아차림의 순도를 결정하는 것은 앞에서 믿음이 이끌어야 한다. 그리고 수행을 할 때는 반드시 노력과 집중이 함께 있어야 한다. 이런 과정에 의해 지혜가 계발되면 가장 이상적인 알아차림을 지속할 수 있다.

319 | 살생의 과보

　　마음이 있는 생명을 죽이는 것은 모두 살생이다. 그러나 마음이 없는 식물을 헤치는 것은 살생이 아니다. 살생의 불선행은 불선과보를 받아 미래에 지옥에 떨어지거나 현재에도 그에 상응하는 괴로움을 겪는다. 살생의 불선과보가 성립되려면 5가지 조건이 성숙되어야 한다.

　　첫째, 살아있는 생명이 있는 것. 둘째, 살아있는 생명이 있다고 아는 것. 셋째, 살아있는 생명을 죽이려고 의도를 갖는 것. 넷째, 살아있는 생명을 죽이는 것. 다섯째, 살아있는 생명이 죽는 것. 이상 5가지가 성숙될 때 살생의 과보를 받는다. 이때 의도가 없으면 과보가 없다.

　　처음에 작은 벌레를 아무렇지도 않게 죽이는 마음이 차츰 더 큰 것을 죽일 수도 있다. 작거나 크거나 죽이는 마음은 같기 때문이다. 살생의 과보는 생명의 크기에 따라서, 생명의 지능에 따라서 그 과보가 더 커진다. 또 상대의 생명을 빼앗았기 때문에 자신의 수명이 짧고 사는 동안 병이 많다.

　　살생은 상대의 짝을 잃게 하였기 때문에 자신도 사랑하는 사람과 헤어지는 슬픔을 겪는다. 살생을 당한 생명의 지능이 높을수록 불선과보도 더 크게 받는다. 자신의 목숨을 끊어도 살생의 과보를 받으므로 자살을 해서는 안 된다.

320 | 잠

수행을 할 때 나타나는 잠은 장애가 아니라 알아차릴 대상이다. 잠은 수행초보자나 경험이 있는 수행자나 똑같이 나타난다. 잠은 없애야할 대상이 아니고 알아차릴 대상이다. 잠은 본능이라서 누구에게 나타나는 현상이다. 따라서 잠은 수행할 때 경험하는 많은 대상 중의 하나다.

수행자가 움직이지 않고 좌선을 할 때는 잠이 오기 마련이다. 또 수행을 해서 집중이 되어도 잠이 온다. 몸이 피곤해도 잠이 온다. 어떤 상황에서도 잠이 올 때는 잠과 싸우지 말고 잠이 오는 것을 대상으로 알아차려야 한다. 만약 잠과 싸우게 되면 더 빨리 잠에 빠진다.

졸릴 때 잠의 유혹에 빠져 잠을 자버리자는 생각이 들면 이때의 마음을 알아차려야 한다. 그리고 몸의 나른함을 대상으로 알아차려야 한다. 졸음이 올 때는 자세하게 알아차릴 수 없다. 이런 불가피한 상황을 그대로 수용하면서 마음이 희미하면 희미한 대로 알아차려야 한다.

수행을 할 때 잠을 잤느냐, 자지 않았느냐가 중요하지 않다. 잠이 오는 것을 알아차리는 것이 중요하다. 잠자는 것은 죽는 것과 같다. 수행을 하면서 잠이 오는 것을 알아차리면 죽을 때를 연습하는 것이다.

321 | 궁극의 진리

위빠사나 수행자가 자신을 의지처로 삼는다고 할 때의 의지처는 자신의 몸과 마음이다. 수행자가 의지해야할 것이 자신의 몸과 마음이라고 하는 것은 이것이 실재하는 대상이기 때문이다. 수행자가 성취하고자 하는 최고의 깨달음은 관념이 아닌 실재하는 것에서만 발견할 수 있다.

실재하는 것을 궁극의 진리라고 한다. 실재는 4가지가 있는데 마음과 마음의 작용과 물질과 열반이다. 이 중 3가지는 오온이고 1가지가 열반이다. 오온의 실재하는 현상에서 존재의 속성인 무상, 고, 무아를 안다. 그러므로 오온을 통해서만이 궁극의 실재인 열반을 성취한다.

오직 자신의 몸과 마음을 알아차릴 때만이 관념이 아닌 실재하는 현상의 진실을 알 수 있다. 밖에 있는 것을 대상으로 알아차릴 때는 내가 본다는 선입관으로 보기 때문에 있는 그대로 알지 못한다. 이렇게 볼 때 모든 것은 변하며, 언제나 불만족 속에서 산다는 것을 안다.

이런 불만족을 자신이 해결할 수 없다는 것을 알아야 비로소 무아를 안다. 무아를 알아야 유신견이 사라져 갈애가 일어나지 않는다. 갈애가 일어나지 않기 때문에 집착이 사라져 업을 생성하지 않는 열반에 이른다.

322 | 인간의 무게

인간의 가치는 스스로가 결정한다. 인간의 가치를 무게로 환산할 때 한 인간의 무게가 지구의 무게보다 더 무거울 수도 있고, 지푸라기의 무게보다 더 가벼울 수도 있다. 인간은 경우에 따라 지구보다 더 무거운 가치를 가질 수도 있고, 아무짝에도 쓸모없는 것처럼 가벼울 수 있다.

아내에게 남편의 무게는 얼마나 되고, 남편에게 아내의 무게는 얼마나 될까? 제자에게 스승의 무게는 얼마나 되고, 스승에게 제자의 무게는 얼마나 될까? 지금 나라고 하는 존재는 자신이나 상대에게 얼마의 무게인가? 지구의 무게보다 더 무거운가, 아니면 가벼운 무게인가?

무게의 가치를 환산할 때 지구의 무게보다 더 무거운 가치를 가지려면 자신의 오온을 통찰해야 한다. 자신의 몸과 마음을 통해서 존재의 원인과 결과를 알아야 가장 최상의 가치를 지닌다. 이렇게 아는 것이 출세간의 삶을 사는 사람의 무게이며 최상의 가치다.

가장 숭고한 삶은 위빠사나 수행의 알아차림으로 일상적인 괴로움으로부터 벗어나는 것이다.

인간이 가진 최고의 가치는 존재하는 것이 괴로움이라고 알고, 괴로움의 원인인 집착을 끊어 열반을 성취하는 것이다.

323 | 위빠사나 수행의 알아차림

위빠사나는 몸과 마음을 알아차리는 수행이다. 감각기관의 문에서 알아차림이란 문지기가 지키면 갈애가 일어나지 않는다. 갈애가 일어나지 않으면 집착을 하지 않는다. 집착을 하지 않으면 업을 만들지 않아 번뇌가 생기지 않는다. 알아차리면 계율을 지켜 스스로를 보호한다.

알아차리지 못하면 감각기관의 문을 열어 놓고 욕망을 추구하면서 산다. 욕망의 특성은 만족할 수 없는 것이다. 욕망을 가진 자는 항상 불만족 속에서 괴롭게 살아야 한다. 알아차리지 못하면 계율을 지키지 못해 스스로를 보호할 수 없어 고통을 겪고 남에게도 피해를 준다.

알아차리지 못하면 즐거울 때 감각적 쾌락에 빠지며, 괴로울 때는 비탄, 슬픔, 좌절, 분노에 빠지고, 덤덤할 때는 게으름에 빠진다. 즐거움은 더 큰 향락적인 것을 바란다. 괴로움은 성냄의 불길을 일으켜 스스로를 불태운다. 게으름은 바른 것을 바르지 않게, 바르지 않은 것을 바르게 본다.

알아차리지 못하면 항상 이런 위험에 노출되어 있다. 그러나 알아차림이 있을 때는 즐거우나 괴로우나 덤덤하거나 단지 느낌으로 알아 고요함이 있다. 이 고요함이 행복한 지혜로 이끌어 열반을 성취한다.

324 | 대안

이것이 좋으니 이렇게 해야만 한다고 말할 때는 상대에게 좋은 의도로 받아들여지지 않을 수 있다. 그래서 좋은 것도 상황에 따라 진실이 왜곡된다. 아무리 좋은 것이라도 쌍방이 좋아야 비로소 좋다. 상대가 아직 좋은 것을 이해할 수 없는 상태라면 좋은 것도 일방적이라고 생각한다.

어떤 일이나 바르게 문제를 해결하기 위해서는 대안이 제시되어야 한다. 일방적으로 '그것을 하면 안 된다'고 하지 말고 '그것은 문제가 있으니 이런 방법을 선택해보는 것이 어떻겠는가?'하고 말해야 한다. 무조건적인 일방통행은 소통이 단절되므로 바른 의사표현이 아니다.

말할 때는 말하는 자신의 입장도 있지만 듣는 상대의 입장도 배려해서 말해야 한다. 이런 방법도 있고, 저런 방법도 있는데 선택은 상대의 몫이라고 말해서 스스로가 판단해서 선택할 수 있도록 해야 한다. 이러한 선택은 자신의 의지를 키우고 자신이 한 일에 대한 책임을 느끼게 한다.

평소에 감각적 욕망과 악한 의도를 추구해 온 사람이 하루아침에 습관을 바꾸기란 어렵다. 이때 가장 이상적인 대안이 수행이다. 누구에게나 이 일 대신에 저 일을 할 수 있도록 수행이 대안으로 제시되어야 한다.

325 | 다섯 가지 힘

수행의 힘이 없을 때는 반드시 힘을 키워야 하고 힘이 생기면 그 힘을 남용하지 말아야 한다. 수행의 기본요소는 믿음, 노력, 알아차림, 집중, 지혜다. 이상의 오근을 수행의 기본요소라고 한다. 이러한 기본 요소가 적절하게 조화를 이룰 때 오근(伍根)이 오력(伍力)이 되어 수행의 힘이 생긴다.

오근의 조화로 인해서 생긴 오력을 적절하게 사용해야 한다. 믿음의 힘, 노력의 힘, 알아차림의 힘, 집중의 힘, 지혜의 힘을 적절하게 사용해야지 힘을 남용해서는 안 된다. 오력이 부족하면 오근이 존립할 수 없어서 수행을 하지 못하고, 오력이 넘쳐도 바른 수행을 할 수가 없다.

힘이 없을 때는 힘이 없는 것을 알아차려서 더욱 힘을 내야 한다. 그러나 힘이 있을 때는 오히려 힘을 무서워해야 한다. 힘이 있을 때 힘을 무서워하지 않으면 남용을 하게 되어 수행이 퇴보한다. 힘이 없을 때 힘을 내는 것도 중요하지만 힘이 넘치지 않게 하는 것도 중요하다.

무지의 힘은 내가 있다는 것을 과시하여 힘을 휘두르지만, 지혜의 힘은 오직 자신을 성찰하는 것과 남을 배려하는 것에 사용한다. 무지의 힘은 선하지 못한 것을 대상으로 하지만, 지혜의 힘은 선한 것을 대상으로 한다.

326 │ 순간의 마음

내가 있어서 그를 좋아하는 것이 아니다. 한순간의 느낌이 그를 좋아하도록 마음을 물들인다. 한순간의 마음은 느낌의 영향을 받아 더 좋은 느낌을 원한다. 이때 순간의 마음이 그를 좋아하고, 순간의 느낌이 그를 좋아하는 것이지 내가 있어서 그를 좋아하는 것이 아니다.

내가 있어서 그를 싫어하는 것이 아니다. 한순간의 느낌이 그를 싫어하도록 마음을 물들인다. 한순간의 마음은 느낌의 영향을 받아 더 싫은 느낌을 원한다. 이때 순간의 마음이 그를 싫어하고, 순간의 느낌이 그를 싫어하는 것이지 내가 있어서 그를 싫어하는 것이 아니다.

순간의 마음과 순간의 느낌은 일어난 순간에 사라져서 실재하지 않는다. 그 마음과 느낌을 소유하는 나도 없고, 그것을 마음대로 지배하는 나도 없다. 모든 것은 일어난 순간에 사라져서 실재하지 않기 때문에 영원한 것은 없다. 다만 이것을 기억 속에 저장할 뿐이다.

일어나고 사라지는 것은 조건의 지배를 받는다. 일어날 조건이라서 일어나고 사라질 조건이라서 사라진다. 조건은 새로운 원인과 결과에 따라 항상 변한다. 그러므로 모든 것이 조건에 따라 변한다는 것만이 가장 분명한 진실이다.

327 | 노력

과거의 무명을 원인으로 현재의 태어남이 있다. 과거에 지혜가 있었다면 현재의 태어남이 없다. 현재의 태어남은 모두 무명으로부터 시작되었다. 그래서 누구나 똑같이 모르는 것으로부터 출발한다. 하지만 계속해서 무명으로 사는 사람도 있고, 새로 지혜를 얻는 사람도 있다.

무명으로 사는 사람은 알려고 노력하지 않는다. 지혜를 얻는 사람은 알려고 노력한다. 그러므로 모른다고 아예 포기해서는 안 된다. 또 이해하기 어렵다고 포기해서도 안 된다. 몰라도 계속해서 알려고 노력해야 하며, 어려워도 참으면서 노력해야 한다.

이런 노력의 차이로 행복과 불행이 결정된다. 그래서 몰라도 계속해서 듣고, 읽고, 수행을 해야 한다. 그러면 노력한 만큼 조금씩 알게 된다. 복잡하다고 스스로 거부해서는 안 된다. 또 너무 많이 알려고 하다 포기한다. 처음부터 전부를 알려고 하는 것이 탐욕이며 어리석음이다.

노력은 더 나빠지기 위해서 하는 노력이 있고, 더 선해지기 위해서 하는 노력이 있으며, 완전한 깨달음을 얻기 위해서 하는 노력이 있다. 가장 바른 노력은 아무것도 바라지 않고 노력을 해서 열반을 성취하는 것이다.

328 | 잘못

무슨 일을 잘못하는 것보다 당연히 잘하는 것이 좋다. 그러나 잘하는 것도 있는 그대로 알아차려야 하고, 잘못하는 것도 있는 그대로 알아차려야 한다. 한 번 잘한 일은 앞으로도 잘 할 수 있지만, 한번 잘못한 일은 계속 잘못할 수 있으므로 반드시 잘못에 대한 대처가 필요하다.

이미 저지른 잘못을 후회하고 흔적을 지우려고 하지 마라. 잘못은 항상 해오던 것이므로 결코 새로운 것이 아니다. 이때 잘못을 알아차리는 것이 잘못을 겸허하게 수용하는 것이다. 잘못한 과거는 이미 지나간 것이므로 언제나 잘못을 알아차리는 선한 마음을 새로 내야 한다.

번뇌의 때를 벗기려고 하지 마라. 그것이 번뇌다. 번뇌를 가진 마음으로는 아무리 번뇌를 없애려고 해도 그대로 남아있다. 단지 번뇌가 있는 것을 알아차리면 된다. 더럽혀진 흙탕물을 없애려고 다시 흙탕물을 끼얹어서는 깨끗해지지 않는다. 그냥 알아차리는 것이 맑은 물을 사용하는 것이다.

잘못했을 때도 있는 그대로 알아차려야 하지만 잘했을 때도 있는 그대로 알아차려야 한다. 잘못한 것을 알아차리면 잘못이 개선된다. 하지만 잘했을 때도 알아차리지 못하면 자만이 생겨 잘못된 길로 빠질 수 있다.

329 | 불행

자신이 겪는 불행은 자신이 일으킨 것이다. 불행의 원인을 다른 데로 돌리지 마라. 자신의 문제는 자신의 행위에 대한 결과다. 스스로가 만든 결과를 겸허하게 받아들여야 한다. 불행은 피하려고 해서 벗어나는 것이 아니다. 자신이 일으킨 과보라고 받아들이면 벗어난다.

불행은 나의 불행이 아니고 감각기관이 느끼는 것이다. 불행을 나의 불행이라고 알면 괴로움을 감내하지 못한다. 불행은 한순간의 느낌이며 일어난 순간에 사라진다. 그러나 어리석어서 사라진 느낌을 기억해서 안고 간다. 괴로울 때는 단지 괴로운 느낌을 알아차려야 한다.

불행 속에서 행복이 싹튼다. 불행이 없으면 행복도 없다. 세상에는 불행만 있지도 않고, 행복만 있지도 않다. 불행과 행복은 동전의 양면처럼 항상 붙어서 교차한다. 지금까지 모르고 한 행위에 대한 과보로 불행했다면 이제 불행의 원인을 알아서 행복하도록 노력해야 한다.

불행을 괴로워하기만 하면 영원히 불행으로부터 벗어날 수 없다. 하지만 불행을 알아차리면 행복을 만드는 노력이 시작된다. 불행이 행복을 위한 전단계가 되게 하기 위해서는 불행의 원인이 자신에게 있다는 것을 알아야 한다.

330 | '그럴 걸'과 '그렇네'

어리석은 사람은 이미 지난 일에 대하여 '그럴 걸'하고 후회하며 산다. '그럴 걸'이라고 하는 것은 지난 일을 잊지 못하는 탐욕과 성냄을 가진 마음이다. 과거는 이미 지나가서 돌이킬 수 없는 일이므로 미련을 갖지 말아야 한다. '그럴 걸'은 번뇌를 지속시키는 불선행이다.

지혜가 있는 사람은 이미 지난 일에 대하여 '그렇네'하고 알아차린다. '그렇네'라고 알아차리는 것은 과거를 지나간 일로 지켜보는 관용을 가진 마음이다. '그렇네'라고 알아차리면 어떤 대상이나 원인이 있어서 생긴 결과라는 지혜가 난다. '그렇네'는 번뇌를 끊는 선행이다.

누구에게나 아쉬움은 있다. 그러나 아쉬움은 아쉬움으로 그쳐야 한다. 그러므로 '그럴 걸'이라고 생각하지 말고 '그렇네'하고 아쉬움을 알아차리는 새로운 마음을 내야 한다. 이렇게 알아차릴 때만이 불선행의 아쉬움이 선행의 알아차림이 되어 깨끗한 행복을 얻을 수 있다.

모든 현상이 그럴 수밖에 없어서 생긴 것이다. 그럴 수밖에 없어서 생긴 일을 있는 그대로 알아차리는 것이 위빠사나 수행이다. '그럴 걸'은 후회고 '그렇네'는 참회다. 후회는 불행을 가져오고 참회는 행복을 가져온다.

11장

아름다움과 추함

아름다움과 추함

진정한 아름다움은 모양에 있지 않고 모양을 보는 마음에 있습니다. 아무리 아름다운 것이 있어도 아름다운 것을 보는 마음이 아름답지 못하면 고정관념으로 보거나 감각적 욕망으로 보기 때문에 진정한 아름다움이라고 말하기 어렵습니다.

아름다운 마음은 선한 마음입니다. 선한 마음의 첫째는 관용이 있는 마음입니다. 관용이 있을 때는 반드시 베푸는 마음이 따릅니다. 관용은 대상을 선하게 보고 받아들이는 마음입니다. 대상을 배척하면 있는 그대로 보는 것이 아니고 주관적인 견해로 봅니다. 관용이 없으면 자기 견해로 판단하기 때문에 아름답지 못합니다. 이러한 관용에 의해 반드시 자신과 남에게 베푸는 마음이 생깁니다. 그래서 관용과 보시는 똑같이 아름다운 마음입니다.

선한 마음의 둘째는 자애가 있는 마음입니다. 자애는 선한 의도를 가진 숭고한 사랑입니다. 이것은 개인적인 욕망이 배제된 보편적 사랑을 말합니다. 그래서 자신을 사랑할 뿐만 아니라 자신을 사랑하는 것처럼 남도 똑같이 사랑하는 것을 의미합니다. 남을 사랑할 때는 인간만을 사랑하지 않고 살아있는 모든 생명에게 보내는 무한한 사랑입니다.

사랑에 욕망과 집착이 있으면 자애라고 보기 어렵습니다. 자애는 마치 어머니가 생명의 위험을 무릅쓰고 자식을 보호하는 것과 같은 사랑입니다. 이때 어머니의 사랑은 자식을 집착하지 않고 아무것도 바라지 않는 헌신적인 사랑입니다. 이것이 가장 고귀한 사랑입니다.

선한 마음의 셋째는 지혜가 있는 마음입니다. 지혜는 수행을 통해서 얻는 바른 견해입니다. 견해가 바르지 않으면 아름답지 못합니다. 완전한 지혜는 수행을 통해서 네 가지의 성스러운 진리를 아는 것입니다. 존재의 괴로움과, 괴로움의 원인인 집착과, 괴로움이 소멸하는 열반과, 괴로움의 소멸에 이르는 팔정도를 아는 마음이 가장 아름다운 마음입니다.

지혜는 대상의 성품을 바르게 알아서 선한 마음을 내고 선하지 못한 마음을 끊어버립니다. 그래서 사물을 통찰하는 지혜만이 완전한 아름다움입니다. 지혜는 낮은 단계의 지혜에서 차츰 높은 단계의 지혜로 성숙합니다. 지혜가 났다는 사실은 어둠에서 밝음으로 나와 사물의 바른 이치를 분명하게 안다는 것입니다.

추한 마음은 선하지 못한 마음입니다. 선하지 못한 마음은 선한 마음의 반대입니다. 관용이 있어야 할 때 탐욕이 있고, 자애가 있어야 할 때 성냄이 있고, 지혜가 있어야 할 때 어리석음이 있습니다. 인간으로 태어난 사명은 추한 마음보다 선한 마음을 가져 아름답게 사는 것입니다. 아름다움은 얼굴에 있지 않습니다. 아름다움은 행위에 있습니다. 선한 마음을 가지고 선한 행위를 하면 아름답습니다. 얼굴이 아름다워도 행위가 바르지 못하면 선하지 못한 마음을 가지고 있어 추한 사람입니다. 가장 빛나는 아름다움은 통찰지혜를 가진 마음입니다.

331 | 좋아하는 마음과 싫어하는 마음

좋아하는 마음에는 선한 마음과 선하지 못한 마음이 있다. 자신이나 남의 선행을 보고 좋아하는 마음은 선한 마음이다. 자신이나 남의 불선행을 보고 좋아하는 마음은 선하지 못한 마음이다. 그러므로 자신이 좋아할 때는 지금 무슨 마음으로 좋아하는지 알아차려야 한다.

자신의 선한 의도로 좋아하는지, 감각적 쾌락을 추구하는 마음으로 좋아하는지, 아니면 상대가 고통에 빠진 것을 즐기는 악한 의도를 가지고 좋아 하는지 알아차려야 한다. 좋아하는 마음을 알아차리면 선한 의도가 일어나 선한 일을 좋아하고 선하지 않은 일은 싫어한다.

싫어하는 마음에는 선한 마음과 선하지 못한 마음이 있다. 자신이나 남의 선행을 보고 싫어하는 마음은 선하지 못한 마음이다. 자신이나 남의 불선행을 보고 싫어하는 마음은 선한 마음이다. 그러므로 자신이 싫어할 때는 지금 무슨 마음으로 싫어하는지 알아차려야 한다.

자신의 선하지 못한 마음으로 선행을 싫어하는지, 자신의 선한 마음으로 불선행을 싫어하는지 알아차려야한다. 좋아하는 마음이나 싫어하는 마음이나 모두 알아차리면 팔정도를 실천하고 그렇지 못하면 악한 마음으로 산다.

332 | 미움

만약 당신이 싫은 사람을 계속해서 미워한다면 당신은 미워하는 것을 좋아하는 것이다. 미워하는 것을 좋아하지 않고서는 계속해서 미워할 수 없다. 계속 미워하는 마음에는 미워하는 것을 즐기는 탐욕이 있고, 미워하는 것으로 인해서 생기는 성냄이 있다.

미워하는 사람으로 인해 괴롭기를 원한다면 죽을 때까지 미워하라. 그러면 미워하는 마음으로 인해 계속해서 자신이 괴로울 것이다. 그리고 다음 생에서 미워하는 사람과 미워한 만큼 가까운 관계로 만나서 서로가 원수처럼 괴로움을 주고받으며 살 것이다. 여기에 가족도 예외가 아니다.

지금 누군가를 계속해서 미워하면 그를 미워하면서 서로를 끌어당긴 업으로 인해서 반드시 다음 생에서 다시 만난다. 계속해서 미워하면 미워하는 사람이 달아나지 못하도록 끈질기게 붙잡고 있는 것이다. 어리석으면 좋아하는 사람보다 싫어하는 사람을 더 끌어당긴다.

당신이 행복하기를 원한다면 미워하는 마음을 알아차려서 미움이 사라지도록 하라. 미움이 사라지면 다시 만날 일이 없다. 설령 만났다고 해도 이미 미워하는 관계가 아니라서 괴롭지 않다. 미움의 피해자는 바로 자신이다.

333 | 충고

상대가 자신에게 충고해주기를 바랄 때 반드시 진실한 말만 듣기를 원하는 것은 아니다. 상대는 자신의 확고한 견해를 가지고 있으면서 자기를 이해해 달라고 충고를 요청할 수 있다. 이것을 모르고 있는 그대로의 진실을 말하면 오히려 좋은 관계가 나빠질 수 있다.

사람들은 자신의 생각을 바꾸려하지 않는다. 그래서 자신이 내린 결론은 단단한 돌기둥과 같다. 이처럼 자신의 돌기둥이 있다면 상대에게도 역시 결론이 있을 것이고 그래서 생긴 상대의 돌기둥이 있기 마련이다. 그래서 사람들의 만남이란 이런 돌기둥끼리의 부딪침이다.

이런 상황을 고려해서 상대의 입장을 충분하게 배려해야 한다. 지금 상대가 무엇을 원하고 있는지 알아서 비판적으로 말하지 말고 사랑을 가지고 해야 한다. 충고를 하는 사람이 사랑으로 말하지 않으면 상대가 진심어린 충고로 받아들이지 않는다. 충고에도 예의가 있어야 한다.

말하는 사람이 자신의 감정을 개입시키면 진정한 충고가 아니다. 오히려 충고하는 사람이 자신의 오만을 드러낼 수 있다. 충고를 비난으로 받아들이는 것도 잘못이지만, 충고를 비난으로 알게 하는 것도 잘못이다.

334 | 자신의 결정

사랑하는 사람과 헤어지면 슬프다. 이 슬픔은 상대 때문에 일어난 것처럼 보이지만 사실은 자신의 감정으로 인해서 생긴 슬픔이다. 상대와 헤어졌을 때 자신의 감각적 즐거움이 충족될 수 없어서 슬픈 것이다. 이때 사랑하는 사람은 없고 단지 자신이 일으킨 슬픔만 있다.

사랑하는 사람이 죽으면 슬프다. 이 슬픔은 사랑하는 사람으로 인해 생긴 것이지만 사실은 이때 사랑하는 사람은 없다. 단지 상대의 죽음을 받아들이지 못하는 자신의 감정이 비통한 것이다. 이 슬픔이 죽은 자때문에 생겼지만 이때 죽은 자는 없고 오직 자신이 일으킨 감정만 있다.

상대로 인해서 즐거움이나 슬픔이 생겼을 때 상대는 단지 원인을 제공한 것에 불과하다. 그에 따른 감정은 오직 자신이 결정한다. 어떤 사람은 만나면 즐겁고, 어떤 사람은 만나면 괴롭다. 이때 누구를 만나거나 즐겁고 괴로운 느낌을 일으키는 것은 오직 자신의 선택이다.

범부는 사랑하는 사람을 소유하여 고통을 겪는다. 성자는 사랑하는 사람을 소유하지 않아 고통을 겪지 않는다. 만나고 헤어지는 일들은 항상 일어나기 마련인데 그때마다 알아차리면 마음이 고통스럽지 않고 항상 평온하다.

335 | 대상을 겨냥할 때

관찰하지 말고 알아차려라. 위빠사나 수행은 무엇인가를 얻기 위해서 탐구하지 않는다. 단지 알아차릴 대상이 있어서 주시한다. 대상을 관찰하려고 하면 분석하게 되어 생각에 빠진다. 분석해서 결론을 얻으려고 하면 대상이 드러내고 있는 본연의 성품을 알 수 없다.

보려고 하지 말고 느껴라. 대상을 볼 때 모양으로 보면 관념으로 아는 것이다. 보고 있는 자신의 느낌으로 보면 실재를 안다. 그래야 대상이 가지고 있는 진실을 알 수 있다. 모양은 표피적인 것으로 진실이 아니다. 모양 안에 있는 실재를 알아차려야 진실을 안다.

억제하지 말고 자유롭게 하라. 인내는 하되 억제하지 마라. 인내하는 것과 억제하는 것은 다르다. 억제하면 자신의 마음을 구속하여 창의력이 생기지 않고 오히려 반발력이 생긴다. 모든 부작용의 상당부분은 억제해서 생긴 반발력이다. 항상 자유롭지 않고서는 바른 견해를 얻을 수 없다.

구하지 말고 지켜봐라. 꾸미지 말고 있는 그대로 봐라. 강하게 하지 말고 부드럽게 하라. 자세하게 알려고 하지 말고 단지 있어서 봐라. 부족하면 채워주고 많으면 빼야 한다. 무엇을 하거나 알맞게 해야 한다. 넘치면 일을 그르친다.

336 | 상식적인 수행

위빠사나 수행은 고타마 붓다께서 깨달음을 얻은 수행이다. 붓다께서는 자신의 몸과 마음을 있는 그대로 통찰하시어 궁극의 진리인 무상, 고, 무아의 법을 보셨다. 그런 뒤에 집착을 여의고 갈애를 일으키지 않는 정신적 자각을 하셨다. 이것을 윤회가 끊어진 해탈이라고 한다.

붓다께서 밝히신 진리는 자신이 직접 경험했고 누구나 경험할 수 있는 것이라고 말씀하셨다. 그러므로 위빠사나 수행은 지극히 상식적인 수행으로 누구나 직접 경험을 할 수 있는 몸과 마음을 알아차리는 수행이다. 그래서 없는 대상을 알아차리지 않고 있는 대상을 알아차린다.

관념을 대상으로 하는 수행은 추론이지만, 실재를 대상으로 하는 수행은 있는 사실에 기초한다. 누구나 좋은 것을 바라는 마음을 가지고 살고 잘못된 것은 없애려고 하면서 살지만 위빠사나 수행은 바라고 없애려고 하지 않는다. 이것은 전에 경험하지 못한 새로운 방법이다.

바라지 않고 없애려고 하지 않으려면 먼저 대상에 개입하지 않고 있는 그대로 지켜보아야 한다. 대상이 좋고 나쁜가를 구별하지 않고 단지 대상으로 지켜보아야 법을 볼 수 있다. 이것이 위빠사나 수행이다.

337 | 마음의 종자

자아가 없다고 해서 자신의 행위에 대한 도덕적 책임이 없는 것이 아니다. 자신이 한 행위는 그 순간의 마음에 종자로 저장되었다가 때가 되면 과보로 나타난다. 행위를 한 순간의 마음은 일어난 순간에 사라지고 없으며, 행위에 대한 과보를 받는 마음도 같은 마음이 아니다.

하지만 뒤에 일어난 마음은 앞선 마음의 영향을 받는다. 그래서 앞서 행위를 한 마음의 도덕적 책임이 있다. 이때의 앞선 마음이나 뒤에 일어난 마음이 나의 마음이 아닐 뿐이지 그 과보는 상속된다. 그래서 앞선 마음과 뒤에 있는 마음이 전혀 다른 마음이라고 할 수 없다.

그렇다고 앞선 마음과 뒤에 일어난 마음이 같은 마음이라고 할 수도 없다. 마음은 매순간 일어나고 사라지기 때문이다. 여기에는 오직 원인과 결과만 있다. 그러므로 전생의 내가 이생의 내가 아니라고 할 수도 없고, 그렇다고 나라고 할 수도 없다. 여기에는 단지 과보의 상속만 있다.

전생의 마음과 현생의 마음이 같은 마음이라고 하면 모든 것이 항상(恒常) 하다고 하는 상견(常見)에 빠진다. 그렇다고 전생의 마음과 현생의 마음이 같은 마음이 아니라고 하면 모든 것이 이생으로 끝이라고 하는 단견(斷見)에 빠진다.

338 | 만남과 헤어짐

만났다가 헤어질 때 내가 버림받았다고 생각하지 마라. 그렇다고 내가 버렸다고 생각하지도 마라. 내가 버림을 받은 것이 아니며 그렇다고 내가 버린 것도 아니다. 만남과 헤어짐에 나는 없고 단지 조건만 있다. 세상의 일은 필요해서 만났다가 때가 되면 헤어지는 법이다.

헤어짐이 나쁜 것만은 아니다. 헤어져서 서로가 더 잘될 수도 있다. 오히려 만나지 말아야 할 사람을 만나서 겪는 고통이 더 클 수도 있다. 그러므로 헤어짐을 아름답게 장식해야 좋은 일이 생긴다. 상대에게 상처를 입히고 나쁘게 헤어지면 오랫동안 고통의 과보를 받는다.

떠나보낼 것은 떠나보내야 새로운 것을 맞이한다. 무수한 만남을 모두 소유할 수는 없다. 그러므로 무수한 헤어짐을 그냥 흘려보내야 한다. 다만 내가 부족했다면 개선하고, 나와 맞지 않았다면 다시 선택하면 된다. 나만 옳다고 하지 말고, 남에게 누가 되지 않도록 해야 한다.

만남과 헤어짐은 일상의 일이다. 만남과 헤어짐을 통하여 수승한 지혜를 얻는다. 고통스러운 헤어짐도 그냥 헤어짐으로 두고, 아쉬운 헤어짐도 그냥 헤어짐으로 두어야 한다. 헤어짐을 되돌리려고 집착하지 않아야 새로운 좋은 만남이 있다.

339 | 나와 남

상좌불교 수행자는 저만 알지 않는다. 상좌불교의 위빠사나 수행은 붓다께서 깨달음을 얻은 수행이다. 위빠사나 수행자가 저만 알고 남을 배려하지 않는다면 붓다의 가르침을 따르는 것이 아니다. 그러므로 상좌불교를 저만 안다고 말하면 붓다의 가르침을 왜곡하는 구업을 짓는 행위다.

위빠사나 수행자는 저만 알지 않는다. 먼저 자신의 몸과 마음을 알아차리고 난 뒤에 남을 알아차린다. 그 뒤 나와 남을 함께 알아차려서 수행을 소홀히 하지 않는다. 다만 수행의 순서가 자신의 몸과 마음을 알아차리고, 다음으로 상대를 알아차린 뒤에 나와 남을 알아차린다.

어떤 문제를 해결하고자 할 때 일하는 자신의 마음이 정화되지 않고서는 고귀한 것을 구할 수 없다. 먼저 자신의 몸과 마음을 알아차려서 관용과 자애와 지혜가 생겨야 상대에게도 똑 같은 관용과 자애와 지혜를 보낼 수 있다. 이것은 매우 현실적이며 합리적인 과정이다.

자기만 아는 것은 이기심으로 선하지 못한 행위다. 어떤 사람이나 자신부터 알아차려서 이러한 이기심이 있는지 알아야 한다. 위빠사나 수행자는 자신을 알아차려서 자신만 아는 이기심이 있는지 살펴봐야 한다.

340 | 최고

고타마께서 내가 최고라고 했을 때의 나는 단지 부르기 위한 명칭이다. 무아를 알아 번뇌를 해결하기 위해서 태어나신 분이 내가 최고라고 말하지 않았다. 이 최고란 깨달음이다. 붓다는 오랜 세월동안 최고의 지혜를 얻기 위해 다양한 바라밀을 쌓았다. 이 바라밀이 최고다.

붓다는 바라밀 공덕을 쌓았지만 붓다로 태어난 것이 아니다. 역대의 모든 붓다가 겪는 일련의 수행과정을 거쳐서 스스로 최고의 지혜를 얻었다. 그러므로 저절로 붓다가 된 것이 아니다. 붓다가 6년이라는 고행 끝에 감각적 욕망과 극단적 고행이 아닌 중도를 발견했다.

이 중도가 바로 팔정도며 위빠사나 수행이다. 붓다는 위빠사나 수행을 통해서 무상, 고, 무아의 지혜를 얻었다. 그리고 이번 생이 마지막이고, 다시 태어나는 재생이 없다고 선언했다. 윤회가 끝나 다시 태어나지 않아 모든 고통으로부터 벗어났기 때문에 최고의 지혜라고 한다.

붓다는 있어도 붓다를 얻은 자는 없다. 깨달음은 있어서도 깨달음을 얻은 자는 없다. 붓다는 깨달음을 얻은 자에 대한 명칭이므로 붓다라는 자아를 가진 자는 없다. 내가 최고라는 것은 자신을 지칭하는 것이 아니고 위대한 법을 상징한다.

341 | 버림

누구나 언젠가는 이 세상을 떠나야 한다. 사랑하는 사람을 두고, 소유한 재산을 두고, 온갖 환난병고를 뒤로 한 채 죽어야 한다. 즐거운 일도 괴로운 일도 그대로 두고 홀연히 떠나야 한다. 우리가 가진 것은 모두 두고 가야 할 것들 밖에 없다. 그러니 무엇을 집착하겠는가?

버리고 떠나야 할 것들은 잡으려 한다고 해서 잡히지 않는다. 이제 자기가 움켜쥔 것들과 헤어지는 연습을 해야 한다. 그렇지 않고서는 편안하게 떠날 수 없다. 괴롭게 떠나면 그 괴로움이 다음 생으로 고스란히 옮겨간다. 이제 무엇이 괴로움인지 알아 중요한 결정을 해야 한다.

그러나 어느 것도 쉽게 버릴 수 없는 것들이다. 좋아하는 것은 물론이고 미워하는 것까지 두고 가기가 어렵다. 버리려고 한다고 해서 그냥 버려지는 것이 아니다. 버리려고 한만큼 더 괴롭다. 그러므로 버리려 하지 말고 몸과 마음을 알아차려서 무상의 지혜가 나야 한다.

모든 것들이 일어나서 사라지는 무상의 진리를 모르면 버릴 수 없다. 집착이 괴로움이라는 괴로움의 진리를 모르면 버릴 수 없다. 이것들이 나의 소유가 아니라는 무아의 진리를 모르면 버릴 수 없다.

342 | 잘못

잘못을 잘못이라고 알아차리는 것과, 잘못을 문제 삼아서 괴로워하는 것은 다르다. 잘못을 있는 그대로 알아차리는 것이 수행이고, 잘못을 문제 삼아서 괴로워하는 것은 수행을 하는 것이 아니다. 잘못을 있는 그대로 알아차리면 괴롭지 않으며 잘못이 개선될 여지가 있다.

잘못을 문제 삼으면 괴로움에서 벗어나지 못하고 잘못이 개선될 여지가 없다. 누구나 잘못할 수 있다. 그러나 잘못을 어떻게 대처하느냐에 따라 잘못이 반복될 수 있고 잘못이 개선될 수 있다. 수행이란 특별한 것이 아니고 단지 나타난 대상을 있는 그대로 알아차리는 것이다.

반면에 수행을 하지 않는다면 있는 그대로 알아차리지 못한다. 해서는 안 될 일을 어쩔 수 없이 하는 것이 세상의 일이다. 그러므로 잘못도 실재하는 것이므로 있는 그대로 존중되어야 한다. 그래서 잘못이 없기를 바라지 말고 잘못했을 때 단지 대상으로 알아차려야 한다.

완벽은 이상이다. 그 이상을 구현하기 위해서 잘못을 있는 그대로 수용하는 끊임없는 과정을 거쳐야 한다. 더 높은 정신세계로 나아가기 위해서는 현재 나타난 모든 것을 대상으로 알아차려야 한다. 이것이 위빠사나 수행이다.

343 | 바라는 마음

세간의 삶에서는 바라는 마음으로 인해 고통을 겪는다. 그러나 출세간의 삶에서는 바라지 않아 고통을 겪지 않는다. 사람이 세상을 살면서 어떻게 바라지 않겠는가? 세간의 삶에서 바라는 것이란 감각적 욕망을 추구하고 이것을 집착하여 돌이킬 수 없는 행위를 하는 것이다.

출세간의 삶에서도 아라한이 되려는 선한 바람은 필요하다. 다만 성자가 되려는 선한 이상이 있으되 성자가 되기 위해 집착을 하지 않는다. 그러므로 바라지 말라는 것은 선한 것을 바라고 불선한 것을 바라지 말라는 말이다. 그리고 무엇이 되었거나 집착하지 말라는 뜻이다.

바라는 것이 없으면 무슨 재미로 살까 걱정하지 마라. 바라지 않을 때 가장 깨끗한 즐거움이 있다. 바라는 마음이 있으면 사물을 있는 그대로 보지 못하여 탐욕, 성냄, 어리석음을 재미로 안다. 바라는 마음이 없으면 사물을 있는 그대로 보아 관용, 자애, 지혜를 재미로 안다.

바라면 감각적 욕망의 노예로 산다. 바라는 것이 없을 때라야 비로소 자유인으로 산다. 바라면 한정된 것을 얻지만 바라지 않을 때 모든 것을 다 얻는다. 바라는 마음으로 얻으려하면 최상의 지혜에 이르기 어렵다.

344 | 아름다움과 추함

아름다운 것을 볼 때 대상이 아름다운 것이 아니다. 대상을 보는 내 마음이 아름답다고 아는 것이다. 대상은 거기에 그냥 있는데 내가 아름답다고 느낀다. 아름다움은 자신의 마음이 결정한다. 같은 상황에서 자신이 아름답다고 느낀 것을 다른 사람은 추하다고 느낄 수도 있다.

추한 것을 볼 때 대상이 추한 것이 아니다. 대상을 보는 내 마음이 추하다고 안다. 대상은 거기에 그냥 있는데 내가 추하다고 느낀다. 추한 것은 자신의 마음이 결정한다. 같은 상황에서 자신이 추하다고 느낀 것을 다른 사람은 아름답다고 여길 수도 있다.

모든 판단의 기준은 대상에 있지 않고 자신의 마음에 있다. 어떤 대상을 보고 많은 사람들이 아름답다고 느꼈다면 사람들의 일반적 기준이 그렇게 설정된 것이지 사실은 대상과는 무관하다. 또한 많은 사람들이 추하게 느꼈다면 사람들의 일반적인 인식의 기준일 뿐이지 대상과는 무관하다.

아름답다고 느낄 때 행복하다. 추하다고 느낄 때 불행하다. 이런 느낌은 오직 자신이 결정해서 느끼는 것이다. 위빠사나 수행은 아름답다고 느낄 때 행복에 취하지 않고, 추하다고 느낄 때 불행에 괴로워하지 않고 단지 대상으로 알아차린다.

345 | 무상의 진리

행복도 한순간에 일어나서 한순간에 허공 속으로 사라져버리는 허망한 것이다. 명성도 한순간에 일어나서 한순간에 허공 속으로 사라져버리는 허망한 것이다. 불행도 한순간에 일어나서 한순간에 허공 속으로 사라져버리는 허망한 것이다. 모든 것은 일어난 순간에 사라진다.

나에 대한 비난도 한순간에 일어나서 한순간에 사라져버리는 허망한 것이다. 이러한 무상을 모르면 사라진 것을 기억하여 실재하지 않는 것을 붙들고 산다. 모든 것은 일어났다가 사라져버려 허망한데 이것을 가지고 즐거워하거나 괴로워하는 것은 참으로 더 허망한 일이다.

일어나서 사라지는 것들 속에서 오직 하나의 진실이 있다면 이 순간을 알아차리는 마음이다. 하지만 대상을 알아차리는 마음도 한순간에 일어났다가 한순간에 사라진다. 일어난 모든 것들은 파괴되기 때문에 아무것도 온전한 것이 없다. 그러므로 궁극의 진리는 무상이다.

마음이 무상하다는 것을 아는 것은 인류역사에 가장 위대한 발견이다. 왜냐하면 바로 이것이 무아이기 때문이다. 무상의 진리로 인해 괴로움의 진리를 발견하고, 다시 무아의 진리를 발견하여 내가 없음을 알아야 비로소 모든 속박에서 벗어난다.

346 | 선(善)의 효과

선하게 살면 현재가 행복해서 좋고, 현재의 행복이 미래에 상속되어서 좋고, 불행이 예방되어서 좋다. 선하다는 것은 보시와 지계와 수행을 하는 것이다. 언제 어떤 불행이 닥칠지 모르니 항상 선하게 살아야 한다. 선하게 살면 위험이 오지 않도록 선한과보의 보호를 받는다.

설령 불선과보로 인해 불행이 왔다 하더라도 슬기롭게 극복할 수 있다. 왜냐하면 이미 선한 마음을 가지고 있기 때문이다. 업의 과보가 진행되는 과정은 자동적이다. 인간이 업의 과보를 막을 수는 없다. 그래서 선업을 쌓으면 불선업의 과보가 들어올 틈을 주지 않아 불행이 비켜간다.

현재 선업의 과보로 인해 불선 과보가 들어오지 않아 행복하다고 해도 이 행복이 영원하지 않다. 언제 선과보의 힘이 다하여 끝날지 알 수 없기 때문이다. 선과보의 힘이 다하면 즉시 불선과보가 나타난다. 과보가 나타나는 것은 자신이 개입할 수 있는 여지가 없다.

지나온 삶을 돌이켜보면 얼마나 위험한 순간이 많았는가? 지금 이 정도로 살고 있는 것은 그간에 선하게 산 과보를 받은 것이다. 앞으로도 과거와 같은 위험이 항상 도사리고 있다. 그래서 계속해서 보시를 하고 계율을 지키고 수행을 해야 한다.

347 | 다섯 가지 법칙

인간이 살아가는데 다섯 가지 법칙의 지배를 받는다. 그러므로 이 세상도 다섯 가지 질서에 의해 움직인다. 첫째, 계절의 법칙이다. 계절의 법칙은 물리적이고 비조직적인 질서다. 비, 바람, 눈, 더위, 추위, 등 계절의 변화로 인해서 생기는 질서가 있다.

둘째, 종자의 법칙이다. 종자의 법칙은 물리적이고 조직적인 질서다. 정신과 물질에는 종자의 질서가 있다. 콩에는 콩의 유전자가 있어 콩을 심으면 콩이 난다. 마음에도 종자가 있어서 선한 마음이 상속되어 선한 행위를 하는 질서가 있다.

셋째, 업의 법칙이다. 업의 법칙은 행위에 대한 질서. 선행을 하면 선과보를 받고 불선행은 불선과보를 받는다. 넷째, 법의 법칙이다. 법의 법칙은 규범의 질서. 지구의 중력과 이와 유사한 자연의 법칙이 모두 여기에 해당된다. 지구의 생성과 소멸이 이 법의 법칙에 영향을 받는다.

다섯째, 마음의 법칙이다. 마음의 법칙은 심리적 과정의 질서다. 마음집중에 의해 계발되는 능력이 모두 여기에 포함된다. 이상의 다섯 가지 질서를 운영하는 자는 없다. 또 다섯 가지 중에 업의 법칙은 하나 밖에 없으므로 모든 것이 업의 지배를 받는 것은 아니다.

348 │ 마음은 사람이 아니다.

사람이 생각하는 것이 아니고 마음이 생각한다. 사람이 말하는 것이 아니고 마음이 말한다. 사람이 행동하는 것이 아니고 마음이 행동한다. 마음이 선하면 선한 생각을 하고, 마음이 선하면 선한 말을 하고, 마음이 선하면 선한 행동을 하지 사람이 선한 행동을 하는 것이 아니다.

마음이 선하지 못하면 선하지 못한 생각을 하고, 마음이 선하지 못하면 선하지 못한 말을 하고, 마음이 선하지 못하면 선하지 못한 행동을 한다. 자신이나 남을 볼 때 겉으로 드러난 사람을 보지 말고, 겉으로 드러나지 않는 마음을 보아야 실재를 안다. 마음은 사람이 아니다.

나나 남이나 사람이나 모두 부르기 위한 명칭이지 실재하지 않는다. 실재하는 것은 오직 정신과 물질이다. 이 정신과 물질을 나나 너라고 생각하거나 사람이라고 생각하면 관념에 빠져 실재를 보지 못한다. 실재를 보지 못하고 내가 있다는 견해가 생기면 욕망의 노예가 된다.

마음을 알아차리면 나의 마음이 아니라는 무아를 안다. 반드시 무아를 알아야 궁극의 열반을 성취한다. 그러므로 선한 마음이 일어날 때도 알아차리고, 선하지 못한 마음이 일어날 때도 알아차려서 무아의 진실을 알아야 한다.

349 | 관념의 허상

위빠사나 수행을 하면 자신이 가지고 있던 관념이 하나씩 벗겨지고 진실이 드러날 때마다 괴로워진다. 누구나 욕망을 가지고 살아서 그 실체가 벗겨지면 자신의 적나라한 모습이 나타난다. 이때 이것을 나의 모습이라고 생각해서는 안 된다. 관념의 허상이 부서지는 모습이다.

이러한 현상은 진실을 향해서 가는 과정에서 생기는 불가피한 고통이다. 누구도 이런 아픔 없이는 결코 관념으로부터 벗어나 실재를 알 수 없다. 이런 고통을 감수하고 계속해서 알아차리면 이 고통은 나의 고통이 아니고 단지 원인에 의해서 일어난 결과라는 사실을 안다.

그러므로 자신의 몸과 마음에 대해서 혐오를 느끼는 것을 두려워해서는 안 된다. 이것이 자유를 얻는 길이다. 오히려 이런 현상을 알아야 지혜가 생긴다. 그러므로 이때는 관념의 허상을 안 마음을 다시 알아차려야 한다. 그래야 허상을 안 괴로움이 통찰지혜로 바뀐다.

괴로운 마음도 나의 마음이 아니며 괴로움을 안 마음도 나의 마음이 아니고 한순간에 일어나서 사라진 마음이다. 이 괴로움이 나의 괴로움이라고 아는 것은 유신견이 작용한 것이다. 이러한 자아가 있는 한 무지에서 벗어나지 못한다.

350 | 대상의 법

와서 보라고 나타난 대상을 꾸며서 보지 말고 사실대로 알아차려야 한다. 꾸며서 보면 있는 그대로 보지 않고 자기의 견해로 만들어서 본다. 대상을 자기 수준으로 보면 좋아하거나 싫어하는 마음으로 보기 때문에 객관적으로 볼 수 없어 영원히 어리석음에서 벗어나지 못한다.

위빠사나 수행자는 감각기관이 감각대상과 마주칠 때마다 지나치게 칭찬하지도 말고, 지나치게 비난하지도 말아야 한다. 대상을 칭찬하거나 비난하면 대상에 개입해서 바라거나 없애려는 마음이 생긴다. 대상에 개입하면 지혜를 얻을 수 없어 대상으로부터 자유로울 수 없다.

법에 지나치게 찬사를 보이면 과장된 것이다. 대상은 있는 그대로의 것이지 생각처럼 화려한 것이 아니다. 법을 과장하는 사람일수록 오래가지 못한다. 법을 지나치게 비난하는 것도 과장된 것이다. 대상은 있는 그대로의 것이지 자신의 생각처럼 그렇게 추악한 것이 아니다.

진실한 법에는 양심이 있고 수치심이 있다. 그러나 진실하지 못한 법에는 양심이 없고 수치심이 없다. 그러므로 대상을 대할 때는 진실한 법으로 대하여 양심과 수치심을 가져야 한다. 그래야 대상을 법답게 대접한다.

351 | 선업의 지혜

　　남자나 여자라고 하여 지혜를 얻지 못하는 것이 아니다. 나이를 먹었다고 지혜를 얻지 못하는 것이 아니다. 어느 지역 출신이라고 지혜를 얻지 못하는 것이 아니다. 어느 학교를 나왔다고 지혜를 얻지 못하는 것이 아니다. 지위가 낮다고 지혜를 얻지 못하는 것이 아니다.

　　얼굴이 밉다고 지혜를 얻지 못하는 것이 아니다. 돈이 없다고 지혜를 얻지 못하는 것이 아니다. 세간에서는 모든 일을 관념을 가지고 판단한다. 출세간에서는 실재하는 현상을 있는 그대로 보아 지혜를 얻는다. 관념은 편견으로 가득 차 있어 대상의 성품을 보지 못한다.

　　수행자는 관념이 아닌 있는 그대로의 실재를 알아차려야 한다. 고정관념 너머에 있는 진실을 알아차려야 사물을 바르게 본다. 이렇게 있는 그대로 알아차리는 것이 위빠사나 수행이다. 이러한 수행이 좋은지 모르는 것은 아직 선업의 조건이 성숙되지 않아 지혜가 없기 때문이다.

　　수행이 좋은지 알아도 하지 않는 것은 아직 선업의 조건이 충분하지 못해서 때가 성숙되지 않았기 때문이다. 선업이나 불선업이나 저 스스로의 조건이 성숙되어서 일어나는 것이므로 먼저 선업을 쌓아 지혜를 얻어야 한다.

352 │ 있는 그대로

불교(佛敎)라는 말은 부처님의 가르침을 뜻한다. 부처님의 가르침은 있는 그대로의 사실을 보는 것이다. 이것을 법이라고 한다. 있는 그대로 보는 것이 팔정도고 중도다. 모든 대상을 있는 그대로 보기 위해서는 대상과 하나가 되지 않고 대상을 분리해서 알아차려야 한다.

사물을 있는 그대로 보면 모든 대상이 가지고 있는 고유한 성품인 무상, 고, 무아의 법을 본다. 또 대상에 휩쓸리지 않아 탐욕과 성냄을 일으키지 않기 때문에 괴로움으로부터 보호를 받는다. 있는 그대로의 사실을 궁극적 실재라고 하며 이것만이 가장 진실한 것이다.

있는 그대로의 진실은 허무주의나 종교의 의식이 아니다. 회의적이거나 독단적인 것도 아니고, 금욕이나 탐욕도 아니다. 염세주의나 낙천주의도 아니다. 오직 인간의 번뇌를 해결하는 것이다. 법은 세상을 향한 외향적인 것이 아니고 내향적인 것으로 인간을 중심으로 삼는다.

있는 그대로의 법은 대상이다. 이 대상을 알아차릴 때 움켜쥐어서는 안 되고 객관화해서 알아차려야 한다. 그러면 대상이 가지고 있는 진리의 법이 드러난다. 모든 것이 변하고, 불만족이며, 자아가 없다고 알 때 혜안이 열린다.

353 │ 책임

내가 책임진다고 말하지 마라. 책임진다고 할 때의 마음과 책임을 져야 할 때의 마음이 달라서 책임을 질 수 없다. 책임을 지고 싶었지만 마음이 바뀌면 그대로 실천하기 어렵다. 내가 책임진다고 한 현재의 마음과 책임을 져야 할 미래의 마음은 서로가 다른 마음이다.

또 책임을 지겠다고 한 마음은 나의 마음이 아니고 단지 매순간 조건에 의해 변하는 마음이다. 책임지고 싶은 마음은 있지만 다음에 책임을 실천하는 마음은 변할 수 있다. 그러므로 책임지고 싶어도 본의 아니게 책임을 질 수가 없다. 그래서 맹세는 항상 거짓 맹세가 된다.

상대가 내게 책임지겠다고 할 때도 마찬가지다. 단지 책임지고 싶은 순간의 마음은 있지만 그 마음은 변한다. 그러므로 상대의 말을 믿지 말고 그렇게 하고 싶은 마음이 있다는 것을 아는 것으로 그쳐야 한다. 그렇지 않으면 상대를 원망하거나 상처를 받아 괴로움을 겪는다.

맹세를 한 현재의 마음과 맹세를 하고난 후의 마음은 다른 마음이다. 맹세를 한 마음은 나의 고정된 마음이 아니고 매순간 조건에 의해서 변하는 마음이다. 맹세를 하고 싶은 마음은 있어도 다음에 맹세를 실천하는 마음은 변할 수 있다.

354 | 될 수 있는 것과 없는 것

세상에는 될 수 있는 것이 있고, 될 수 없는 것이 있다. 될 수 있는 것을 되게 하려는 것이 지혜다. 될 수 없는 것을 되게 하려는 것이 어리석음이다. 위빠사나 수행은 될 수 있는 것을 되게 한다. 수행은 자신이 경험하는 것을 알아차리기 때문에 무모한 꿈을 꾸지 않는다.

이 세상은 기대의 영역과 역할의 영역이 있다. 될 수 있는 것을 되게 하는 것은 기대의 영역으로 인간의 존엄성이 있다. 될 수 없는 것을 되게 하는 것은 역할의 영역으로 관념적인 목표만 있다. 지혜는 인간의 존엄성을 향상시켜 깨달음을 얻지만 어리석음은 그렇지 못하다.

될 수 있는 일이란 자신의 몸과 마음에 관한 것이다. 모든 일은 자신의 몸과 마음이 하기 때문에 몸과 마음에 관한 일만이 될 수 있도록 할 수 있다. 그러므로 자신의 몸과 마음을 알아차리는 위빠사나 수행이 아니고서는 자기가 이루고자 하는 궁극의 목표를 성취할 수 없다.

안 되는 일은 내가 어떻게 해도 되지 않는다. 안 되는 일은 자신의 몸과 마음을 벗어난 것이다. 생각은 단지 생각이다. 꿈은 희망을 주지만 단지 이상에 불과하다. 포기해야할 것을 포기하는 것이 지혜고, 끝까지 움켜쥐는 것이 어리석음이다.

355 | 막연한 생각

막연한 생각에 빠지면 마음이 혼란하고, 있는 그대로 알아차리면 마음이 고요해진다. 혼란한 마음일 때는 거짓이 진실처럼 보이고, 진실이 거짓처럼 보인다. 혼란할 때는 자신의 잘못을 몰라서 부끄러움을 모른다. 혼란할 때는 그 마음을 알아차려서 고요함을 얻어야 한다.

고요한 마음일 때는 거짓이 거짓처럼 보이고, 진실이 확연하게 보인다. 고요할 때는 자신의 잘못을 알아서 부끄러움을 안다. 고요한 마음도 알아차려서 고요함에 빠지지 않아야 한다. 모든 것은 알아차릴 대상이다. 혼란함도 알아차릴 대상이며, 고요함도 알아차릴 대상이다.

막연한 생각을 할 때는 막연한 생각을 대상으로 알아차려야 한다. 고요한 마음일 때는 고요한 마음을 알아차려야 한다. 막연한 생각을 알아차리지 못하면 마음이 불안하여 사소한 일을 크게 키워서 괴로움에서 벗어나기 어렵다. 고요함을 알아차리면 지혜가 나서 괴롭지 않다.

수행은 먼저 알아차려야 하고, 다음에 알아차림을 지속해야 한다. 그러기 위해서는 알아차리는 것을 다시 알아차려야 한다. 알아차림을 지속하면 대상에 빠지지 않고 늘 새로운 대상을 알아차려서 무상의 지혜가 난다.

356 | 즐거움

위빠사나 수행은 즐거움을 부정하지 않는다. 단지 즐거움을 집착하지 않는다. 수행자들은 즐거움을 하나의 대상으로 알아차린다. 즐거움을 부정하는 것과 즐거움을 알아차리는 것은 다르다. 즐거움을 부정하면 극단에 빠지고, 즐거움을 집착하면 감각적 쾌락에 빠진다.

즐거움을 부정하면 비이성적이라서 관용과 사랑이 없다. 즐거움에 빠지면 집착이 생겨 항상 더 즐겁기를 바란다. 즐거움을 부정하는 것도 괴로움이고, 즐거움에 빠지는 것도 괴로움이다. 그래서 사는 것이 괴로움이다. 이 고통에서 벗어나려면 오직 즐거움을 대상으로 알아차려야 한다.

즐거움으로 인해 괴로움이 생긴다는 사실을 아는 것이 지혜다. 그러므로 즐거울 때는 즐거움을 알아차리고, 괴로울 때는 괴로움을 알아차리고, 지혜가 났을 때는 지혜가 난 것을 알아차려야 한다. 어떤 대상이나 개입하지 않고 알아차리는 것이 있는 그대로 알아차리는 것이다.

무엇은 되고 무엇은 되지 않는다고 정할 때 독단에 빠지지 않기 위해서는 이성적이어야 하고 합리적이어야 한다. 아무리 위대한 종교의 가르침이라고 할지라도 이성적이고 합리적이지 못하면 바른 가르침이 아니다.

357 | 욕망의 소멸

　　욕망은 발전의 원인이기도 하지만 번뇌의 원인이 되기도 한다. 욕망은 물질적인 욕망과 정신적인 욕망이 있다. 인간이 가진 것은 몸과 마음밖에 없기 때문에 몸에 대한 욕망과 마음에 대한 욕망이 전부다. 하지만 두 가지 욕망에서 파생되는 욕망의 종류는 매우 많다.

　　감각기관이 감각대상과 부딪칠 때마다 욕망이 생긴다. 눈이 대상을 볼 때 욕망이 생기고, 귀가 소리를 들을 때 욕망이 생긴다. 코가 냄새를 맡을 때 욕망이 생기고, 혀가 맛을 볼 때 욕망이 생긴다. 몸이 접촉을 할 때 욕망이 생기고, 마음이 생각을 할 때 욕망이 생긴다.

　　감각기관이 감각대상과 부딪쳐서 일어나는 감각적 욕망은 몸과 마음을 통해서 일어나는 느낌으로 나타난다. 욕망은 일어난 순간에 사라지고, 아무리 가져도 만족할 수 없으며, 내 마음대로 되지 않는다. 욕망은 바라거나 없애려고 해도 그대로 되지 않아서 괴로움을 준다.

　　욕망이 사라지는 것은 내가 결정하는 것이 아니고 그 순간의 조건이 결정한다. 그러므로 수행자는 감각기관이 감각대상과 부딪칠 때마다 알아차려서 욕망이 일어나지 않도록 문을 지켜야 한다. 알아차림은 감각기관의 문을 지키는 문지기다.

사람이 태어날 때는 얼마간은 부모로부터 물려받는 유전적 요소가 있다. 그러나 이 요소보다 자신이 행한 과거의 축적된 성향의 영향을 더 많이 받아서 태어난다. 부모는 단지 조건을 제공하는 관계다. 자신이 세상에 태어날 때는 자신이 지은 업에 더 크게 의존하여 태어난다.

정신적으로 훌륭한 부모에게서 열등한 자식이 태어날 수 있고, 정신적으로 열등한 부모에게서 훌륭한 자식이 태어날 수 있다. 부모에게서 받은 업의 적용범위나 자신이 지은 업의 적용범위는 매우 미묘한 것이라서 예측하기 어렵다. 오직 그럴만한 조건만 있을 뿐이다.

부모나 자식은 서로가 과보로 끌어당겨서 생긴 관계이므로 이런 관계를 탓할 수만은 없다. 그러므로 지나간 업을 문제 삼지 말고 어떤 업의 과보가 나타나도 알아차려서 극복해야 한다. 항상 새로운 선한 업을 지어 지금 이후에는 선업의 과보를 받을 수 있도록 해야 한다.

부모는 자식을 보호해야할 의무가 있다. 이것이 새로운 선업을 짓는 것이다. 자식은 부모를 공경해야 할 의무가 있다. 이것이 새로운 선업을 짓는 것이다. 자식은 부모에게 최선을 다해 공경해도 부모의 은혜를 다 갚지 못한다.

359 | 두 가지 믿음

믿음은 맹목적 믿음과 확신에 찬 믿음이 있다. 맹목적 믿음은 관념이고 확신에 찬 믿음은 실재다. 맹목적 믿음은 사물의 이치와 무관한 믿음이라서 독단적 교리에 빠질 위험이 있다. 오랜 문화적 전통이나 국가라는 이름으로 행해지는 신념이 모두 맹목적 믿음에 속한다.

확신에 찬 믿음은 사물의 이치를 알아서 생긴 믿음이라서 이성적이다. 사물을 대할 때 선입관을 배제하고 있는 그대로의 사실을 알아차릴 때 확신에 찬 믿음이 생긴다. 확신에 찬 믿음이 생기면 노력하는 마음과 알아차리는 힘이 생겨 통찰지혜를 얻어 도과를 성취한다.

맹목적 믿음은 합리적이지 못한 행동을 하고, 확신에 찬 믿음을 가지면 합리적인 행동을 한다. 진실을 막연하게 알고 실천하는 것과 확실하게 알고 실천하는 것은 다르다. 막연하게 아는 것은 단지 생각하는 것으로 세속적 믿음이라서 진실을 바르게 아는 것이 아니다.

맹목적 믿음은 살생까지 하며, 그런 뒤에 절대자에게 용서를 구하고 절대자의 이름으로 용서를 한다. 확신에 찬 믿음은 자신의 몸과 마음을 탐구해보고 진실을 아는 지혜가 나서 바른 행위를 하여 스스로를 보호한다.

360 | 괴로움의 진실

괴로움이 있어 진실을 안다. 그렇다고 진실을 알기 위해 스스로 괴로움을 만들 필요는 없다. 사는 것이 모두 괴로움이기 때문이다. 불가피한 괴로움 때문에 고통을 겪어서는 안 된다. 오히려 괴로움을 통하여 진실의 눈을 뜬다. 괴로움이 있어 그것을 뛰어넘는 지혜가 생긴다.

괴로움은 허영에서 벗어나 진실의 눈을 뜨게 한다. 괴로움은 관념적인 낡은 사고방식을 실재하는 건강한 사고방식으로 바꾼다. 모든 괴로움은 단지 알아차릴 대상이다. 괴로움에 쓰러지면 적절한 보상을 받지 못한다. 그러나 괴로움을 견디면 반드시 겪은 만큼의 보상을 받는다.

어쩔 수 없이 겪어야 할 괴로움이라면 받아들여서 지혜를 얻는 기회로 삼아야 한다. 괴로움에 지면 빠져나갈 출구가 없어 영원히 괴로움뿐인 생활을 해야 한다. 괴로움을 이겨내면 지혜가 생겨 더욱 성숙한 정신을 갖는다. 인간의 사명은 괴로움을 알아차려서 행복으로 바꾸는 것이다.

아무리 가져도 만족할 수 없는 괴로움의 속성을 모르면 고통스럽게 살아야 하지만 괴로움의 속성을 알면 괴로움이 성스러운 진리가 된다. 모든 성자들은 괴로움을 알아차려서 성스러운 진리로 바꾸셨다.

361 | 과정(過程)

모든 것은 일정한 과정을 거치면서 성숙한다. 시작도 하나의 과정이고 진행도 하나의 과정이고 결과도 하나의 과정이다. 모든 것은 일어나고 사라지기 때문에 과정이 아닌 것이 없다. 좋은 과정을 거듭하면 좋은 쪽으로 성숙하고 나쁜 과정을 거듭하면 나쁜 쪽으로 성숙한다.

무엇이나 처음부터 완전하지는 않다. 하나의 시작이 여러 단계의 과정을 거치면서 발전한다. 그러므로 아직 조건이 성숙되지 않은 사람에게 완전한 것을 요구하지 마라. 상대가 몰라서 그런 것이다. 미숙한 사람에게 완전한 것을 요구하면 바른 조건에 부합하지 못한 것이다.

모르는 사람에게 완전한 것을 요구하면 상대에게만 잘못이 있는 것이 아니고 자신에게도 있다. 몰라서 부족할 때는 먼저 조건이 성숙되도록 도와주어야 한다. 아직 조건이 성숙되지 않은 사람이나 조건이 성숙되지 않았는데도 완전한 것을 요구하는 사람이나 다를 것이 없다.

일이 진행되는 과정이 무시되어서는 좋은 결과를 얻을 수 없다. 좋은 과정이 좋은 결과를 얻도록 한다. 수행자가 바른 과정(過程)을 거치면 궁극의 열반을 성취하는 도의 과정(果定)에 이른다. 열반의 과정(果定)에 이르러야 비로소 번뇌가 소멸한다.

362 | 대상의 선택

　자신이 좋아하는 것만을 고집하지 마라. 좋은 것만 선택하면 감각적 욕망에 빠지고 좋지 않은 것을 배척하는 극단적 욕망에 빠진다. 수행도 자기 성향에 맞는 것만 하려고 해서는 안 된다. 자기 성향대로 살아서 생긴 괴로움은 새로운 방법으로 대체해야 해소시킬 수 있다.

　자신이 가지고 있는 여러 가지 문제를 해결하려면 지금까지 해오던 방식으로는 해결할 수 없다. 많은 사람들이 자신이 살아온 방식을 고집하느라 더 좋은 새로운 방식을 외면한다. 자신을 개선시킬 수 있는 진실을 외면하고 자신의 입맛에 맞는 것만 고르면 발전할 수 없다.

　법문이 조금만 어려워도 어렵다고 포기하고, 수행이 조금만 힘들어도 힘들다고 포기한다. 이런 사람은 아직 수행을 할 수 있는 조건이 성숙되지 않은 사람이다. 법문이 어렵고 수행이 힘들어도 인내하면서 받아들여야 비로소 새로운 세계에 대한 눈을 뜰 수 있다.

　경험하지 않은 새로운 정신세계는 모든 것이 낯설다. 낯선 것을 거부하지 말고 지속적으로 받아들이면 차츰 낯이 익는다. 그러면 조금씩 진실이 보이기 시작한다. 그러므로 처음부터 좋기를 바라지 말아야 한다.

363 | 네 가지 기쁨

바른 삶을 살기 위해서는 누구나 네 가지의 기쁨을 얻어야 한다. 소유의 기쁨과 베풂음의 기쁨과 빚이 없는 기쁨과 비난받지 않는 기쁨이다. 첫째, 소유의 기쁨은 열심히 노력해서 지위를 얻고 재산을 소유하는 기쁨이다. 이것은 바라는 것을 얻었을 때 만족하는 기쁨이다.

둘째, 베풂음의 기쁨은 정직하게 노력해서 얻은 지위와 재산으로 남을 위해서 봉사하는 기쁨이다. 자신의 노력으로 소유한 것이 있다고 해도 가진 것에 만족한다면 완전한 기쁨이 아니다. 자신이 가진 것을 남을 위해 베풀 때 가진 것에 대해 진정한 기쁨을 누릴 수 있다.

셋째, 빚이 없는 기쁨은 남에게 빚을 지고 살면 늘 불안하고 괴로움이 따르기 때문에 빚이 없을 때 생기는 기쁨이다. 남에게 빚이 있는 사람은 노예와 같다. 남의 빚을 갚으면 노예에서 해방된 것과 같다. 부모나 스승이나 다른 이의 은혜를 입고 갚지 못한 것도 빚이다.

넷째, 비난받지 않는 기쁨은 수행자가 자신이 하는 생각과 말과 행위를 알아차려서 다른 사람으로부터 비난을 받지 않는 기쁨이다. 자신의 감각기관을 알아차려서 감각적 욕망과 악한 의도와 아만심이 사라지면 비난을 받지 않는다.

12장

즐거움이
괴로움이다

즐거움이 괴로움이다

누구나 즐거움이 없으면 살 수가 없습니다. 그래서 누구나 즐겁기를 바랍니다. 그러나 즐거움이 절제되지 않으면 괴로움이 됩니다. 절제되지 않은 즐거움은 감각적 욕망이 되어 집착을 합니다. 집착을 하면 항상 더 큰 즐거움을 얻으려 하기 때문에 마음의 균형이 깨집니다. 그러면 그 순간에 즐거움이 괴로움으로 바뀝니다.

절제는 계율을 의미합니다. 즐겁다고 자기가 하고 싶은 대로 하면 반드시 계율을 어기는 행위를 하고 반드시 행위에 대한 과보를 받습니다. 이 과보는 언제 어떻게 나타나는지 알기 어렵습니다. 마치 어둠이 밝음을 밀어내듯이 소리 없이 조용히 들어와 자신을 지배합니다. 자신의 의지가 아닌 과보의 마음이 자신을 지배하면 주인이 아닌 도둑에게 자신을 맡긴 꼴이 됩니다.

즐거움과 괴로움은 동전의 양면처럼 항상 함께 있습니다. 이것을 아는 것이 지혜고 이것을 모르는 것이 어리석음입니다. 즐거움을 집착하는 것이 괴로움이라는 진실을 알지 못하면 영원히 즐거움과 괴로움이 함께 있는 고통 속에서 살아야 합니다. 이러한 과정이 연속되는 것이 윤회입니다. 하지만 즐거움과 괴로움이 교차하지 않는 있는 그대로의 마음일 때만이 괴로움뿐인 윤회가 끝납니다.

즐거움을 좋아하면 즐거움이 아닌 다른 것은 싫어합니다. 이것이 다른 것을 배척하는 즐거움의 폐해입니다. 즐거움을 좋아하면 더 즐겁기를 바라서 집착합니다. 이것이 끝없는 욕망을 부추기는 즐거움의 폐해입니다. 그러므로 괴로움의 범인은 바로 즐거움입니다. 선하지 못한 마음인 탐욕은 즐거움으로 나타납니다. 그래서 즐거움을 마냥 좋아하고만 있을 수 없습니다. 그러므로 즐거울 때 즐거움을 알아차려야 괴로움을 겪지 않습니다.

세속의 즐거움은 본능을 만족시킵니다. 이때의 행복은 진정한 행복이 아닌 감각적 욕망입니다. 출세간의 즐거움은 세속의 즐거움을 알아차려서 균형이 있는 감각을 갖습니다. 그래서 즐거움을 집착하지 않습니다. 이런 즐거움이 바로 법의 즐거움입니다. 위빠사나 수행자들은 지혜가 있기 때문에 법의 맛을 최고로 여깁니다. 대상을 알아차리는 순간에 어떤 번뇌도 침투하지 못하는 것이 바로 최상의 즐거움입니다. 이런 즐거움이 계속되면 마지막에 열반의 즐거움을 얻습니다. 이것이 세속의 즐거움과 출세간의 즐거움의 차이입니다.

세속의 즐거움은 얻을수록 더 얻으려고 하는 갈증을 느끼지만 출세간의 즐거움은 항상 알아차림이라는 절제가 있기 때문에 갈증이 없습니다. 그래서 출세간의 즐거움은 고요함과 평화가 있습니다. 그렇기 때문에 즐거움 뒤에 오는 갈망이 없는 지고의 행복을 누립니다. 위빠사나 수행자들은 즐거움을 배척하지 않습니다. 다만 정화된 즐거움을 누리기 때문에 즐거움이 괴로움으로 바뀌지 않는 평화로움 속에서 삽니다.

364 | 법의 울타리

위빠사나 수행은 무상과 고와 무아를 아는 수행이다. 자신의 몸과 마음을 대상으로 느낌을 알아차리는 수행을 하면 대상이 가지고 있는 특성이 드러나 법을 알 수 있다. 실재하는 느낌이 아닌 관념을 대상으로 알아차렸을 때는 궁극의 법을 알기가 어렵다.

관념으로 안 것은 생각으로 안 것이라서 제대로 안 것이 아니다. 왜냐하면 생각은 법의 울타리 속에 있지 않고 밖에 있기 때문이다. 오직 수행을 해서 지혜로 아는 것만이 온전하게 아는 것이다. 이렇게 알았을 때만이 법의 울타리 속에 있어서 모든 번뇌로부터 자유로울 수 있다.

생각하는 사람은 담론을 즐긴다. 그래서 항상 옳고 그름을 따진다. 생각은 단지 생각이다. 과연 생각으로 옳고 그름을 판단할 수 있겠는가? 있다면 울타리 밖에서 생각의 수준에 따라 판단할 뿐이다. 담론은 이미 드러나 있는 명쾌한 현상을 실타래처럼 꼬이게 할 위험이 있다.

직관으로 보지 못하면 복잡하다. 복잡한 것은 복잡하기 때문에 알기가 어렵다. 생각은 과거와 미래의 일을 상상하는 것으로 실재가 아니라서 진실이 아니다. 수행자는 생각할 때 생각하는 마음을 알아차려서 법의 울타리로 들어와야 한다.

365 | 즐거움이 괴로움이다

    수행은 아름다운 것을 보고 좋아하지 말라는 것이 아니다. 사랑하는 사람을 보고 좋아하지 말라는 것이 아니다. 수행자는 아름다운 것이나 사랑하는 사람을 볼 때 좋아하는 것을 알아차린다. 그렇다고 아름다운 것을 좋아하고 사랑하는 것이 잘못되었다고 자책해서는 안 된다.

    이미 좋아했다면 좋아한 것을 알아차려야 한다. 이미 사랑했다면 사랑한 것을 알아차려야 한다. 좋은 것을 보거나 사랑하는 사람을 볼 때 알아차리지 못하면 감각적 쾌락에 빠진다. 그래서 좋아하는 것으로 인해 괴로움을 겪고, 사랑하는 사람으로 인해 괴로움을 겪는다.

    그렇게 되면 일상의 삶을 불만족 속에서 살아야 한다. 그러나 알아차림이 있으면 어떤 것에도 걸리지 않아 괴로움이 없다. 당장의 즐거움을 찾는 것보다 괴로움이 없기를 바라는 것이 수승한 지혜다. 즐거움은 언제나 괴로움을 수반한다는 사실을 잊어서는 안 된다.

    하루의 삶이란 좋아하고 싫어하는 것들의 연속이다. 누구나 좋아하는 것으로 인해 즐겁고, 좋아하는 것으로 인해 괴로움을 겪는다. 좋아하고 싫어하는 것이 연기며 윤회다. 좋아하고 싫어하는 것을 알아차리는 것이 연기와 윤회의 끝이다.

한순간이 모여 하루가 되고, 하루가 모여 일주일이 되고, 한 달, 한 해가 된다. 한 해가 모여 한 일생이 되고, 다시 끝없는 윤회를 계속한다. 아침에 눈을 뜨면 벌써 저녁이 되고, 하루하루가 지나면서 한 일생이 간다. 덧없이 흐르는 세월을 누가 그대로 묶어 둘 수 있겠는가?

여기에는 단지 원인과 결과에 의해 일어나고 사라지는 현상만 있다. 이것을 진행시키거나 멈추게 할 수 있는 존재는 없다. 무상한 세월에서 남는 것은 늙음과 병이고, 기다리고 있는 것은 죽음이다. 하지만 화살처럼 빠르게 흐르는 세월을 붙잡을 수 있는 유일한 방법이 있다.

현재의 자신의 몸과 마음을 알아차리면 된다. 지금 여기에 있는 한순간을 알아차리면 무상한 세월을 모두 알아차린다. 흐르는 세월을 따라가지 말고 현재의 몸과 마음을 알아차리면 세월을 극복한다. 진실은 한순간의 몸과 마음에 있다. 마음이 과거나 미래로 가면 세월이 흐른다.

마음을 자신의 몸과 마음에 두고 알아차리면 항상 현재에 머문다. 미래를 걱정을 하는 순간 그 걱정은 현재가 된다. 현재라고 하는 순간도 이미 과거가 된다. 이처럼 현기증이 나도록 빠른 세월에서 오직 현재에 머물면 모든 시간을 초월한다.

367 | 평화

나의 평화가 남의 평화고 남의 평화가 나의 평화다. 자신만 아는 마음은 이기적이어서 나의 평화도 얻을 수 없고 남에게도 평화를 줄 수 없다. 먼저 나의 평화를 얻은 뒤에 자연스럽게 남을 사랑하는 마음을 가지면 나의 평화는 물론 다른 사람의 평화도 함께 보장할 수 있다.

인간이 사는 사회는 공동체다. 내가 평화롭더라도 남이 나에게 해를 끼치면 나도 평화로울 수 없다. 그러므로 진정한 평화를 얻으려면 나의 평화와 함께 남의 평화가 있어야 한다. 먼저 자신의 평화를 위해 노력을 해야 하며 더불어 남의 평화를 위해서도 함께 노력해야 한다.

평화는 모든 사람들에게 행복을 준다. 내가 잘살아서 행복하다고 해도 고통스러운 이웃을 외면하면 진정한 행복을 얻을 수 없다. 그래서 나와 남이 함께 잘 사는 마음을 가져야 한다. 남의 평화까지 얻도록 헌신하는 노력을 해야 비로소 자신의 신념이 바른 가치를 가진다.

나의 평화와 남의 평화가 함께 공존하기 위해서는 감각적 욕망을 가지고 평화를 얻으려 해서는 안 된다. 감각적 욕망은 항상 자신의 이익을 위해서 작용하기 때문에 진정한 평화를 구현할 수 없다. 평화는 인간이 만든 가장 소중한 축복이다.

368 | 유명(有名)

　　누구나 내가 있다고 하는 자아를 가지고 살기 때문에 자신의 이름이 세상에 널리 알려지기를 바란다. 그러나 아만심을 가지고 유명해지기를 바라면 안 좋은 이름으로 더 유명해 진다. 지혜가 있는 사람은 유명해지기를 바라지 않아서 오히려 더 훌륭한 명성을 얻는다.

　　자신이 유명해지기를 바라지 마라. 유명해지기를 바라는 순간에 남을 의식하게 되어 자신의 삶을 살지 못한다. 만약 유명해진다고 해도 유명한 것이 내가 아니다. 나의 이름이 많이 알려진 것이지 나의 실재가 유명한 것이 아니다. 겉으로 드러난 모습과 내면의 정신은 다르다.

　　겉으로 드러난 이름이 유명한 것이라면 관념으로 유명한 것이지 실재가 유명한 것이 아니다. 많이 알려졌다고 해서 훌륭한 것이 아니다. 많이 알려지기 위해서 노력한다면 더욱 훌륭하지 않은 것이다. 오직 유명해지기 위해서 노력한다면 바르게 사는 것이 아니고 허영으로 산다.

　　허영으로 산다면 자기 인생을 사는 것이 아니고 꼭두각시로 사는 것이다. 자신이 유명하다고 생각하기 때문에 남의 비난에 견디지 못한다. 내가 유명하다고 생각해서 유명하지 않을 때 좌절하여 비극적으로 생을 마감할 수 있다.

369 │ 집착

　몸과 마음에는 느낌이 있고 느낌이 일어나면 더 좋은 느낌을 원하는 갈애가 일어난다. 갈애는 3가지가 있는데 감각적 욕망에 대한 갈애와, 존재에 대한 갈애와, 비존재에 대한 갈애가 있다. 갈애는 그냥 갈애로 있지 않고 좋은 것이나 나쁜 것을 가리지 않고 집착으로 변한다.

　갈애는 바라는 마음이지만 집착은 대상을 움켜쥐고 떨어지지 않는 마음이다. 집착은 4가지가 있는데 감각적 욕망에 대한 집착과, 잘못된 견해에 대한 집착과, 계율과 의식에 대한 집착과, 내가 있다는 자아에 대한 집착이 있다. 집착은 집착으로 그치지 않고 업을 생성한다.

　무엇이나 집착하면 괴로움으로부터 자유롭지 못하다. 집착하면 집착을 한만큼 괴롭다. 어리석으면 집착이 괴로움의 원인인지를 모른다. 집착이 괴로움의 원인인지 알았다고 해도 습관적으로 집착을 해서 멈출 수 없다. 누구나 내가 있다고 하는 생각을 가지고 있기 때문이다.

　모두 나의 소유라는 생각을 가져서 집착을 한다. 집착을 끊는 것은 몹시 괴로운 일이다. 사랑하는 사람이나 재산이나 지위나 명예를 집착하지 않을 수 없다. 하지만 이것을 집착하면 궁극의 행복인 열반에 이르지 못한다.

370 | 선심(善心)과 불선심(不善心)

선심은 관용, 자애, 지혜다. 관용은 바라지 않고 베푸는 마음이다. 관용이 있기 때문에 좋은 일이나 좋지 않은 일이나 그냥 받아들인다. 자애는 자신이나 남을 사랑하는 포근한 마음이다. 사랑하면 모든 존재들의 행복을 빈다. 지혜는 아는 마음이다. 알기 때문에 번뇌를 끊는다.

불선심은 탐욕, 성냄, 어리석음이다. 탐욕은 바라는 마음이다. 탐욕은 좋은 일이나 좋지 않은 일이나 모두 바란다. 이 마음이 집착으로 발전하여 나쁜 행위를 한다. 성냄은 거절하는 마음이다. 자신의 뜻대로 되지 않기 때문에 화를 내거나 피한다. 성냄은 가진 것을 파괴한다.

어리석음은 잘못된 판단을 하는 마음이다. 어리석으면 올바른 것을 잘못이라고 판단하고 잘못된 것을 올바르다고 판단한다. 이런 잘못된 선택 때문에 고통 속에서 산다. 잘못된 판단에는 상견, 단견, 유신견이 있다. 어리석음은 탐욕과 성냄을 일으켜 모든 괴로움의 원인이다.

관용이 있으면 탐욕이 없고, 탐욕이 있으면 관용이 없다. 자애가 있으면 성냄이 없고, 성냄이 있으면 자애가 없다. 지혜가 있으면 어리석음이 없고, 어리석음이 있으면 지혜가 없다. 선심이 있으면 불선심이 없고, 불선심이 있으면 선심이 없다.

371 | 선행(善行)

수행은 선한 행위다. 선한 일을 하려면 굳건한 결심이 필요하다. 인간은 무명을 원인으로 태어나서 어리석음의 지배를 받기 때문에 선한 일이 저절로 되지 않는다. 누구나 선한 마음과 함께 선하지 못한 마음이 있으므로 오히려 선한 일을 할 때 더 각별한 노력이 필요하다.

선한 마음이 일어나면 잠재해 있는 선하지 못한 마음이 제동을 건다. 그래서 선한 일을 할 때는 확고한 결심과 함께 선하지 못한 일에 대해 단호한 대처를 해야 한다. 선한 일이라고 해서 모두 환영을 받는 것은 아니다. 선한 일이라서 오히려 비난과 미움을 받을 수도 있다.

선한 일을 할 때 과시하면 자신의 공덕도 감소되지만 남에게 미움을 받는다. 선한 일은 욕망 없이 해야 비난에서 자유롭다. 선하지 못한 사람은 선을 비난한다. 세속에서는 출세간을 이해하지 못하기 때문에 선을 경멸할 뿐만 아니라 자신이 갖지 못했기 때문에 배척한다.

바른 선을 구현하려면 어떤 비난에 대해서도 관용을 보여야 한다. 선한 일은 자신의 일이지 남의 일이 아니다. 그러므로 선한 일을 굳건하게 하려면 내면의 성찰과 함께 남들이 자신에 대해서 내리는 평가에서도 자유로워야 한다.

몸이 아파야 비로소 건강이 무엇인지를 안다. 불행해야 비로소 행복이 무엇인지를 안다. 몸이 아프거나 불행한 것은 오히려 건강과 행복을 결정짓는 전단계의 조건이다. 이러한 아픔과 불행으로부터 벗어나지 못하는 것은 내가 아프다고 알고, 내가 불행하다고 알기 때문이다.

몸이 아플 때는 단지 몸이 아픈 것이지 내가 아픈 것이 아니다. 또 몸이 아플 때 몸이 아닌 마음까지 아파서는 안 된다. 아픈 몸도 나의 몸이 아니고 단지 몸에 불과하다. 몸으로 인해 아픈 마음도 나의 마음이 아니고 단지 마음에 불과하다. 몸과 마음은 서로 다르고 둘 다 내가 아니다.

불행하다고 해서 마음이 아프지 말아야 한다. 불행은 하나의 느낌이며 감각기관이 느끼는 것이지 내가 느끼는 것이 아니다. 불행은 내가 소유하는 것이 아니다. 물론 자신이 한 행위에 대한 책임 때문에 괴롭지만 이 괴로움조차 단지 괴로움일 뿐이지 나의 것은 아니다.

몸과 마음은 서로의 역할이 다르며 여기에 자아는 없다. 오직 원인과 결과만 실재한다. 이러한 견해는 아픔과 불행을 회피하려는 것이 아니다. 오히려 아픔과 불행의 실체를 바르게 이해하여 진실을 아는 것이다.

자신의 것이 소중하면 남의 것도 소중하게 여겨야 한다. 상대의 견해가 나의 견해와 맞지 않다고 해도 일단 상대의 견해가 있다는 것을 존중해야 한다. 내가 선택하는 것은 스스로가 최고라고 생각해서 선택한다. 또 남이 선택하는 것도 그가 최고라고 생각해서 선택한다.

누구나 최선을 선택하지 차선을 선택하지 않는다. 종교, 이념, 사랑에 대한 것은 각자의 견해를 존중해야 한다. 이렇게 해야 자신의 견해가 침해받지 않는다. 남의 신념을 존중할 때만이 자신의 신념도 존중을 받는다. 세상은 싸워서 이기는 것이 아니므로 서로 화합해야 한다.

내가 다른 종교를 이해하고 존중하면 자신이 믿는 종교가 바른 가르침을 가지고 있다는 것을 나타내는 것이다. 내가 다른 종교를 이해하지 못하고 배척하면 자신이 믿는 종교가 바른 가르침을 가지고 있지 못하다는 것을 나타내는 것이다. 나만 옳다고 하면 독선에 빠진다.

자신이 가진 출세간의 정신을 존중한다고 해서 세속의 정신을 배척해서는 안 된다. 출세간의 정신이 세속의 정신을 이해하지 못하면 진정한 출세간이 아니다. 수행을 하는 사람이 수행을 하지 않는 사람을 무시하면 수행자가 아니다.

이익을 얻기 위해서 하는 행동은 반드시 손실이 생기기 마련이다. 명예를 얻기 위해서 하는 행동은 반드시 불명예가 따르기 마련이다. 칭찬을 받기 위해서 하는 행동은 반드시 비난을 받기 마련이다. 행복을 얻기 위해서 하는 행동은 반드시 고통이 따르기 마련이다.

바른 것을 얻기 위해서 하는 행동이 반대의 결과가 나타나는 것은 욕망을 가지고 하기 때문이다. 모든 일은 단지 할 일이라서 해야 한다. 욕망으로 하면 바르지 못한 행동을 하여 원하지 않는 결과가 생긴다. 필요해서 한 일이라면 어떤 결과가 와도 의연하게 수용해야한다.

수행자는 손실을 알아차리고, 불명예를 알아차리고, 비난을 알아차리고, 고통을 알아차려야 한다. 손실을 있는 그대로 알아차리면 정신적 이익을 얻는다. 불명예를 있는 그대로 알아차리면 정신적 명예를 얻는다. 비난을 있는 그대로 알아차리면 정신적 칭찬을 얻는다.

고통을 있는 그대로 알아차리면 정신적 행복을 얻는다. 이익과 명예와 칭찬과 행복은 영원한 것이 아니고 일어나고 사라지는 과정의 하나다. 손실과 불명예와 비난과 고통은 영원한 것이 아니고 일어나고 사라지는 과정의 하나다.

375 | 꽃을 보는 마음

있는 그대로 본다는 것은 대상을 좋아하거나 싫어하지 않고 보는 것이다. 아름다운 꽃은 그냥 아름다운 꽃으로 보고, 시든 꽃도 그냥 시든 꽃으로 보아야 한다. 아름다운 꽃을 좋아하고 시든 꽃은 싫어하면 있는 그대로 본 것이 아니고 자신이 만든 관념으로 본 것이다.

아름다운 꽃은 그대로의 자태가 있지만 시든 꽃도 그대로의 자태가 있다. 아름다운 꽃을 좋아하기 때문에 시든 꽃을 추하게 여긴다. 시든 꽃은 시든 꽃대로의 할 일을 다 한 기품이 있다. 나이를 먹어 주름진 얼굴에 연륜이 주는 기품이 있듯이 시든 꽃에도 기품이 있다.

하얀 눈은 그냥 하얀 눈으로 보고, 흙탕물로 인해 시꺼멓게 된 눈은 그냥 시꺼멓게 된 눈으로 보는 것이 있는 그대로 보는 것이다. 하얀 눈을 좋아하고 시꺼멓게 된 눈을 싫어한다면 있는 그대로 본 것이 아니다. 하얀 눈이나 시꺼먼 눈이나 단지 색깔이 다를 뿐이다.

진실을 알아야 괴로움을 극복하고 완전한 자유를 얻는다. 진실을 알려면 선입관을 가지고 보지 말고, 내가 본다는 견해를 가지고 보지 말아야 한다. 진실은 겉으로 드러난 모양에 있지 않고 대상이 가지고 있는 실재에 있다.

376 │ 보편적 진리

　가장 보편적인 진리는 모든 것이 변한다는 것이다. 좋거나 나쁜 것을 가릴 것 없다. 없다가 생기고 생겼다가 없어진다. 몸의 느낌도 마음도 모두 물처럼 흐르고 바람처럼 스쳐지나간다. 모였다가 흩어지고 흩어졌다가 다시 모이는 이런 변화를 지켜보는 마음도 매 순간 변한다.

　작게는 매 순간에 만났다가 헤어지고 크게는 일생을 통하여 만났다가 헤어진다. 죽음도 그런 변화 중의 하나다. 인간이 고통스러운 것은 모든 것이 변하기 때문이다. 이런 변화를 받아들이지 못하면 고통에서 벗어날 수가 없다. 변하지 않기를 바라는 것이 어리석음이고 갈애다.

　일어났다가 사라지는 것이 원인과 결과고, 원인과 결과가 무상이다. 무상이 괴로움이고, 괴로움을 해결할 수 없는 것이 무아다. 이것이 사물의 이치며 법이다. 사물의 이치를 알면 순환의 질서에 귀의한다. 바른 질서에 귀의하는 것이 깨달음이고 어리석음에서 벗어난 지혜다.

　법은 밖에 있는 대상에서 발견할 수 없다. 자신의 몸과 마음에서만 발견한다. 밖으로 나가면 내가 본다는 견해로 인해 법을 바르게 알 수 없다. 법은 생각으로 알 수 없고 오직 대상을 분리해서 알아차릴 때만이 발견한다.

377 | 7가지 청정과 16가지 지혜

위빠사나 수행을 하면 7가지 청정과 16가지 지혜의 과정을 거쳐서 궁극의 열반을 성취한다. 인간이 최고의 지혜를 얻는 과정은 누구나 동일하다. 수행자가 처음에 대상을 알아차리면 계율이 청정해진 뒤에 마음이 청정해지고 다시 정신과 물질을 구별하는 지혜가 난다.

이러한 과정을 거쳐 견해가 청정해지면 자연스럽게 원인과 결과를 아는 지혜가 생긴다. 그리고 의심에서 해방되는 청정에 이른다. 의심에서 벗어나면 현상을 바르게 아는 지혜가 생겨 무상, 고, 무아를 안다. 그런 뒤에 일어나고 사라지는 것을 아는 지혜가 계발된다.

이때 도가 아닌 것을 아는 청정과 도를 닦음에 대한 청정이 생긴다. 그 뒤에 단계적으로 소멸의 지혜와 두려움에 대한 지혜와 고난의 지혜와 혐오감에 대한 지혜와 해탈을 원하는 지혜와 다시 살펴보는 지혜에 이른다. 다시 균형을 이룬 현상에 대한 평등의 지혜가 계발된다.

그 뒤에 열반에 이르기 전 단계인 적응의 지혜와 성숙의 지혜를 거쳐 도의 지혜에 이른 뒤에 과의 지혜를 경험한다. 이때의 도와 과의 지혜가 열반이다. 마지막 지혜통찰의 청정을 거쳐 회광반조의 지혜를 얻어 하나의 도과가 완성된다.

378 | 불선행(不善行)

탐욕과 성냄과 어리석음은 불선심과 불선행이다. 탐욕은 욕망의 불길이라서 모든 대상을 삼키고도 만족할 줄 모른다. 성냄은 분노의 불길이라서 스스로를 결박하여 이성을 마비시킨다. 어리석음은 무지의 불길이라서 스스로를 감옥에 가두어 자유와 행복을 박탈한다.

성냄은 항상 의식의 표면에 있어 쉽게 드러나기 때문에 그 실체를 파악할 수 있다. 탐욕은 의식의 중간쯤에 자리 잡고 있어서 실체가 숨겨져 있기도 하고 때로는 드러나기도 한다. 어리석음은 의식의 가장 깊은 곳에 숨어서 모든 것을 조정하기 때문에 실체를 알기가 어렵다.

의식의 표면에 있는 화를 내는 마음을 알아차리면 화를 일으킨 원인이 탐욕인 것을 알 수 있다. 다시 탐욕이 있는 마음을 알아차리면 탐욕을 일으킨 원인이 어리석음인 것을 알 수 있다. 다시 어리석음을 알아차리면 어리석음을 일으킨 원인이 어리석음이라는 사실을 안다.

어리석음을 일으킨 원인은 바로 어리석음이다. 그러므로 어리석음 이전으로 더 거슬러 올라갈 것이 없다. 그래서 어리석음은 선하지 못한 것의 근본원인이다. 윤회하는 생명은 모두 어리석음의 지배를 받아 욕망의 노예로 산다.

379 | 열정

자신이 가진 열정을 바른 일을 하는데 사용해야 한다. 자신의 열정을 감각적 욕망을 추구하는데 사용할 수도 있고, 자신의 정신을 고양시키는데 사용할 수도 있다. 범부는 자신의 열정을 감각적 욕망을 추구하는데 사용하고, 수행자는 자신의 정신을 고양시키는데 사용한다.

범부가 추구하는 감각적 욕망은 이익인 것 같지만 사실은 손해다. 수행자가 추구하는 정신의 고양은 손해인 것 같지만 사실은 이익이다. 똑같은 물을 먹고 뱀은 독을 만들고 소는 우유를 만든다. 인간은 자신이 가진 열정을 선한 결과를 얻는 일에 사용해야 할 의무가 있다.

선한 마음을 가지고 선한 행위를 하면 반드시 선한 결과가 있다. 선하지 못한 마음을 가지고 선하지 못한 행위를 하면 반드시 선하지 못한 결과가 있다. 인간으로 태어난 사명을 다하여 더 나은 삶을 살려면 먼저 선한 결과를 얻는 일에 헌신적인 노력을 해야 한다.

자신에게 헌신하는 가장 훌륭한 일은 자신의 몸과 마음을 알아차리는 것이다. 이것만이 가장 이상적인 결과를 가져온다. 몸과 마음을 알아차릴 때는 아무것도 바라는 것 없이 해야 한다. 그러면 어떤 번뇌도 침투하지 못하여 최상의 이익을 얻는다.

380 │ 연금술

괴로움이 행복을 만들고 장애가 지혜를 만든다. 괴로움과 장애를 행복과 지혜로 바꾸려면 괴로움과 장애를 있는 그대로 알아차려야한다. 괴로움은 알아차리는 순간에 이미 괴로움이 아니고 행복으로 바뀐다. 장애는 알아차리는 순간에 이미 장애가 아니고 지혜로 바뀐다.

괴로움이 없는 행복은 없으며, 장애가 없이는 삶이 향상될 수 없다. 그러므로 괴로움과 행복은 같은 것이며, 장애와 향상된 삶도 같은 것이다. 대상을 어떻게 받아들이느냐에 따라서 괴로움이 되거나 행복이 된다. 마찬가지로 장애로 머물 수도 있고 지혜가 될 수도 있다.

알아차리지 못하면 괴로움이 더 큰 괴로움이 된다. 알아차리기 때문에 괴로움이 행복으로 바뀐다. 이것이 돌을 황금으로 만드는 연금술이다. 알아차리지 못하면 장애가 더 큰 장애가 된다. 알아차리기 때문에 장애가 지혜로 바뀐다. 이것이 수행의 연금술이다.

지옥, 축생, 아귀, 아수라의 세계에서는 괴로움만 있고 스스로 괴로움을 바꿀 수 없다. 욕계, 색계, 무색계의 천상에서는 행복만 있어서 진정한 행복을 모른다. 인간만 자신의 불행을 알아차려서 지고의 행복으로 바꿀 수 있다.

381 | 행위하는 자

행위를 하는 자가 누구인가 찾지 마라. 알고 있는 자가 누구인가 찾지 마라. 찾고 있는 자는 어디에도 없고 단지 찾고 있는 마음만 있다. 모든 것은 마음이 한다. 마음은 일어난 순간에 사라진다. 순간의 마음은 나의 마음이 아니고 단지 조건에 의해서 일어나고 사라진다.

행위는 있어도 행위를 하는 자는 없다. 단지 그 순간의 마음이 하기 때문이다. 자아가 있다는 전제를 가지고 답을 얻으려 하면 답을 얻지 못한다. 선입관을 가지고 사물을 보면 사물의 실재를 알 수가 없다. 오직 대상을 있는 그대로 볼 때만이 사물의 실재를 볼 수 있다.

형상을 보아도 보는 자는 없고 마음이 본다. 소리를 들어도 듣는 자는 없고 마음이 듣는다. 냄새를 맡아도 냄새 맡는 자는 없고 마음이 냄새를 맡는다. 맛을 보아도 맛을 보는 자는 없고 마음이 맛을 안다. 신체가 접촉해도 접촉하는 자는 없고 마음이 접촉한다.

생각을 해도 생각하는 자는 없고 마음이 생각한다. 마음은 내가 아니다. 자아가 있어서 아는 것이 아니고 조건이 성숙되어 안다. 본래 자아는 없고 순간의 마음만 있다는 사실을 아는 것이 궁극의 열반을 성취할 수 있는 지혜다.

382 | 두 가지 자유

하고 싶은 것을 하는 자유가 있고, 하고 싶지 않은 것을 하지 않는 자유가 있다. 모든 일에는 규범이 있어서 해야 할 일과 하지 말아야 할 일이 있다. 하고 싶다고 해서 아무 일이나 자기 마음대로 하거나, 또 해서는 안 될 일을 자기 마음대로 하면 불선업을 짓기 마련이다.

진정한 자유는 선한 일을 했을 때 오며, 또 선하지 않은 일을 하지 않아야 온다. 선한 일을 더욱 분명하게 확립하기 위해서는 선하지 않은 일을 하지 않아야 한다. 선한 일을 하면 선한 일을 해서 얻는 이익과 선하지 못한 일을 하지 않아서 얻는 두 가지 이익이 있다.

자유는 세속의 자유와 출세간의 자유가 있다. 세속의 자유를 얻기 위해서는 자신의 의무를 다하면서 권리를 찾기 위해 노력해야 한다. 출세간의 자유를 얻기 위해서는 대상과 투쟁해서는 안 된다. 대상에 개입하지 않고 있는 그대로 알아차려야 진정한 자유를 성취한다.

인간의 마음에는 선한 마음과 선하지 못한 마음이 함께 있다. 선한 마음을 계발하고 선하지 못한 마음을 억제하기 위해서는 반드시 대상을 알아차려야 한다. 수행자가 자신의 몸과 마음을 분리해서 알아차릴 때만이 해탈의 자유를 얻는다.

383 | 후회의 유형

후회는 세 가지의 유형이 있다. 첫째, 선하지 못한 행위로 하는 후회가 있다. 둘째, 점잖지 못한 행위를 한 뒤에 하는 후회가 있다. 셋째, 계율을 지키는 문제로 인해 의문을 갖는 후회가 있다. 여기서 첫 번째 후회는 불선행이며, 두 번째와 세 번째 후회는 불선행이 아니다.

첫째, 선하지 못한 마음으로 하는 후회는 자신이 얻고자 하는 것을 얻지 못해서 자책하는 후회로 자신을 학대하는 행위다. 이런 마음은 회한으로 나타난다. 이미 행한 선하지 못한 행위를 혐오하고, 자신이 행하지 못한 선한 행위를 아쉬워하고 혐오하는 이것이 회한이다.

불선한 후회는 대상을 바르게 보려고 하지 않고 계속 들뜬 마음으로 안절부절 하기 때문에 걱정에서 벗어나지 못하고 괴로움을 키운다. 이런 후회는 현재를 알아차리는 마음을 덮어버리기 때문에 지혜가 날 수가 없다. 불선한 후회는 아무리 많이 해도 개선될 수가 없다.

둘째, 가벼운 실수로 인해 후회하는 것은 뜻하지 않은 일을 한 뒤에 그랬다고 알아차리고 마는 것이라서 불선한 후회가 아니다. 셋째, 아직 자신의 지혜가 미치지 못해서 계율에 대하여 의문을 갖는 후회도 불선한 후회가 아니다.

384 | 질투

질투는 선하지 못한 행위다. 질투는 항상 있는 마음의 작용이 아니고 때때로 나타나는 마음의 작용이다. 질투는 언제나 화를 내는 마음과 함께 있다. 또 질투만 있지 않고 인색한 행위와 후회하는 행위와 함께 붙어서 일어난다. 질투는 남과 비교해서 일어나는 오만함이다.

질투는 남이 잘 되는 것을 싫어하고 시샘을 할뿐만 아니라 자신이 잘 된 것을 남과 나누지 못하는 인색한 마음이다. 질투를 하면 다른 사람의 사회적 공적이나 인간적 품위나 풍요로운 번영을 용납하지 못한다. 그래서 질투하는 마음은 아름답지 못해 얼굴이 추악해진다.

타인의 성공을 인정하지 못하기 때문에 질투가 있는 곳에는 언제나 비방과 이간질과 분노의 불길이 타오른다. 그러므로 질투가 있는 곳에는 평화적 공존이 없고 타인의 몰락을 바라는 이기심이 자리 잡고 있다. 이러한 질투는 질투하는 사람에게 가장 큰 손실을 끼친다.

질투를 할 때는 먼저 질투하는 마음을 알아차려야 한다. 질투하는 마음을 없애려고 해서도 안 되며 질투하는 마음을 자책해서도 안 된다. 질투하는 것을 자책하면 분노의 불길이 더욱 거세지므로 단지 질투하는 마음을 알아차려야 한다.

385 | 의심

회의적 의심은 믿음이 부족해서 일어난다. 의심을 하면 마음을 이리저리로 굴리기 때문에 평온하지 못하다. 잘못된 것에 대한 의심은 당연히 해야 한다. 그러나 매사에 의심을 하면 마음이 흔들려 대상을 바르게 볼 수 없다. 또 무슨 일이나 확신이 서지 않아 우유부단해진다.

수행을 하면 나타나는 다섯 가지 장애가 있는데 감각적 욕망, 악한 의도, 해태와 혼침, 들뜸과 회한, 회의적 의심이다. 이상 다섯 가지 장애는 청정한 마음을 덮어버려 지혜가 나지 못하게 한다. 의심이 많으면 두려움이 많아지고 모든 사람을 도둑으로 보기 때문에 불안하게 산다.

의심은 새로운 의심을 키우는 자양분이다. 그래서 의심이 의심을 더 키운다. 의심은 지혜가 없기 때문에 일어난다. 의심은 아직 생겨나지 않은 의심을 조장하고 이미 생겨난 의심을 더욱 키워서 계속 의심하도록 한다. 이러한 의심은 대상에 마음을 기울이지 못해서 생긴다.

의심은 흙탕물과 같아서 사물을 제대로 파악할 수 없다. 이런 물에는 자신의 얼굴을 비춰볼 수 없다. 그러므로 자신의 행복도 얻지 못하며 남에게도 행복을 줄 수 없다. 의심을 제거하기 위해서는 원인과 결과를 아는 지혜가 나야 한다.

386 │ 게으름

게으름은 무지와 같다. 수행의 가장 큰 적이 게으름이다. 게으름은 하고자하는 의지가 없어 무기력하고 나태한 마음이라서 정신이 건강하지 못한 상태다. 게으름은 육체적인 현상이 아니고 정신적인 현상이다. 게을러서 몸을 움직이지 않으려는 것은 마음이 게으르기 때문이다.

게으르면 노력을 하지 않아서 무엇을 해도 성공할 수 없다. 노력을 하지 않는 마음은 항상 혼침과 미혹함이 함께 있다. 부싯돌을 계속 비벼야 불이 나는 것처럼 지혜를 얻으려면 지속적으로 알아차리는 노력을 해야 한다. 게으름으로 인해 잠에 빠지면 지혜를 얻을 수 없다.

수행자가 게으름을 극복하기 위해서는 확신에 찬 믿음과 열정으로 나태함에 굴하지 않는 노력을 해야 한다. 수행을 할 때 좌선은 집중력을 키우고 경행은 정진력을 키운다. 좌선을 할 때는 대상의 일어나고 사라지는 변화를 면밀하게 알아차려서 졸음에 빠지지 않아야 한다.

게으른 수행자는 반드시 걷는 수행을 해서 정진력을 키워야 한다. 또 음식을 절제하고, 어두운 곳에서 수행을 하지 말고 밝은 곳에서 해야 한다. 게으름이 게으름을 키운다. 만사를 귀찮아해서는 아무것도 성공하지 못한다.

387 | 지은 대로

모든 생명의 불평등은 원인이 있어서 생긴 결과다. 좋은 원인을 만들면 좋은 결과가 생기고, 나쁜 원인을 만들면 나쁜 결과가 생긴다. 어떤 원인도 만들지 않으면 결과가 없어 다시 태어나지 않는다. 원인이 있으면 흐름이 지속되어 윤회하고 원인이 없으면 흐름이 정지되어 윤회가 끝난다.

살생을 하면 지옥에 태어나고, 인색하고 집착이 많으면 아귀로 태어난다. 우매하고 탐욕이 많으면 축생으로 태어나고, 화를 많이 내면 아수라로 태어난다. 믿음, 보시, 지계를 지키면 욕계천상에 태어나고 색계, 무색계 선정수행을 하면 색계와 무색계에 태어난다.

오계를 지키면 인간으로 태어난다. 인간으로 태어났을 때 살생을 하면 단명하고, 사랑하는 사람과 헤어진다. 도둑질을 하면 가난하고 비참한 노예로 산다. 잘못된 성관계를 하면 적이 많고 원하지 않는 배우자를 만난다. 거짓말을 하면 모욕적인 말을 듣고 입에서 악취가 난다.

남을 비방하면 우정이 깨진다. 거친 말을 하면 목소리를 거칠다. 잡담을 하면 신용을 잃고, 탐욕이 많으면 아무것도 성취하지 못한다. 악한 의도를 가지면 추하고 질병이 많으며 남에게 미움을 받는다. 이렇듯 모든 것은 지은대로 받는다.

388 | 잘못된 견해 [邪見]

잘못된 견해는 사물을 있는 그대로 보지 못하고 삿되게 보는 견해다. 인간이 가진 모든 괴로움은 잘못된 견해로 인해 생긴다. 모르기 때문에 있는 것을 없다고 생각하고, 없는 것을 있다고 생각한다. 사견이 있는 한 대상의 성품을 바르게 알지 못해 어리석게 살아야 한다.

잘못된 견해는 유신견, 상견, 단견, 무인견이 있다. 유신견은 몸과 마음이 나고, 나의 소유라는 견해다. 몸과 마음은 조건에 의해서 생긴 결과물이지 여기에 자아는 없다. 만약 완두콩만한 유신견이라도 있으면 존재의 세계에 머물러야 하고 결코 윤회의 세계를 벗어날 수 없다.

상견은 항상 하는 실체가 있다는 견해다. 이 세상에 변하지 않는 것은 없다. 오직 변한다는 사실만이 변하지 않는다. 단견은 정신과 물질이 이번 생으로 끝이라고 하는 견해다. 무인견은 모든 것에 원인과 결과가 없고 단지 우연히 생긴 것들에 불과하다는 견해다.

잘못된 견해의 과보로 지혜가 없다. 그래서 천박한 욕망을 갖고, 비난받을 행위를 하며, 만성적인 질병에서 벗어나지 못한다. 잘못된 견해를 제거하기 위해서는 반드시 위빠사나 수행을 해서 대상을 있는 그대로 보고 지혜를 얻어야 한다.

389 | 무명과 지혜

연기의 지혜로 보면 생명의 기원이 무명으로부터 시작되어서 무명 이전으로 더 거슬러 올라갈 것이 없다. 오직 무명을 원인으로 무명이 일어났으므로 무명이 근본원인이다. 이 의미는 모든 것이 몰라서 시작된 것이므로 단지 지혜가 나서 알면 끝난다는 상징적인 의미가 있다.

인류가 언제부터 시작되었는가, 하는 것은 인간이 가진 번뇌를 해결하는데 도움이 되지 않는다. 무명이란 내가 있다는 것이고, 지혜란 내가 없다는 무아를 아는 것이다. 인류역사는 자아를 강화하는 것으로 계승되어왔다. 그러나 깨달음은 무아를 알아 모든 집착에서 벗어난다.

어리석으면 오직 자아를 위해 살고 법을 위해서 살지 않는다. 지혜가 있으면 오직 법을 위해 살고 자아를 위해 살지 않는다. 자아를 위해서 사는 사람은 진실을 보지 못하기 때문에 이기적이다. 법을 위해서 사는 사람은 진실을 보기 때문에 이타적이다.

어리석으면 자아를 강화하는 것밖에 모른다. 그래서 항상 괴로움에서 벗어날 길이 없다. 이렇게 살면 자신만 괴로운 것이 아니고 남까지 괴롭혀서 늘 평화롭지 못하다. 지혜가 나면 무아를 알아 불필요한 욕망을 갖지 않아서 늘 평화롭다.

390 | 새로운 습관

사람이 하는 행위는 연습이 없으므로 장난이 없다. 의도가 있는 행위는 업이 되어 그 과보를 피할 수 없으므로 사소한 행동이라도 소홀히 해서는 안 된다. 모든 일은 하나도 진실이 아닌 것이 없다. 모두 마음의 의도가 있어서 하는 행위이기 때문에 반드시 결과가 따른다.

먹고, 자고, 입고, 생각하고, 말하고, 행동하는 것이 모두 자기 마음이 하는 일이다. 자기 마음이 한 행위는 반드시 결과가 있으며, 그 행위는 가속도가 붙어 자동화된다. 그래서 누구나 습관적으로 산다. 습관적으로 살면 무명을 바탕으로 살며 욕망의 지배를 받으면서 산다.

생각과 말과 행위 중에서 생각으로 한 업의 과보는 크지 않다. 생각보다는 말로 한 업의 과보가 크다. 말보다는 직접 행위를 한 과보가 가장 크다. 그러나 생각으로 한 과보가 크지 않다고 해도 모든 것은 생각으로부터 시작하기 때문에 처음 마음가짐부터 알아차려야 한다.

수행은 과거의 습관이 아닌 새로운 습관을 만든다. 새로운 습관을 만들면 새로운 결과가 있다. 수행을 하지 않으면 과거의 무명이 상속되어 욕망으로 살고, 수행을 하면 과거의 무명이 지혜로 바뀌어 관용으로 산다.

391 | 정사유(正思惟)

팔정도의 지혜는 정견과 정사유 2가지가 있다. 정견은 궁극의 진리인 고집멸도 사성제를 아는 지혜다. 정사유는 정견을 갖기 위해서 바른 의도를 가지고 대상을 겨냥하는 행위다. 정사유는 일반적으로 말하는 생각이 아니고 바른 목적을 위해 대상에 마음을 기울이는 행위다.

정사유는 순수한 의도를 가짐으로써 사악한 생각이 일어나지 못하도록 한다. 바른 생각은 바른 행위를 하게 하여 바른 결과를 갖고, 사악한 생각은 사악한 행위를 하며 나쁜 결과를 맺는다. 정사유는 바르지 못한 것에 마음을 기울이지 않고 바른 것에 마음을 기울이는 지혜다.

정사유는 탐욕 없음, 악의 없음, 잔인하지 않음을 실천한다. 탐욕 없음이 일어나면 세속적인 즐거움을 포기하고 집착과 이기심이 아닌 이타심을 갖는다. 악의 없음이 일어나면 자애와 선한 의도를 갖는다. 잔인하지 않은 마음이 일어나면 해를 끼치지 않고 동정심을 갖는다.

수행을 하면 자신의 마음에 잠재되어 있는 여러 가지 망상이 일어난다. 탐욕스러움과 악한 의도와 무자비하게 해를 끼치려는 마음이 일어나면 몸, 느낌, 마음, 법이라는 4가지 대상에 마음을 기울여 정사유를 실천해야 한다.

392 | 바른 실천

옳은 것이라고 해서 무조건 모두 옳은 것은 아니다. 옳은 것을 실천하는 방법이 바를 때라야 비로소 옳다. 옳은 것을 얻기 위해 실천하는 방법이 바르지 못하면 아무리 좋은 결과를 얻었다 해도 옳은 것이 아니다. 시작도 옳게 해야 하고 과정도 옳게 할 때 결과가 옳다.

옳은 것도 자신에게만 옳은 일이 되어서는 안 된다. 상대에게도 함께 옳은 일이 되어야 한다. 자신에게만 옳으면 타인에게는 해가 될 수 있다. 자신에게만 옳으면 이기심으로 하는 것이다. 타인에게도 옳아야 자신의 이익은 물론 타인의 이익까지 배려할 수 있다.

자신만 옳다고 하는 견해는 독선이 되어 오히려 더 해로울 수 있다. 모든 옳고 그름의 기준은 팔정도로 삼아야 한다. 대상을 알아차려서 계율을 지키고, 대상을 지속적으로 알아차려서 고요함을 얻고, 고요함을 통해서 지혜가 나면 나와 남에게 모두 이익이 되는 일을 한다.

옳다고 해서 무조건 따르라고 하면 옳지 않다. 자신에게도 축적된 성향이 있으며 상대에게도 축적된 성향이 있다. 이러한 성향을 고려하여 옳은 것을 실천하는 방법이 적절해야 한다. 그래서 항상 중도를 지켜야 한다.

393 | 업의 조건

업은 의도가 있는 행위라서 과보를 받는다. 이로운 업은 이로운 과보를 받고, 해로운 업은 해로운 과보를 받는다. 좋은 가문에 태어나면 이로운 업의 적용을 받는다. 이때 이로운 업의 힘이 강하면 해로운 업이 방해를 받는다. 그래서 좋은 환경에서 행복하게 산다.

비천한 가문에 태어나면 해로운 업의 적용을 받는다. 이때 해로운 업의 힘이 강하면 이로운 업이 방해를 받는다. 그래서 좋지 않은 환경에서 불행하게 산다.

좋은 가문에 태어났다고 해서 반드시 이로운 업만 적용되는 것은 아니다. 좋은 가문에 태어났지만 신체적인 장애를 가지고 태어나면 해로운 업이 방해를 받지 않아 괴로움을 겪는다. 비천한 가문에 태어났다고 해서 반드시 해로운 업만 적용되는 것은 아니다. 비천한 가문에 태어났지만 아름다운 얼굴로 태어나면 이로운 업이 방해를 받지 않아 즐겁게 산다.

이처럼 업의 조건에 따라 과보가 미치는 영향이 다르게 나타난다. 하지만 수행자는 자신에게 주어진 과보를 알아차려서 어떤 상황에서도 고난을 극복한다. 나쁜 과보가 와도 알아차리면 이미 나쁜 과보가 아니고 단지 알아차릴 대상이다.

394 | 도과(道果)

누도과의 성취는 열반에 이른 것을 말한다. 도는 지향하는 길이고 과는 결과다. 도는 위빠사나 수행을 해서 무상, 고, 무아의 지혜를 얻는 길이고 과는 열반의 성취다. 열반을 성취한 성자의 네 단계는 수다원의 도과, 사다함의 도과, 아나함의 도과, 아라한의 도과가 있다.

수다원의 도과를 성취하면 성인의 흐름에 들어 일곱 생 이내에 아라한이 된다. 그래서 예류과라고 한다. 수다원은 욕망의 세계에 존재를 붙들어 매는 유신견, 희의적 의심, 계율과 금지조항에 대한 집착에서 벗어난다. 그리고 죽으면 지옥, 축생, 아귀, 아수라에서 태어나지 않는다.

사다함의 도과를 성취하면 한 번 더 인간으로 태어나 아라한이 된다. 그래서 일래과라고 한다. 사다함은 욕망의 세계에 존재를 붙들어 매는 감각적 욕망과 악의가 약화된다. 아나함의 도과를 성취하면 색계의 정거천에 태어나서 아라한이 되어 윤회가 끝난다. 그래서 불환과라고 한다.

아라한의 도과를 성취하면 유신견, 회의적 의심, 계금취견, 감각적 욕망, 악의, 색계에 대한 욕망, 무색계에 대한 욕망, 아만, 들뜸, 어리석음 이라는 열 가지의 족쇄가 완전하게 소멸한다. 그래서 다시 태어날 원인이 사라져 윤회가 끝난다.

395 | 붓다(Buddha)

붓다는 깨달음이라는 뜻으로 최상의 지혜를 얻은 자를 일컫는다. 역대의 붓다가 얻은 지혜는 모두 똑같이 연기와 무상, 고, 무아다. 붓다는 사물의 이치를 깨달은 뒤에 모든 집착에서 벗어나 윤회가 끝난다. 붓다는 번뇌를 소멸시킨 지혜로 중생을 일깨워 같은 길을 가도록 했다.

붓다가 되기 위해서는 몇 가지 조건이 충족되어야 한다. 첫째, 붓다가 출현한 시대에 태어나서 현존하는 붓다로부터 수기를 받아야 한다. 둘째, 붓다가 되려는 보살행으로 보시, 지계, 출가, 지혜, 정진, 인내, 진실, 발원, 자비, 평등의 10가지 바라밀을 쌓아야 한다.

셋째, 붓다가 되기 위한 시간이 필요하다. 고타마 붓다는 4아승지 10만겁동안에 붓다가 되기 위해 보살로서 바라밀 공덕을 쌓았다. 넷째, 붓다는 스스로 깨달음을 얻고, 위가 없는 깨달음을 얻는다. 인류가 시작된 이래 지금까지의 붓다는 모두 25분께서 출현하셨다.

이 세상에는 붓다가 출현한 겁이 있고, 출현하지 않는 겁이 있다. 붓다가 출현한 겁에서는 아라한이 나온다. 그러나 붓다가 출현하지 않은 겁에서는 벽지불이 나온다. 붓다는 모두 알고, 모두 선하지만 모든 것을 마음대로 하지는 못한다.

396 | 무아의 진실

선한 일을 하는 것이 좋은지 알면서도 하지 못하는 것은 내 마음이 아니기 때문이다. 선하지 못한 일을 하는 것이 나쁜지 알면서도 하는 것은 내 마음이 아니기 때문이다. 자신의 마음이 내 마음이라면 원하는 대로 좋은 일만 하고 나쁜 일은 하지 말아야 하지만 그렇지 못하다.

마음은 있지만 내 마음이 아니고 조건에 의해 일어나고 사라지는 순간의 마음만 있다. 이 흐름을 주도하는 것이 원인과 결과다. 동일한 원인과 결과가 지속되면 습관이 된다. 습관대로 살면 내가 사는 것이 아니고 과보가 산다. 대상을 알아차릴 때만이 비로소 자신의 의지대로 산다.

몸이 있지만 내 마음대로 되지 않고, 느낌이 있지만 내 마음대로 되지 않고, 인식을 하지만 내 마음대로 되지 않고, 의도가 있지만 내 마음대로 되지 않고, 의식을 하지만 내 마음대로 되지 않는다. 내 마음대로 되지 않고 조건에 의해서 되기 때문에 내 마음이 아니다.

마음은 있지만 항상 같은 마음이 아니고, 내가 소유하는 마음이 아니고, 내 마음대로 되지 않아서 무아라고 한다. 무아를 알아야 집착이 끊어져 모든 번뇌로부터 자유롭다. 자아를 강화하면 끝없이 윤회를 하는 괴로움을 겪어야 한다.

397 | 위빠사나의 특징

위빠사나 수행이 깨달음을 얻는 데는 몇 가지의 특징이 있다. 첫째, 몸, 느낌, 마음, 법이라는 4가지 대상을 알아차린다. 주 대상은 몸과 마음이지만 몸과 마음을 알아차릴 때 느낌으로 알아차려야 진리를 발견한다. 또 대상을 법으로 알아차려야 진리의 법을 통찰할 수 있다.

둘째, 대상을 분리해서 알아차린다. 대상과 하나가 되지 않고 분리해서 지속적으로 알아차려야 고요함을 얻어 지혜가 난다. 몸과 마음을 분리해서 알아차려야 존재하는 것들의 특성인 무상, 고, 무아를 통찰한다. 이상의 3가지 진실을 알 때만이 집착을 끊고 열반을 성취한다.

셋째, 움직이고 서고 앉고 눕는 일상의 모든 것을 알아차린다. 아침부터 저녁까지 몸과 마음에서 일어나는 모든 현상을 알아차린다. 좌선을 통하여 집중력을 키우고, 경행을 통하여 정진력을 키우고, 일상의 알아차림을 통하여 분명한 앎의 지혜가 나서 깨달음을 얻는다.

넷째. 수행에 대한 면담을 받는다. 수행은 경험하지 못한 내면의 정신세계를 탐험하는 것이다. 그래서 반드시 스승의 가르침을 받아야 한다. 오직 붓다만 스스로 깨달음을 얻고 그 외에는 누구도 스스로 깨달음을 얻을 수 없다.

398 | 윤회

정신과 물질이 원인과 결과로 생멸하면서 흐르는 것이 윤회다. 12연기의 고리가 하나의 현상에서 다른 현상으로 상속되는 과정에서 의식체가 일어나고 사라지는 현상을 거듭하면 윤회가 지속된다. 그러나 일어나고 사라지는 원인과 결과가 소멸하면 윤회가 끝난다.

정신과 물질은 매순간 일어나고 사라지지만 마음에 담긴 종자가 원인과 결과로 지속되면 윤회를 한다. 윤회란 원인이 결과로 상속되는 것이다. 그러므로 내가 윤회하는 것이 아니고 원인이 윤회한다. 이런 윤회는 일생을 거듭하는 윤회가 있고 매순간을 거듭하는 윤회가 있다.

12연기의 느낌에서 갈애로 넘어가면 미래의 결과가 생겨 윤회를 한다. 느낌에서 갈애로 넘어가지 않으면 느낌과 갈애가 모두 소멸하여 열반을 성취한다. 미래의 결과가 생기지 않으면 윤회가 멈춘다. 범부는 윤회를 하지만 성자는 원인이 사라져 결과가 없기 때문에 윤회가 끝난다.

힌두교의 윤회관은 항상 하는 자아가 있어서 죽은 뒤에 몸만 바꾸는 환생을 한다. 불교의 윤회관은 무아이므로 죽은 뒤에 내가 옮겨 가는 것이 아니다. 원인이 상속되어 과보의 결과로 재생을 한다.

399 | 열반

열반은 탐욕, 성냄, 어리석음의 번뇌가 완전하게 불탄 것을 말한다. 열반에 이르려면 비도덕적인 감각적 욕망과, 지성을 나약하게 하는 극단적 고행을 하지 않아야 한다. 이러한 중도를 바탕으로 생각과 말과 행위를 알아차려서 몸과 마음의 무상, 고, 무아를 통찰해야 열반에 이른다.

열반에 이르는 4가지 길이 있다. 첫째, 사마타 수행을 한 뒤에 위빠사나 수행을 해서 이르는 길이 있다. 둘째, 위빠사나 수행을 한 뒤에 사마타 수행을 해서 이르는 길이 있다. 셋째, 사마타 수행과 위빠사나 수행을 병행해서 이르는 길이 있다. 넷째, 위빠사나 수행으로 이르는 길이 있다.

열반은 몸을 가지고 체험하는 열반이 있고, 죽은 뒤에 다시 태어나지 않는 열반이 있다. 수다원, 사다함, 아나함, 아라한의 도과를 성취한 수행자가 살아서 계속 열반에 이를 때는 몸을 가지고 있다. 아라한과 붓다는 죽은 뒤에는 원인과 결과가 끝나 다시 태어나지 않는 열반에 이른다.

열반은 필요한 조건이 충족되었을 때 누구나 이를 수 있다. 열반의 상태에서는 감각기관으로 몸과 마음을 의식할 수 없다. 열반은 세속의 감각적 욕망에 의해 경험하는 행복이 아니라서 세속의 시각으로는 알 수 없는 지고의 행복이다.

지은이 **묘원**

사단법인 상좌불교 한국명상원 원장
vipassana-@hanmail.net
http://cafe.daum.net/vipassanacenter

거미줄에 걸리지 않는
바람처럼 가라

초판 1쇄 발행 2015년 1월 20일

지은이   묘원
펴낸이   곽준

펴낸 곳   (주)도서출판 행복한 숲
출판등록   제2012-000067호(2012년 2월 21일)
주소   서울 강남구 논현동 98-12 청호불교문화원 나동 306호
문의   02-512-5255/5258
팩스   02-512-5856
이메일   sukha5255@hanmail.net

값 15,000원
ISBN 978-89-93613-39-1